2018 年湖南省哲学社会科学基金项目
课题批准号：18YBG024

新时代职业教育助推乡村振兴战略的服务体系及策略研究

徐 敏 著

北京理工大学出版社
BEIJING INSTITUTE OF TECHNOLOGY PRESS

本著作系 2018 年湖南省哲学社会科学基金项目"新时代职业教育助推乡村振兴战略的服务体系及策略研究"（课题批准号：18YBG024）的阶段性研究成果。

版权专有　侵权必究

图书在版编目（CIP）数据

新时代职业教育助推乡村振兴战略的服务体系及策略研究 / 徐敏著. —北京：北京理工大学出版社，2020.11
ISBN 978-7-5682-9254-2

Ⅰ. ①新… Ⅱ. ①徐… Ⅲ. ①职业教育-作用-农村-社会主义建设-研究-中国 Ⅳ. ①G719.2②F320.3

中国版本图书馆 CIP 数据核字（2020）第 227864 号

出版发行 /	北京理工大学出版社有限责任公司
社　　址 /	北京市海淀区中关村南大街 5 号
邮　　编 /	100081
电　　话 /	(010) 68914775（总编室）
	(010) 82562903（教材售后服务热线）
	(010) 68948351（其他图书服务热线）
网　　址 /	http://www.bitpress.com.cn
经　　销 /	全国各地新华书店
印　　刷 /	唐山富达印务有限公司
开　　本 /	710 毫米 × 1000 毫米　1/16
印　　张 /	12
字　　数 /	221 千字
版　　次 /	2020 年 11 月第 1 版　2020 年 11 月第 1 次印刷
定　　价 /	69.00 元

责任编辑 /	时京京
文案编辑 /	时京京
责任校对 /	刘亚男
责任印制 /	施胜娟

图书出现印装质量问题，请拨打售后服务热线，本社负责调换

内容摘要

农业、农村、农民问题是关系国计民生的根本性问题。党的十九大报告提出实施乡村振兴战略，将其列为 2020 年全面建成小康社会实行的七大战略之一，也是党为适应新时代中国特色社会主义建设需要所做出的重大决策，为我国新时代社会主义建设注入了新的强大动力。当前乡村地区产业发展中存在人多地少、农民增收遭遇瓶颈、发展路径受到明显制约、城乡收入差距拉大、城乡市场流通受阻等困境。因此，新形势下新型职业教育在实施乡村振兴战略过程中大有作为。以新时代职业教育作为实施乡村振兴战略的重要抓手，是实现"产业兴旺、生态宜居、乡风文明、治理有效、生活富裕"总要求的必然选择，是解决发展不平衡、不充分问题的根本之策，是满足人民日益增长的美好生活的需要，是做好新时代"三农"工作的重要指针。分析新时代职业教育助推乡村振兴战略发展的影响因素，构建新时代职业教育助推乡村振兴战略支撑助推体系、精准助推体系以及运行模式，提炼新时代职业教育助推乡村振兴战略的实施策略，对促进新时代职业教育助推乡村振兴战略的发展，具有重要的理论意义和实践意义。

本书的核心目标是研究新时代职业教育助推乡村振兴战略的服务体系及策略，基于农村职业教育、乡村振兴战略与"三农"政策三个方面来研究农村职业教育对乡村振兴战略的发展。为实现研究目标，从理论分析和实证检验两个角度进行分析。具体来说：首先，对新时代职业教育助推乡村振兴战略的理论基础进行研究；其次，通过新时代职业教育助推乡村振兴战略的影响因素，系统性归纳乡村振兴与职业教育的体系构建与模型创新，构建"四位一体"的支撑助推体系和精准助推体系，以及产业融合模式、创新发展模式、人才供给模式、文化传承模式的四大运行与保障模式。多样化的助推体系构建与模式创新开创了产教融合新局面。最后，以高职教育与乡村振兴一体化发展主导意识，从政府、社会、乡村、学校等多维度研究新时代职业教育助推乡村振兴战略的主要动力，从政府支撑、社会治理、产业发展、教育资源、农村教育等多层次制定新时代职业教育助推乡村振兴战略的对策。

目 录

1 绪论 ·· 1
  1.1 研究背景和研究意义 ·· 1
    1.1.1 研究背景 ·· 1
    1.1.2 研究意义 ·· 3
  1.2 国内外研究综述 ·· 4
    1.2.1 国内外关于农村职业教育的相关研究 ································ 4
    1.2.2 国内外关于乡村振兴战略的相关研究 ································ 8
    1.2.3 国内外关于"三农"政策的相关研究 ································ 15
    1.2.4 国内外研究现状评述 ·· 21
  1.3 研究目标、研究内容和研究方法 ··· 22
    1.3.1 研究目标 ·· 22
    1.3.2 研究内容 ·· 23
    1.3.3 研究方法 ·· 24
  1.4 研究思路与技术路线 ·· 25
    1.4.1 研究思路 ·· 25
    1.4.2 技术路线 ·· 25
  1.5 主要创新与不足之处 ·· 27
    1.5.1 主要创新 ·· 27
    1.5.2 不足之处 ·· 27

2 新时代职业教育助推乡村振兴战略的理论基础 ······························ 28
  2.1 职业教育的理论基础 ·· 28
    2.1.1 职业教育理论 ··· 28
    2.1.2 整体教育理论 ··· 29
    2.1.3 教育公平理论 ··· 29
    2.1.4 产教融合理论 ··· 30
    2.1.5 终身教育理论 ··· 31
  2.2 农村职业教育的理论基础 ··· 31
    2.2.1 农村职业教育理论 ·· 31

  2.2.2 教育机会均等理论 ……………………………………………… 32
  2.2.3 教育成本收益理论 ……………………………………………… 33
  2.2.4 人力资本开发理论 ……………………………………………… 34
  2.2.5 可持续发展理论 ………………………………………………… 35
 2.3 乡村振兴的理论基础 ………………………………………………… 36
  2.3.1 战略管理理论 …………………………………………………… 36
  2.3.2 乡村治理理论 …………………………………………………… 37
  2.3.3 生态经济理论 …………………………………………………… 37
  2.3.4 城乡统筹理论 …………………………………………………… 38
  2.3.5 产业发展理论 …………………………………………………… 39

3 新时代职业教育助推乡村振兴战略的影响因素研究 …………… 41
 3.1 新时代职业教育助推乡村振兴战略的政策保障制度因素 ………… 41
  3.1.1 经济政策因素 …………………………………………………… 41
  3.1.2 教育观念因素 …………………………………………………… 47
  3.1.3 社会支撑因素 …………………………………………………… 48
  3.1.4 城乡资源因素 …………………………………………………… 48
 3.2 新时代职业教育助推乡村振兴战略的职业教育观念因素 ………… 49
  3.2.1 人才培养因素 …………………………………………………… 49
  3.2.2 经济发展因素 …………………………………………………… 51
  3.2.3 科技支撑因素 …………………………………………………… 51
  3.2.4 文化发展因素 …………………………………………………… 53
  3.2.5 产业融合因素 …………………………………………………… 54
 3.3 新时代职业教育助推乡村振兴战略的教育办学基础因素 ………… 55
  3.3.1 动力因素 ………………………………………………………… 55
  3.3.2 支撑因素 ………………………………………………………… 57
  3.3.3 保障因素 ………………………………………………………… 60

4 新时代职业教育助推乡村振兴战略支撑助推体系研究 …………… 61
 4.1 新时代职业教育助推乡村振兴战略支撑助推体系建设研究 ……… 61
  4.1.1 职业教育助推乡村振兴战略支撑助推体系的内涵研究 ……… 61
  4.1.2 职业教育助推乡村振兴战略支撑助推体系的构建原则 ……… 63
  4.1.3 职业教育助推乡村振兴战略支撑助推体系的构建依据 ……… 64
 4.2 新时代职业教育助推乡村振兴战略支撑助推体系现状分析 ……… 68
  4.2.1 职业教育助推乡村振兴战略的产业支撑助推情况 …………… 68

  4.2.2 职业教育助推乡村振兴战略的技术支撑助推情况 …………… 77
  4.2.3 职业教育助推乡村振兴战略的人才支撑助推情况 …………… 79
  4.2.4 职业教育助推乡村振兴战略的文化支撑助推情况 …………… 81
 4.3 新时代职业教育助推乡村振兴战略支撑助推体系实现路径 …… 84
  4.3.1 构建职业教育助推乡村振兴战略的产业支撑助推体系 ……… 84
  4.3.2 构建职业教育助推乡村振兴战略的技术支撑助推体系 ……… 85
  4.3.3 构建职业教育助推乡村振兴战略的人才支撑助推体系 ……… 87
  4.3.4 构建职业教育助推乡村振兴战略的文化支撑助推体系 ……… 88

5 新时代职业教育助推乡村振兴战略精准助推体系研究 …………… 90
 5.1 新时代职业教育助推乡村振兴战略的精准招生研究 …………… 90
  5.1.1 新时代职业教育助推乡村振兴战略的精准招生的现状分析 … 90
  5.1.2 新时代职业教育助推乡村振兴战略的精准招生的内涵研究 … 92
  5.1.3 新时代职业教育助推乡村振兴战略的精准招生的内容 ……… 93
 5.2 新时代职业教育助推乡村振兴战略的精准资助研究 …………… 96
  5.2.1 新时代职业教育助推乡村振兴战略的精准资助的现状分析 … 96
  5.2.2 新时代职业教育助推乡村振兴战略的精准资助的内涵研究 … 106
  5.2.3 新时代职业教育助推乡村振兴战略的精准资助的内容 ……… 108
 5.3 新时代职业教育助推乡村振兴战略的精准教学研究 …………… 110
  5.3.1 新时代职业教育助推乡村振兴战略的精准教学的现状分析 … 110
  5.3.2 新时代职业教育助推乡村振兴战略的精准教学的内涵研究 … 111
  5.3.3 新时代职业教育助推乡村振兴战略的精准教学的内容 ……… 113
 5.4 新时代职业教育助推乡村振兴战略的精准就业研究 …………… 114
  5.4.1 新时代职业教育助推乡村振兴战略的精准就业的现状分析 … 114
  5.4.2 新时代职业教育助推乡村振兴战略的精准就业的内涵研究 … 119
  5.4.3 新时代职业教育助推乡村振兴战略的精准就业的内容 ……… 121

6 新时代职业教育助推乡村振兴战略的运行模式研究 ……………… 128
 6.1 新时代职业教育助推乡村振兴战略的产业融合模式 …………… 128
  6.1.1 产业融合发展模式 ……………………………………………… 128
  6.1.2 农业质量提高模式 ……………………………………………… 129
  6.1.3 农村产业发展模式 ……………………………………………… 130
 6.2 新时代职业教育助推乡村振兴战略的创新发展模式 …………… 132
  6.2.1 科技创新体系模式 ……………………………………………… 132
  6.2.2 绿色节能体系模式 ……………………………………………… 133

6.3 新时代职业教育助推乡村振兴战略的人才供给模式 …………… 134
  6.3.1 职教体制创新模式 ……………………………………… 134
  6.3.2 专业能力提高模式 ……………………………………… 134
  6.3.3 人才有机衔接模式 ……………………………………… 135
6.4 新时代职业教育助推乡村振兴战略的文化传承模式 …………… 136
  6.4.1 旅游融合发展模式 ……………………………………… 136
  6.4.2 文化传承创新模式 ……………………………………… 137
  6.4.3 功能完善配套模式 ……………………………………… 139
  6.4.4 城乡统筹发展模式 ……………………………………… 140

7 新时代职业教育助推乡村振兴战略的实施策略研究 …………… 142
7.1 新时代职业教育助推乡村振兴战略的主要动力 ………………… 142
  7.1.1 转变教育思想，重视和加强农村职业教育发展 ………… 142
  7.1.2 坚持协同发展，构建城乡统筹的农村职教体系 ………… 144
  7.1.3 加强政府统筹，完善农村职业教育的保障体系 ………… 146
  7.1.4 注重内涵发展，提高农村职业教育的办学质量 ………… 147
  7.1.5 推动产教融合，发挥企业在职业教育中的作用 ………… 148
7.2 新时代职业教育助推乡村振兴战略的组织保障 ………………… 150
  7.2.1 基于中央政府视角下的职业教育助推乡村振兴战略 …… 150
  7.2.2 基于地方政府视角下的职业教育助推乡村振兴战略 …… 151
  7.2.3 基于相互协作视角下的职业教育助推乡村振兴战略 …… 152
7.3 新时代职业教育助推乡村振兴战略的具体对策 ………………… 152
  7.3.1 新时代职业教育助推乡村振兴战略的政府支撑对策 …… 152
  7.3.2 新时代职业教育助推乡村振兴战略的社会治理对策 …… 154
  7.3.3 新时代职业教育助推乡村振兴战略的产业发展对策 …… 157
  7.3.4 新时代职业教育助推乡村振兴战略的教学资源对策 …… 162
  7.3.5 新时代职业教育助推乡村振兴战略的农村教育对策 …… 165

8 结论与研究展望 ……………………………………………………… 169
8.1 主要结论 …………………………………………………………… 169
8.2 研究展望 …………………………………………………………… 171

参考文献 …………………………………………………………………… 172

1 绪论

1.1 研究背景和研究意义

1.1.1 研究背景

党中央连续十六年（2004—2019）出台了关于"三农"问题的中央一号文件，为解决农业、农村、农民问题，推进乡村振兴战略提供了方向和指导。2020年是全面建成小康社会的决胜期，只有切实解决好"三农"领域的硬任务，做好脱贫攻坚与乡村振兴的有机衔接，才能全面建成小康社会，有效实现社会主义现代化建设总要求。乡村振兴，教育先行。职业教育是与经济发展紧密结合的教育类型，在助推乡村振兴战略中有着明显的内在比较优势，理应是助推乡村振兴的重要切入点。

(1) 城乡职业教育发展不平衡，教育资源分配不均

随着优质职业教育资源不断流向城市，教育工作者也更加青睐于向大城市发展，导致城乡教育资源比例严重失衡，农村职业教育地位被不断弱化。乡村振兴的实质是通过建立城乡一体化发展机制，减缓教育供需矛盾，缩小城乡差距，实现城乡教育均衡发展。归根结底，农村职业教育地位的下滑主要是因为自身"先天不足、后天畸形"的弊端所造成的。一是农村职业教育供需矛盾日趋突出。随着我国现城镇化进程不断加快，城乡差距不断拉大，农村劳动力不断涌入城市，农村从业人员学历普遍偏低、专业技术技能型人才缺乏的问题日益突出。二是农村职业教育投入不足导致办学基础薄弱。目前，我国农村职业教育的经费来源主要是政府的财政拨款，近年来地方政府对农村职业教育专项资金投入逐年减少，导致职业院校专业建设和基础设施建设因资金不足而滞后。三是农村职业教育缺乏制度保障机制导致办学活力不足。现阶段，农村职业教育仍处于职业教育体系的薄弱环节，政府部门在教育规划中缺乏对农村职业教育的全面认识，未能结合农村职业教育的时代性和适用性。大多数职业院校缺乏引导城乡人才双向流动的保障机制，在产教融合、校企合作方面并没有开展实质性合作，使得农村职业教育缺乏活力，大量优秀教师和人才流向城市，农村职业教育质量难以保证。四是农村职业教育体系不健全导致办学定位不清。随着农村整合政策的出台和实施，农村人口数量大幅度减少，县级及以下职业院校和职业培训机构被取消或合并，农村职业教育体系遭到严重破坏。现有职业院校的办学定位已逐渐偏离

乡村发展的需要，农村职业教育基本职能已逐渐丧失，农村职业教育体系不健全，农村职业教育办成了"离农"教育，产教融合更加无从谈起。

(2) 教育观念相对落后，缺少职业教育认识

职业教育与普通教育是两种不同教育类型，具有同等重要地位。20世纪90年代以来，我国农村职业教育体系和制度建设已基本步入正轨，但尚未形成系统、规范的管理体制。在一些农村地区，职业教育在乡村振兴战略中的重要作用还没有得到很好的理解和认识，也没有对农村职业教育给予足够的支持和援助。我国农村职业教育的教育理念、办学定位和指导思想并没有充分结合农村职业教育对象的实际需求和农业产业的发展需求，基本上是在传统应试教育模式和方法上的模仿与照搬。在传统观念的影响下，一些农村地区片面追求长学制的学历教育，"重学历，轻职业"现象严重，与此同时，农村劳动力的高等教育水平明显偏低，农村大学生的比例在过去30年中逐年下降。高学费和就业难的双重压力迫使许多农村家庭不愿送子女接受高等教育。许多农村职业学院专注于学生的对口升学，追求单方面的升学率，没有提供专门针对学生的足够职业技能培训使其完全掌握未来就业所需的必要技能。对当地农民的短期业余职业教育培训也较少。出于现实原因的局限，农民接受职业教育和培训的目的主要是获得更多谋生的技能。他们更加注重技能的实用性，更愿意在短时间内掌握一门新技能。如果掌握这项技能的时间比他们预期的要长，而且投入与收获不成比例，他们将会拒绝接受培训。在课程设置上，许多农村职业学校对"农"的理解和认识过于狭隘，仅仅开设单一类型的传统专业，如农业、林业和畜牧业等。此外，许多农村职业院校忽视了当地发展的客观规律和实际需要，盲目跟风开设一些时尚热门的专业。

(3) 农业科技技术缺乏，缺少技能性人才

农业科研机构在解决农村经济建设中基础性、方向性、关键性等重大问题，以及在培养高层次科研人才、发展农业科技、开展国内外农业科技交流合作等方面发挥着重要的作用。2012年，中央一号文件将农业科研机构本质上归类为"公益性"性质，然而，在实际的工作中，往往没有根据农业科技的特点，针对农业的公益性和社会性需求提供相应的支撑条件和力量。近年来，虽然国家和各省市政府对于农业科研单位的资金投入逐年增加，但目前农业科研机构的财政资金主要用于满足基本的人力资本资金，无法完全解决科研人员所需的各项必要资金。例如，相比国家的50个产业体系，湖南省现有农业产业技术体系只有7个，平均每年的资金只有1700万元，然而北京市农业产业技术体系平均每年有1个亿的资金，山东省年均资金超过8000万元，湖南省农业产业技术体系建设步伐明显滞后。目前，湖南省在农业领域已取得许多科研成果，这些成果主要依靠科研单位自身实力进行转化和应用。由于政策和条件局限，缺乏与相关企业的对

接,无法准确把握市场趋势,导致科技成果与市场需求不匹配、转化困难,经济社会效益相对较低,大多数成果尚未发挥应有作用,转化和应用效果亟待提高。湖南省农业科学技术研究是由四位院士"扛大旗",新一代科研带头人寥寥无几。一直以来湖南省财政专项还没有设立"农业科技创新专项",在"养人育人"压力很大的现状下,"工作"变得更加困难。没有相对稳定的科研经费来源,一些科研机构仍然处于保人才和保运转的状态,这直接影响到农业科研机构人才的引进和培养,留住人才的可能性小,科研条件和方法得不到改善,难以在科技创新上取得重大突破,人才总量不达标。抽样调查显示,目前湖南省农业科技人才有36.7万人,占全省人才总数的12.9%,每10 000名农村劳动力人口中只有97名农业科技人才,其中90%以上只受过中专及以下教育。这远远不能适应促进农业产业化和建设社会主义新农村的要求。

1.1.2 研究意义

（1）理论意义

第一,分析目前农村职业教育和乡村振兴战略协同发展现状,提炼农村职业教育助推乡村振兴战略的特征,探讨农村职业教育助推乡村振兴战略的重要性和必要性,剖析影响农村职业教育助推乡村振兴战略的关键因素,进一步提出农村职业教育助推乡村振兴战略的科学路径,进一步拓宽农村职业教育改革新视角,进一步拓展和丰富乡村振兴战略发展理论,具有一定的学术价值。

第二,分析农村职业教育发展的理论基础,进一步明确农村职业教育在乡村振兴中的战略定位,系统提出农村职业教育发展策略,进一步完善农村职业教育发展理论,进一步丰富职业教育和乡村振兴战略理论研究。基于对职业教育的认识和对提升职业教育吸引力的现有理论研究,对增强职业教育吸引力提出切实可行的对策,可以有效解决乡村振兴战略发展难题。

第三,进一步厘清并改善目前存在的乡村振兴战略发展欠合理现象,精准把握当前新常态,解决不同影响因素带来的乡村振兴的问题;进一步发现职业教育与乡村振兴的发展规律,开阔研究的视野;进一步创新实践工作的思路,科学地设计有利于乡村振兴的支撑体系。

（2）现实意义

第一,提出农村职业教育助推农村发展战略的对策建议,有利于拓展农村职业教育助推农村振兴战略的新思路,有利于为乡村振兴提供人才保障、智力支持和技术支撑,有利于创新并完善农村职业教育发展体系,对进一步助推乡村振兴战略发展具有一定的应用价值。

第二,构建新时代职业教育与乡村振兴战略的体系,有利于进一步深化和拓展农村职业教育理论,为农村职业教育的发展和实践提供指导;有利于分析乡村振兴战略在发展过程中存在的问题，解决乡村振兴战略发展的难题；有利于开创城乡职业教育一体化、产教融合的新局面。

第三，结合乡村振兴战略实施的具体要求，明确职业教育的功能定位和实践路径，有利于建立健全职业教育水平体系，进一步明确各层级教育体系的发展目标，建立科学系统的职业教育体系；有利于明确新形势下我国乡村振兴战略的具体目标和工作任务；有利于助推县级职教中心更好地服务、服从于乡村振兴战略，加速乡村振兴实施进程。

第四，通过比较分析、文献研究等方法，借鉴国外及部分省份的先进理念和做法，有利于开创新时代职业教育助推乡村振兴战略的建设道路，进一步明确乡村振兴的关键点；有利于协调各地区区域经济发展，互帮互助，互利共赢；有利于推进湖南省的工业化、信息化进程，建立区域经济与科学技术桥梁，相互合作、携手并进，实现区域繁荣目标。

第五，通过职业教育构建乡村振兴战略体系，有利于满足农民的教育需求，迎接知识经济的新挑战，满足农民对教育改革和发展的需求，使农民从终身教育思想向终身教育行为转变；有利于提高农民的整体素质，满足人民群众的精神文化需求；有利于科学技术快速引进农村，提高农民生产力，提高农村经济的发展。

1.2 国内外研究综述

1.2.1 国内外关于农村职业教育的相关研究

（1）国内外关于职业教育的相关研究

在产学研相结合的背景下，国内一些学者关注产业结构与职业教育的关系。徐健（2011）从规模、结构和能级三个维度，分析了江苏省海安县职业教育专业结构与产业结构的对接，提出从规划对接、主体对接和方法对接三个方面提高两者的契合度。章建新（2012）认为，职业教育在融入现代产业链时会产生互动效应，消除行业对专业设置的误区，以"产业定位"来取代"就业导向"。卢璟（2011）通过对西安区域产业发展和职业教育的支撑环境的研究，提出政府关于建立职业设置机制、企业深入参与职业教育发展的指导意见，提出了以"企业"为理念的高校办学发展战略。

学者基于城市化发展的背景对职业教育进行了研究。阚大学、吕连菊（2014）发现，职业教育有助于中国城市化水平的提高。任聪敏、石伟平（2013）认为，职业教育应根据我国城市化发展的特点，实施教育内容多样化、教育对象分类化、投资主体多元化的发展战略。辜胜阻、刘磊等（2015）认为，职业教育需要从教学模式、现代职业教育体系、适应转型的教师这几个方面进行转型，以适应新城市化的发展。陈正权、吴虑（2017）提出，职业教育需要实现城乡对接、专业对接、中等职业教育与高等职业教育对接、项目与群体对接，更好地推进乡村振兴。

学者关注现代职业教育体系的发展和完善。姜大源（2011）认为，深入研究职业教育的本质和发展规律，是构建我国现代职业教育体系的基础。同时，要把握三个基本问题：技能教育与技术教育的内涵、中等职业教育与高等职业教育的异同、职业教育与普通教育的差异与对等。肖凤翔（2012）认为，要树立中国现代职业教育体系的学习意识，注重对现代职业教育课程体系的研究。曹晔（2013）认为，我国现代职业教育体系的构建需要处理好三个关系：职业教育与企业培训的关系、职业教育与其他教育的关系、职业教育与建设的内在关系；五大体系：校企合作与工学结合的培养培训体系、技能型人才成长体系、面向大众的共享层次体系、职业教育与其他教育相互沟通、相互衔接的体制机制体系及职业教育发展的支撑体系。张元（2015）研究了新型工业化进程中职业教育数量结构和人才培养质量之间的非适应性问题，提出了从职业教育体系和职业教育课程设置、人才培养模式、职业教育培训模式与国际发展四个方面构建职业教育体系。

在教育研究逐步深入的背景下，发达国家都十分重视职业教育的发展。国外学者对职业教育的探讨、研究主要从以下几个方面展开。21 世纪，国外学者 Burton（2003）致力于研究职业教育在解决学生失业问题中发挥的作用。他认为，职业教育给学生带来短期的专业就业能力，可以降低失业风险，但在某些方面，也限制了学生上大学的机会。Ramlrez（2013）认为，非正规职业教育对被排除在正规教育之外的学生具有较大的吸引力，极大地提高这一群体的生活质量。职业教育通过赋予这些学生专业技能和知识，保障他们不受正规教育的就业权利。Niguess（2017）主要研究职业教育在社会中的经济作用。他从两个方面解释：一方面，职业教育对社会经济增长的总体水平有什么样的影响；另一方面，职业教育对受教育者就业能力的影响。

（2）国内外关于农村职业教育发展特点与趋势的相关研究

国外学者根据农村情况与特征，研究农村职业教育的发展或对策。Sue Kilpatrick（2000）提出，澳大利亚成立的培训就业青年事务部、国家农村职业教育职业培训机构，可以实施标准化的职业培训和管理。在澳大利亚，技术和继续教育学院（TAFE）是一个专业的职业培训和教育机构。TAFE 的主要优点是充分利用了现代通信技术。TAFE 教学模式与传统教学模式的区别在于，它将单一的学历教育与农业岗位培训有机地联系起来，从而建立起农牧业学习与生产实践紧密结合的循环教育体系，使农村职业技术教育能够适应社会的需要。Manget Sean（2011）认为，农村职业教育服务于农村经济与社会的发展。农村职业教育的发展要及时跟进社会主义新农村建设进程，适应社会的需要。Weisberg R. W.（2000）指出，韩国政府可以逐步改变农村职业教育在国民心目中的地位，从而改变民众存在的传统观念。主要的改革措施有：加强人才培养、促进就业和转变社会认同方式等。这些行之有效的改革方法将有效地使青年人积极投身于农业生产。P. Todd（2006）教育与生产实践相结合是农村职业教育必须坚持的基本原则。通过长期的实践训练，学生可以掌握相应的职业技能，发展智力，为将来自己从事的职业做好铺垫。Gasperini（2000）认为社会性、地域性、实践性和共性是农村职业教育的主要特点。社会性是指教育基础基于社会的需要。农村职业教育的培养目标应是应用型人才、技术型人才。区域性是指职业教育的发展和区域社会经济相适应。平民性是指职业教育要确定为广大平民谋幸福的目标。Angus Maddison（2004）认为世界农村职业教育的研究趋势是大学的职业教育观基本确立，农村职业教育已成为终身教育的重要环节；调整政府和其他利益相关者在农村职业教育中的角色定位；把农村职业教育确定为职业教育可持续发展战略的重要组成；把农村职业教育发展到全民、发展到国际。John H. Bishop（2008）对弗朗索瓦·奎斯内指出的国家经济政策的主要目标是人口状况和人民劳动力的使用进行阐述，他认为农村居民的收入水平高低决定了整个国家的繁荣。要从根本上解决发展问题，必须提高农业劳动者的道德文化素质和专业技术能力，促进中国农业的发展，农村的发展必须开展培养"完整人"的教育。Raby R. L.（2009）分析了南非近期的农村职业教育政策，认为该政策主要强调教师资格和课程设计。该政策提出改革农村职业教育的传统内部模式，加快农村职业教育的发展。Rojewski J. W.（2004）通过研究发现20世纪末，随着产业结构的不断调整、技术的更新，生产力得到了不同层次的提高，对技术人才的需求也在不断增加。在这种情况下，增加职业教育的劳动力可以获得更高的报酬。

  国内学者基于比较教育学的视角，深入研究农村职业教育在国内外的发展历史、现状、发展趋势。姜大源（2011）系统全面地探索了现代农村职业教育的发展趋势，介绍了农村职业教育在世界主要发达国家和发展中国家发展的成功经验和未来发展方向，包括个案研究和共识研究，从现象到本质，涉及多个国家和国际组织，多"点"开花的方式进行全面深化改革研究，以期为黑龙江省农村职业教育的发展提供借鉴。

  还有学者从不同角度分析国内农村职业教育发展的问题。刘建玲、张巍（2013）认为受传统观念、教育成本、教育质量、教育体制等因素的制约，我国农村职业教育发展明显滞后。推进农村职业教育可持续发展，需要加大宣传力度、发展义务职业教育、完善教育体系、加强相关法律法规建设和政策支持。谢龙建（2008）认为农村职业教育管理体制不完善，行政管理投入过多，内部补偿机制不完善，影响着农村职业教育的发展。王爱丽、朱莉雅（2008）认为影响我国农村职业教育发展的主要因素是受传统思想影响观念相对保守、高校扩招严重、教育经费投入不足、学校自身体制机制不完善。皮江红（2007）提出观念、政策和专业因素是影响农村职业教育发展的重要因素。张昭文（2011）指出当前农村职业教育受内部因素和外部作用两个方面的困境制约，职业教育本身不被认可，农林专业学校规模也不是很完善，导致农村职业教育质量的长期低下。陈国久（2011）指出，我国农村职业教育发展存在的主要问题是观念落后、师资力量薄弱、教学设备落后。因此，完善农村职业教育培训体系是当务之急。王海岩（2011）指出我国农村职业教育投入相对较低，降低了农村职业教育学校的办学质量，影响农村职业教育的发展，因此农村职业教育的发展要法制化。

（3）国内外关于农村职业教育发展问题与原因的相关研究

国外关于农村职业教育发展问题与原因的相关研究。国外学者从不同角度分析了农村职业教育存在的问题，但缺乏整体性的分析。T. sang & Munch（2012）认为农村经济建设想要实现快速发展，必须更加重视农村教育，培养一批农村所需的技术人才，确保科技创新，促进农村经济发展。Wooldridge（2003）指出现代农业正在由粗放型向集约型模式转变，这一转变仅仅依靠剩余劳动力，并没有治理的功能。因此，提高农村教育水平可以降低人力成本，增加农业产量，中国政府应该更加重视农村职业教育。Schultz（1993）提出，较早认识到早期农业发展所需人才的重要作用，利用农业教育的主要精力和资金，提高农民素质，改善农村经济发展水平，从而促进整个地区经济的全面发展，形成良性循环是发达地区农业早期快速发展的主要原因。Mincer & ampJacob（2004）认为，调动社会各界的力量，形成全国统一的教育教学体系，把农村职业教育纳入其中，保证包括农民在内的人民群众和农村劳动力的整体素质，是发达国家实现教育公平的主要原因。这不仅保证了经济社会发展所需的劳动力，而且实现了教育公平，这离不开政府和社会的密切关注和鼎力支持。Mansuri & Ghazala（2010）认为中国农民素质低下与职业教育学校招生难有关。中国农民无法感受到社会的发展变化，主要是受传统观念和自身素质的限制，他们不愿尝试新的学习途径，认为高考是自己命运改变的唯一道路，从而错过了更多的学习机会。Alan de Brauw & John Giles（2011）研究了高中生高考失利后的择业情况，发现放弃继续教育和选择直接外出打工的比例非常大，就业成功率非常低，失业率很高，选择到农村职业教育学校接受继续教育的毕业生很少。

国内关于农村职业教育发展问题与原因的相关研究。20世纪80年代以后，职业教育才开始受到中国政府的重视，并取得了一定的发展。近年来，我国对职业教育的研究越来越多。虽然角度不同，但大致方向包括以下几个方面。一是重视程度不够。何云峰（2006）等学者认识到农村职业教育的重要性。他在《农村职业教育与科技推广》中指出，农村职业教育在我国社会主义新农村建设过程中,起着至关重要的作用。大力发展农村职业教育,可以培养社会主义新农民,促进农民文化素质、提升专业技术水平、培养经营能力,为社会主义新农村建设提供强大动力。储诚伟(2013)在《破解"三农"难题:农民教育发展研究》中指出,提高农村人口的整体素质,打造高就业环境,转移和优化富余劳动力是解决农村人口压力和劳动力过剩问题的关键所在。那英超(2013)表示,政府不重视职业教育是导致我国职业教育发展起步较晚、发展缓慢的直接原因。吕莉敏(2010)表示,政策落实不到位、投资机制保障不到位、人才培养模式不科学等诸多问题的存在,对我国农村职业教育的发展造成严重影响。杨树森(2011)指出,农村职业教育受外部环境因素影响严重,缺乏社会各界的认同,农村职业教育的发展受到阻碍。二是缺乏灵活的办学体制机制。杨海燕(2008)认为,课程设置和专业结构落后、职业培训目标设置不合理、教学环节注重理论、内容形式单一,是当前农村职业教育的主要问题。三是教育资源短缺。许文静(2012)认为,农村基础教育、义务教育紧缺,特别是职业教育资源和群众教育机会。顾微微(2011)也提出,由于我国地域经济发展差异,农村和城市的教育水平和质量存在差距,教育存在不公平问题。彭文武(2012)认为,经济发展水平的高低与职业教育学校发展快慢呈正相关。经济发展水平越高,职业学校发展越快。同样,职业学校发展迅速,经济发展水平较高。职业学校培养的高技能人才保留比例也一样。王征宇、姜玲(2009)指出,大多数农村职业学校缺乏具有实践经验丰富、技能水平较高和职业素养良好的"双师型"教师。

国内外学者的农村职业教育研究为我们提供了良好的理论基础,但是从上述分析中看出,对农村职业教育的研究单一,观点与结论比较分散,相关理论研究未形成系统性的体系,使研究结论更具有科学性、系统性。

1.2.2 国内外关于乡村振兴战略的相关研究

(1) 乡村农业农民与三权分置改革的相关研究

国外学者对中国"三农"问题的研究主要聚焦于中国农村经济和农村改革、城市化进程和局部地区"三农"问题三个方面。一是对中国农村经济和农村改革的相关研究。美国卜凯(2015)把生产规模、技术条件、生产组织作为研究的基点,通过对比中美两国农村农业在农产品和劳动力的所需比例来分析中国农村经济,他认为中国农民贫困的根本原因是中国农业生产技术的落后。美国白苏珊(2009)通过分析个人、地方政府、宏观政策环境之间的复杂关系,阐明了中国城乡工业的制度背景和近期产权改革的私有化趋势。其次,研究了中国城市化的进程。二是对中国城市化进程的研究,主要集中在写实记录故事上。英国汤姆·米勒(2014)以人口流动加快城市化进程为内容,探讨了中国城市化进程的规模、速度和影响范围,同时也揭示了城市化进程中存在的问题。瑞士孟牧轩和中国台湾庄新眉（2015）用图片与文字相结合的方式，详细介绍了中国城市化进程中城市和周边农村的变化特点，认为高速发展的城市化进程对农村社会生活、当地文化造成了极大的冲击。三是对中国局部地区"三农"问题的研究。美国黄宗智（2000）以我国长三角小农户经济和农村社会发展为研究对象，探讨并阐述了我国局部地区"三农"的实际情况和发展变化。美国杜赞奇（2010）通过对华北农村的政治改革研究，提出了国家权力的内卷化，认为当国家把农村纳入政治体系时，国家税收收入会增加，而农村福利却会不断减少。

自中共十一届三中全会以后，我国实行家庭联产承包责任制，实现了土地所有权和承包经营权的分离，极大地提高了农民的生产积极性，使农业发展进入了新阶段。但是，随着经济社会不断发展，产业结构变革、城市空间扩大、劳动力转移，对土地规模经营的需求日益增加，"两权分置"的农地制度已不能满足我国农业发展的需要，"三权分置"的出现，是土地制度为适应新时代而产生的新举措。近年来，国内学者对此进行了大量研究：

基于"三权分置"产权研究视角，肖卫东、梁春梅（2016）认为，"三权分置"中土地经营权与土地承包经营权的分离，使土地经营权能够用于市场交易，具有使用价值和交换价值，体现其经济效益，从而形成有效发挥集体土地政治治理作用、社会保障与经济效益并重的现代农村土地产权制度。高福平（2016）则认为，"三权分置"并不是将承包经营权分成两部分，而是重构农民集体所有制，有效实现农民集体经济利益。

基于"三权分置"意义研究视角，康涌泉（2014）指出，"三权分置"释放了经营权，加快了土地流转，促进了土地的有效利用、多元化经营、增加融资渠道。李国强（2015）认为，"三权分置"保持了承包权的稳定性和经济成员的资格，使农民能够继续享有土地的社会保障红利。陈朝兵（2016）认为，"三权分置"加速了土地流转，促进新的经营主体产生，农业生产逐步从分散经营向规模经营发展，实现土地资源的优化配置。

基于"三权分置"区域研究视角，王秋兵等（2017）通过对东北三省的调研，发现政府、村集体和农民之间的存在不同矛盾，相应的土地流转法律制度不完善等问题，都不利于土地流转。罗睿等人（2017）发现，贵州省湄潭县土地改革试点存在诸多问题，但改革也带动农村和小微企业的发展，丰富了农村集体土地制度内涵，使土地价格统一，促进国家、集体和个人利益的实现。邱铁鑫（2017）指出，四川省成都市郫都区的土地改革体制滞后、融资难、收入分配机制不完善。

基于"三权分置"权益风险研究视角，阮建青（2011）表示，在我国城乡土地二元分割过程中行政干预过多，政府和开发商拿走了大部分增值收益，造成地价无法真实反映市场供求，侵犯了农民的权益。黄宝莲等（2012）提出了城乡二元土地制度的弊端。二元土地制导致了土地制度冲突，土地寻租腐败，农用地被占用和滥用，农民权利得不到有效保护。王景占（2013）提出，农民无法掌握土地的核心权利，不能充分行使自己的土地权利，导致农民对土地缺乏稳定的预期和农业土地资源配置效率的低下。闫桂林等（2013）认为，城乡土地所有权主体的二元化和集体土地所有权主体的多元化，导致农民土地所有权的瓦解和分割。

（2）农业现代化的内涵分析与路径的相关研究

早在20世纪中叶，舒尔茨就在《改造传统农业》一书中提到，农业是国民经济的重要组成部分，是保障社会经济健康发展的基础产业，农业发展在传统农业改造、社会经济发展中起着关键作用。他认为，经济增长的因素不能作为农业生产的基础，而应以传统的农业经济因素为基础。但是，这种观念的提出与应用仍没有达到农业生产变革的预期效果，因此他又提出了一个新的观点：推动农业技术的创新，加快农业现代化发展。20世纪70年代，美国学者福农·莱坦发现，大规模机械化生产是美国农业现代化的最大特点，这大大节约了劳动力成本。日本学者由次郎发现，日本将大量的高科技技术应用在种子、肥料、农业设施等方面，极大地提高了农业生产资源的利用率，减少了资源的浪费。纵观日本和美国农业现代化发展历程，都是通过利于现代化科研技术生产来推动的。道格拉斯·诺斯在20世纪80年代提出"诱发性制度创新"，指利用新的制度来替代缺乏创新活力的旧制度，以此来适应农业生产的时代性，从而提高生产力。"诱发性制度创新"的提出，为欧洲国家的农业发展指明了发展方向，各国纷纷变革土地制度，促进了农业的现代发展。20世纪90年代末，阿历克斯·英克尔斯通过研究多个发展中国家，提出11个现代化标准：人均GDP、农业产值占比、服务业产值占比、非农劳动力占比、文盲占比、大学生数量、人均拥有医生数量、人均预期寿命、人口自然死亡率、人口自然增长率、人口城市化率。

由于国外研究的侧重点不同，目前对农业现代化的研究并不多。Robert Paarlberg（2009）分析了农业现代化、自然环境和人三者之间的关系，认为实现农业现代化会使农民在同等报酬下获得更高的效益回报，从而提高城乡居民在农业现代化改革中的获得感、满足感，促进居民对农业现代化的理解和支持。同时，随着农业的发展，城市服务水平和居民生活水平也逐渐提高。Dennis T. Yang（2010）通过分析大量的文献和数据得出，当人均产值低于一定的临界值时，经济发展将受到极大的阻碍。通过比较传统技术和现代先进技术分别应用于农业产业结果表明，工业的持续发展并不能保证经济的长期稳定增长，而工业发展引起的农业改革才是刺激经济持续增长的内在原因和关键。因此，农业现代化是促进经济发展的必要前提。

农业现代化国内研究。我国是农业大国，但农业现代化的发展起步较晚，国内对农业现代化的研究相对较少。随社会经济的不断发展，经过我国学者们的不断努力，农业现代化的内涵和发展模式得到不断完善和发展。孟秋菊（2008）通过梳理国内外文献，详细分析了现代农业和农业现代化的概念，指出现代农业是在现代工业和现代科学技术的基础上发展起来的，是农业现代化的目标和方向，而农业现代化则是现代农业实现的必由之路。柯炳生（2007）通过思考我国农业发展现状，系统地提出推进我国现代农业建设的四大指标（劳动力投入、资源投入、产品产出和品质保证）和四大目标（农产品质量、农产品数量、农民收入和生态保护）。李剑林、唐文辉（2008）结合我国目前农业现代化发展实际情况，提出中国农业现代化的发展是基于中国对粮食的巨大需求、城乡矛盾、维护农民权利的需要和增加农民收入的国情决定的，中国的农业国情和农业条件决定了农业现代化的必要性。

从农业现代化内涵的角度研究。杨少垒、蒋永穆（2013）将中国农业现代化内涵解释为生产机械化、科技创新、生产规模与产业化、产品市场化。还指出保障人口粮食安全、提高农民生活质量、实现农业可持续发展是中国农业现代化发展的目标。孔祥智等（2013）认为，新时期的农业现代化建设不仅仅只能关注于自身的特点，还要学会充分利用外部有利因素对自身的拉动和影响。刘先庆等（2013）认为，农业现代化的特点主要是生产机械化、工业化、集约化、产业城镇化、信息化、技术科学化、生物化、可持续性发展。窦同宇等（2017）认为，农业现代化是以绿色健康为标准，以科技手段、产业融合为方法，以增加产值为目的，是具有合理空间布局和区域特色的高效农业。王钊（2017）认为，农业现代化的实际内涵就是提高土地资源的利用率，实现农业的可持续发展。主要是实现土地规模化、集约化生产，构建工业化经营模式，提高机械化、科学化水平，合理规划农产品结构，加快农业现代化发展进程。张治会等（2013）从农业现代化指标体系的角度出发，立足于人本发展的观点，构建以"人"和"物"为主体的指标体系。其中"工具评价"和"客观评价"两个指标体系下，又可分为主指标和群指标。其中，"工具性评价"体系包括4个主体指标和15个群指标；"客观评价"体系包括4个主体指标和19个群指标。周瀚醇等（2015）建立了三个二级指标来描述农业现代化指标体系，分为农村、农业、农民三个层次，以及第一产业增值在GDP比重中所占的9个三级指标。胡晓群等（2015）构建了农业投入、农业产出、农民生活和农业生态环境四个分类指标对农业现代化发展水平进行了评价，并进一步建立财政支农支出等11组指标进行综合描述。徐世艳等（2017）在"新型工业化、城镇化、信息化、农业现代化、绿色化"协调的背景下，从基础设施和生产条件、科技、产业与经营体制、就业、产出、发展、环境七个方面构建了农业现代化的指标体系，系统地阐释了农业现代化的内涵。

从农业现代化的路径探索来看。俞福丽等（2014）认为应从文化环境、制度框架、现代化进程、资产产出效率四个方面来推进农业现代化。王沛栋

(2015）提出，科学技术是第一生产力，改革创新是现代化农业的根本动力。转变现代农业的发展方式，促进农产品商品化，可以有效增强现代农业可持续发展动力，促进农业与其他相关产业的融合，为农业现代化发展提供强大合力。易立红（2017）认为，我国城乡一体化发展迅速，简单的农业现代化发展已经无法适应时代的需要，必须树立与时俱进的农业发展观。通过机制体制、发展观念、发展方式等全面改革，协调环境、经济、生产的发展关系，实现可持续发展。孔祥智、毛飞（2013）指出，中国农业现代化的发展利用外部环境的拉动作用，实现与城市化等的协调发展。李滋睿、屈冬玉（2007）在对农业现代化的发展现状和差异研究后发现，受地理环境、区位因素、经济发展水平的影响，不同地域的现代化农业生产模式各不相同，并总结出以下几种模式——"外向型、都市型、优势农产品产业带、资源综合开发"等。蒋和平（2018）以产业发展、技术驱动等方面为依据，根据不同驱动要素将现代农业发展划分为六种发展模式。

(3) 农村职业教育与农业科技发展的相关研究

从欧美等发达国家发展现代农业得到的启示是，高度重视农业职业教育。教育作为一种最基本的人才培育方式，为现代农业发展培育了大量职业人才，提高了资源利用效率，降低了成本损失。发达国家通过大力发展农业教育，推动教育、科研、技术相结合，促进农业科技的发展。以美国为例，1929—1972年间美国农业增产81%，科研增产71%。美国农业飞速发展主要取决于它的"三大法宝"，即以州立大学农业学院为中心，形成教育、科研和推广相统一的体系。日本通过结合立法、合作组织、科教体系和扶持政策，大力支持现代化农业，形成集约型的现代化农业。法国也根据本国自身农业发展需要，加大科学技术在农业生产中的投入，建立高效统一的推广体系，并加强对农民职业教育的培训，提高从业人员的素质，充分挖掘人力资源，为农民提供多样化的信息服务。从以上国家的现代农业发展过程中可以发现，发达国家除了有发达的工业作为农业发展的基础外，更重要的是国家高度重视科学技术的作用。开展农民职业教育，加大智力投入，形成以政策为支持、立法为保障、财政为基础的良好运行机制。

20世纪50年代初，中国开始研究教育与农村社会经济发展的关系，但这种研究只是局部的、碎片化的，系统的研究直到20世纪80年代才开始。王厚宏（1987）分析了安徽省农村经济和职业教育的现状，提出农村职业教育是促进农村经济发展的重要动力。黄圣周（1989）提出，为保证农村职业教育能够有效地推动农村经济发展，需要从产业结构调整和劳动力转移两方面入手。夏金星（1995）根据《中国教育改革和发展纲要》的目标，提出中国是一个农业大国，农村人口高达9亿，对农村劳动力的职业教育培训实现全覆盖，是我国需要重点攻克的难点。林容蓉（1997）指出，解决三农问题关键是要提高农民的文化素质和技术能力,大力发展农村职业教育可以培养新型职业农民,间接推动农村经济发展。白菊红、袁飞(2003)研究了农民受教育程度对家庭收入高低的影响。他们随机选取了不同文化程度的农民,对比其收入的高低,得出受教育的程度和农民的收入呈正相关,且随着教育年限的增加,农民收入不断增加。范柏乃(2005)认为,教育投资与经济增长的关系是双向因果关系。王国敏、周庆元(2006)认为,高学历能够提高居民的收入能力和有效帮助农民应对外界危机的能力。王凤羽(2012)指出,职业教育资金的投入对农村经济发展具有积极的促进作用。李纯(2015)提出,农村职业教育对经济增长的贡献更多地体现在县域经济水平上,对提高县域劳动者的就业水平和经济收入具有直接影响。

农村职业教育与农业科技发展关系的理论研究。党中央为加快全国经济发展,促进社会主义新农村建设,把"三农"问题作为全党工作中的重中之重。在政府高度重视的情况下,我国学者也开始增加对职业教育与科技发展关系的理论研究。李娟娟(2011)认为,职业教育下的劳动经济是中国农民特有的新经济现象,劳动经济的出现体现了职业教育对农村经济发展的重要作用。倪锦丽、崔巍(2012)认为,农村职业教育的培养目标和课程模式由科技发展水平的高低决定,科技水平的提高丰富了农村职业教育的手段,促进了农村职业教育内容的更新。唐智彬(2015)认为,培养新型职业农民是适应农业科技快速发展的必然产物,要坚持"协调"的发展理念,系统地、有层次地设计农村职业教育的改革目标,促进"产、学、研"的有机结合,实现农村职业教育的人才培养与产业、政策、市场协调发展。

农村职业教育与农业科技发展关系的实证研究。傅正华、雷涯邻(2007)通过对北京市农业科技的优势和劣势分析指出,农业科技人才的培养需要从提供者、使用者、推广者、管理者四级入手,完善职业教育体系。同年,赵庆文通过对云南省鲁甸县农村教育资源的整合,为新农民科学发展提出了新的目标和具体措施。金裙(2008)认为,大力发展农村职业教育,提高农民科学文化素养和技术掌握能力,有效解决四川省农民素质偏低、劳动力结构不合理、科技水平较落后等问题。杨仁德、向华、魏善元(2009)通过对贵州省关于农村职业教育和农民科技培训方法分析指出,农村职业教育的发展需要以政府主导,农业院校、农业科研院所为主力军,通过多方协调完善制度设置、资金投入,为人民群众建立一个科学有效的科技培训管理机制。曾凤杰、谢杰爽(2011)在河南省调查、访问了1 000户农户,认为农村缺乏对科技成果的吸收、消化、利用,成果转化率低至30% ~40%,约70%的科技成果得不到推广利用,对生产力的推动作用不明显。

农村职业教育与科技发展关系的研究。陈奇榕、黄聪敏(2003)指出,农业、科技、教育有机结合的发展方式在美国、英国、法国、荷兰等国被积极采纳。据统计，1985年美国的农民完成了12年以上教育的比例高达75.7%。而目前中国仍有1.8亿多文盲，农村是文盲的主要集中地。农村教育落后，劳动力素质低下，是制约农村社会经济发展的重要因素。朱容皋（2009）比较了农村职业教育在发展中国家的典型脱贫模式，其中印度的"喀科运"对职业教育的基础设施建设高度重视，通过调动政府和社会的力量，为基础设施建设提供政策和资金支持，并充分利用农业科技创新成果，注入科技因素。在南美洲以墨西哥为南美模式的代表，强调政府对农业的支持力度，坚持依法保护农村职业教育的合法权益。赫栋峰、梁珊（2009）以英、德等发达国家为研究对象，分析了农村职业教育和农业科技的发展历程，并指出农村职业教育和农业科技发展成功的关键是建立有效的政策保障机制。我国需从中汲取、完善相关保障机制和激励政策、激发农村科研发展活力等可行经验。金荣德、高星爱、吴海燕等（2010）阐述了农村职业教育成功的经验，认为提高农村科技水平、促进农村社会快速发展是完善农村职业教育的产物，并对韩国农村振兴办公室的历史、组织结构、功能特点、业务责任范围和资金来源做了详细的介绍。曹方超（2014）指出，美国政府把农村职业教育和农业科技发展作为一个整体来看待，将两者有机地结合，有效地促进农业科技进步的发展。农业科技与农村职业教育相互联系、相互利用，使劳动力素质和技术水平得到很大程度上的提高，农民能主动、快速地接受农业科技新成果。

农村职业教育与农业科技发展的问题与对策。迟爱敏、苑素梅（2008）从农业与科技的关系入手，分析了农业和职业教育的现状和发展，并指出农村人口素质与职业教育、农村科技普及发展与职业教育是农村职业教育存在的主要矛盾。认为解决这一矛盾必须要加强职业教育建设，促进经济高速质量发展，坚持科教兴农、以城带乡的发展模式。田维波、邓宗兵（2010）认为，我国农业科技与发达国家差距主要表现为农业科研投入不足、成果转化机制不完善、科研体制不合理。因此，要采取加强农村职业教育、加大农业科研投入、完善农业科研体系、增加农业科技储备等措施，促进农业科技发展，完善农业技术推广体系。李秀艳（2012）指出，传统的重政治、轻技术观念，农村教育、培训机制和法律不完善是造成我国农民科技文化素质总体偏低的重要因素，农民科技文化素质的提高，可以从加强科技宣传推广、农村教育投入、制度和法制建设入手，多渠道、宽领域地综合协调发展。于红（2015）指出，致力培育一批新型职业农民，以促进农村可持续发展。

综上所述，国内外乡村振兴研究角度广泛，研究也较为深入，例如农村职业教育与农业科技发展中，从理论、实证、比较以及问题与对策几个方面进行理论分析，全面分析了农业科技与农村职业教育的关系，也进一步拓展了今后的研究领域。

1.2.3 国内外关于"三农"政策的相关研究

(1) 国内外关于"三农"问题与思想政策的相关研究

多数学者认为,城乡二元社会结构是造成"三农"问题的重要原因。韩俊(2013)认为,解决好"三农"问题,必须变革城乡二元结构体制,推动城乡一体化发展。在城乡发展差异巨大、农村经济落后、教育资源缺乏的背景下,根据十八大对"三农"工作的要求,他提出从土地产权、构建"普惠、平等、融合"的基本公共服务体系、以城带乡、建立普惠性的农村金融体系四个重点领域来推进农村改革和体制创新。陆学艺(2013)认为,城乡二元社会结构是阻碍中国特色农业现代化的重要因素,只有切实解决好城乡二元结构制,农民才能真正得到发展,农村才能实现产业兴旺、生态宜居、乡风文明、治理有效。于建嵘(2013)认为,改革户籍制度,是消除城乡二元结构弊端、促进城乡一体化的可行方法。周琳琳(2017)认为,实现农民市民化、城乡一体化、农业现代化是解决"三农"问题的必要途径。可见,绝大多数学者认为城乡一体化发展是解决"三农"问题的根本途径。

国内学者对党的"三农"思想研究主要是以毛泽东、邓小平、江泽民、胡锦涛、习近平为代表的中国共产党人的"三农"思想为基础的。武力、郑有贵(2013)研究了中国共产党各个时期的"三农"思想政策,指出党对"三农"问题和有关政策的认识是具有时代性的。常丽君等(2016)指出,习近平总书记对于"三农"理论的认识有着科学全面的制度思考和清晰严谨的内在逻辑体系,这一理论汲取了国外先进经验,同时也与中国具体国情相结合,是理论和实践的统一。何慧丽、王辉(2015)指出,习近平总书记的"三农"理念是基于中国特定的社会历史条件而提出的,有一定的东方理性色彩,为农民互助合作提供了新的组织体系,其中乡村社区的复兴理性和党的自觉理性是对其最好诠释。刘从政(2009)认为,胡锦涛总书记"三农"思想主要体现在推进农村体制改革创新、以"多给、少拿、解放"为指导思想、坚持城乡一体化发展等方面。俞佶(2017)认为,党的十八大以来,为适应农业结构性矛盾,推进农业供给侧结构性改革,以习近平为代表的党中央提出了五个关于"三农"问题的新发展理念。这些理念不仅发展了党关于"三农"思想的理论体系,同时也为"三农"新发展提供了新的行动指南。历代领导集体分别从不同角度论述了"三农"思想,总的来说,中国共产党对"三农"思想的研究对我国未来农村、农业、农民的发展都有着重要的指导意义。

关于"三农"政策的研究。新中国成立以来,"三农"政策的研究无论是在学术界还是在政府层面,都得到了不断的重视和发展。主要体现在以下几个方面。一是从历史发展的研究角度出发,并且主要集中在中国共产党成立后,中华人民共和国成立后,改革开放以来。郑有贵(2009)认为新中国成立60年来,随着经济的快速发展、工业技术的发达、城镇化的进程加快,国家对"三农"政策作出了四次重大的调整选择,指出解决温饱问题已经不是国家的发展目标,而应该是建立高水平的全面小康社会和社会主义新农村。宋洪远(2016)论述了十六大以来中国"三农"的重要政策措施,分析了"三农"政策在实施过程中存在的问题和效果,吸取一些主要国家和地区实施"三农"政策的经验,为"三农"政策提出了许多可行性的改进建议。二是对"三农"政策的调整与创新研究。陈少艺(2016)系统地梳理了1982年至1986年、2004年至2015年间中央发布关于"三农"问题的17个中央一号文件,探讨了中国共产党在不同时期的政策调整,分析当代中国"三农"政策的变化。潘盛洲(2015)从新农村建设、农业现代化、农民发展三个方面对习近平"三农"概念进行了研究,确保国家粮食安全生产是推进农业科技发展必须严格遵守的原则,是不可突破的红线。新农村建设需要不断改革和完善农业发展理念和管理制度,不断缩小城乡差距,促进城乡一体化发展,要有针对性地对农民进行生产技术培训,培养新型农村人才。

(2)国内外关于"三农"经济与农村教育的相关研究

发展农村职业教育能有效地促进"三农"经济的发展是国内外学者一致公认的。Yujiro Hayami(1969)对印度和发达国家的农业生产进行了比较分析,结果表明,发达国家农业生产力提高的重要因素就是有着良好的教育。Dean T. Jamison等(1982)认为,教育不仅可以提高农民的劳动生产效率,促进资源有效配置,而且可以增加农民的收入渠道、分散农民收入风险。John T. Pierce(1993)的研究结果表明,农村人力资本的增加能够推动农村社会经济的健康发展。Phillips, M. Joseph(2000)通过实证研究和分析表明,农民教育与农民生产效率之间存在正相关关系,即农民受教育程度的提高,也促进了农业生产效率的提高。Fan S., Zhang L., Zhang X.(2002)利用中国各省的数据,研究了农村教育、交通、通信、农业研发对农民收入的影响,发现农村教育对农民收入的作用最大,其次是农业研发,交通建设的作用远远小于教育的影响。Ken Tabata(2003)充分利用世代交替模型分析了农村职业教育对农民经济收入增长的影响。官爱兰、蔡燕琦(2015)利用C-D生产函数对中部地区农业经济与人力资本的关系进行了分析,结果表明,教育变差系数的变动对农业经济的发展存在很大的影响。郭建雄和卢永刚(2011)对本国的经验数据进行了仔细地分析,发现农业经济发展与人力资本的关系存在临界值,只有当人力资本大于临界值时,人力资本才能对农业发展产生作用。谈松华(2003)认为,大力发展农村教育是解决"三农"问题的主要途径。于伟、张鹏(2015)运用熵值法研究了农村教育对现代化新农村建设的作用,研究结果发现,农村教育体系的完善对提高农业生产效率、促进农业现代化发展大有裨益。

对于农村教育与农村产业的关系，国内外学者从不同的层面和角度进行了分析，并提出可行性的建议。陈刚、王燕飞（2010）的研究证明，农村教育发展水平的提高能有效促进农业生产效率，增加农民收入。杜育红、梁文艳（2011）认为，发展农村教育，完善农村教育体系，能够促进农业现代化发展。王静、武舜（2015）采用了明瑟模型对于教育与农民工收入的关系进行了分析，研究表明，受教育程度低的农民工，无法向高回报产业流动，农民工的收入受到严重影响，农民工的教育水平亟待提高。邢春冰、贾淑艳、李实（2013）对农民工的教育回报率分析利用了抽样调查的方法，研究结果表明，不同地区农民工受教育的回报率不同。葛新斌（2015）认为，只有以推进农村现代化和人口城镇化为农村教育的目的，农村教育才能有效促进农村发展，增加农民收入。陈灿平（2016）提出，在特殊贫困地区，要以教育、医疗、卫生等基础工程为重点，采取多种措施增加农民收入。王金蕊（2014）指出，农民基础教育水平的提高，可以增强农民的学习能力，促进农民综合发展，间接地促进农村经济发展。Alan De Brauw, Scott Rozelle, George Psacharopoulos（2006），Russell Smyth（2015）认为教育对经济社会和个人收入都有着积极的影响。

（3）国内外关于新型农业经营主体现状的相关研究

新型经营主体即新型农业经营主体，这一概念是为了区别传统的农业经营主体而产生的。新型经营主体是农业生产过程专业化的表现，伴随着家庭承包经营制的产生。对于新型商业主体的定义，学者们也存在一定的争议。张照新、赵海（2013）提出了一种基于中国传统小规模、半自给的新型经营主体，包括规模较大的农户和家庭农场、专业合作社和龙头企业。汪发元（2014）认为，农业开发公司、农民专业合作社、家庭农场就是新型的农业经营主体。目前，家庭农场、农民专业合作社、种养大户和龙头企业是专家学者主要关注的新型经营主体，也是我国新型经营主体的主要形式，这种新型经营主体具有较强的生命力和巨大的市场潜力。

国内家庭农场研究现状。关于家庭农场这一新型经营主体，从家庭农场的特点和优势的角度出发，国内专家学者对家庭农场的现状进行了研究。袁赛男（2013）认为，家庭化经营、市场化发展、专业化生产、规模化经营等是家庭农场经营的主要特点。穆向丽、巩前文（2013）认为，以农业规模化生产为基础的家庭农场具有独立的市场决策能力，是充分发挥农业生产、生活、生态等功能，获取经济收入的组织。傅爱民、王国安（2007）认为，家庭农场是以家庭为基本单位，以中等规模土地为劳动对象，以有效劳动、商品化资本、现代技术为主要生产要素的农户企业。

家庭农场是一种具有独特优势的新型农业经营主体。冯子标、王建（2009）

认为，发展家庭农场具有多重好处：一是打破了封闭生产的小农经济，促进了劳动力、资金、信息、技术的流动，促进市场化发展；二是实现土地功能向经营型转变；三是促进农民人力资本市值的提高；四是生活与生产相结合，既维持了家庭感情，又节约了市场交易成本。许莹（2012）认为，家庭农场具有连续性、适应性和阶段性优势的发展管理模式。郭熙保（2013）认为，作为一个以家庭为基础的经营单位，该农场的劳动力只是家庭成员，没有雇佣工人，农业收入是其主要收入。高强、刘同山、孔祥智（2013）认为，家庭农场具有家庭管理和企业管理双重优势，不仅可以有效地调动家庭成员的生产积极性，而且可以发挥市场导向作用。伍开群（2013）用企业所有权理论对家庭农场进行分析，发现家庭农场利用信用社降低的交易成本和国家相关政策，积极促进其与合作社的结合，可以有效地发挥出家庭经营农场的相对优势。

关于对我国农民专业合作社本质和功能的现状研究。1978年，学者开始对农民专业合作社展开了研究。改革开放后实行的家庭联产承包责任制存在局限性，其弊端日益暴露，严重制约了农业经济的发展。在此背景下，农民专业合作社应运而生。农民专业合作社将分散的农民集中起来，增强了抵御市场风险和提高市场竞争的能力，满足农业发展的基本要求。

专家学者对农民专业合作社的本质研究意见不一。牛若峰（2004）认为，农民专业合作社是对产品专业化的生产，劳动者实行自愿联合、自主经营、自负盈亏的经营模式，维护自己的利益。米新丽（2005）指出，"民有、民管、民享"的原则是农民专业合作社建立起来的基础，农民专业合作社是一个高度自治的生产经营组织，在我国农业经济发展中发挥着重要作用。苑鹏（2006）认为，为降低交易成本，提高市场竞争力，实现生产效率的规模化，改变我国农村劳动者在市场竞争中的劣势地位，从而产生了新的组织形式——合作社。黄胜忠（2009）指出，建立农民专业合作社有利于提高农产品质量标准，创造农产品品牌效应，提高产品的附加值。乔佳梅（2015）认为，农民专业合作与农民有着密切的联系，除了经济功能外，还具有许多其他的社会功能。例如：农民专业合作社有利于科技推广，通过文化建设，打造品牌文化；在科技、文化、合作、团队的方面也发挥着重要的作用。从以往的研究来看，学术界对农民专业合作社功能的研究较为深入。

关于对国外家庭农场的现状研究。国外学术界对家庭农场的研究由来已久，主要集中在家庭农场的内涵和管理上。美国农业部（USDA）指出，家庭劳动力在家庭农场中占据主导地位，只有在农忙时节才雇佣少数员工。农场主存在的前提是必须有能力支付经营成本和费用，并能进行有效的经营管理。根据俄罗斯的《家庭农场法》，土地私有制是建立家庭农场的基础，家庭成员主要从事农业生产、加工和销售活动。Reid（2004）认为，家庭成员的团结能够高效地解决存在的问题，对于农场的发展起着重要作用。

我国经营模式单一，而国外农场经营开始呈现出多元化趋势。美国的农场不仅仅只局限于种植，还拓展到了生态、农林、社区支持、娱乐等领域。Elizabeth Henderson & Robin Van En（2007）研究了社区支持型场。Inwood & Sharp（2012）、Barbieri & Valdivia（2010）等也研究了其他新型农场，如农林生态保护农场和娱乐农场，这两类农场不仅节约了土地资源，而且保护了生态环境的发展，为二、三产业的发展做出了巨大的贡献。

关于农民专业合作社在国外的发展现状研究。Fatma and Nayera（2006）提出第一次工业革命爆发后，机器生产取代了家庭手工作坊，劳动力资源成为资产阶级和无产阶级两大阵营争夺的商品，无产阶级和小生产者失去了发展保障。经济困难群体为了在市场上获得少量的经济利益，成立了合作社。合作社资产属于合作社成员，实行民主管理、民主决策、风险共担的管理方式，增加了合作社成员的经济收入。Cechin 等（2013）指出，成员积极参与是实现有效合作治理的前提保证，而经济利益是成员积极参与的动力源。Mujawamariya 等（2013）认为成员的忠诚度和信守程度与合作社发展进程有关，特殊情况下，区别对待社员和非社员是保证社员忠诚和承诺的重要途径之一。Bijman 等（2012）根据理事会成员、代表成员和外部管理者之间的控制权分配，认为"传统型、管理型、公司型"是西方国家合作社治理主要有类型，随着经济和社会的不断发展，合作社的制度和原则也在不断改变和完善。Salvatore 等（2008）认为，合作社应在遵循基本经营原则的基础上应顺应时代潮流、淘汰落后的规则，实现自我发展，合作社成员可以自愿参加或退出的原则依旧被采用；同时，合作社成员还参与生产、销售获取利益，实现经济意义上的"按赞助分配盈余"和"有限资本补偿"。

（4）国内外关于农村社保与农业补贴的相关研究

关于农村社会养老保险制度构建研究。R. Bottazzi 等（2006）阐述了美国、日本等发达国家的农村社会养老保险制度滞后于城市的时间和条件，这一现象在发展中国家也普遍存在。J. Hargreaves 等（2004）发现南非等国的农村社会养老保险制度的建立也滞后于城市，研究结果表明，农村社会养老保险制度受客观经济条件的制约，参保农民收入低，不愿缴纳保险费用。大多数国家的农村社会养老保险制度是在人均 GDP 2 000 美元以上的基础上建立起来的。A. Lans Bovenberg（2000），Cox R. H.（2001）等学者认为，国家的社会政策对农村养老保险制度的建立也有一定的影响，并基于此角度，我们可以分析出早期建立的国家福利社会保障制度为什么是在英国、丹麦、葡萄牙、荷兰等其他国家而不是在德国。

与中国农民工相比，外国农民工在数量和特征上都有很大的不同。J. Williamson（2004）指出，由于西方国家的工业化和城市化发展较早，养老保险制度建立之初，大多数国家已进入工业化后期，大部分农民直接转为市民，农民的养老保险随之也纳入城镇居民养老保险。Dan Olof Rooth（2006）等学者基于福利公平视角，指出农民失地后，应被纳入城市居民养老保险范围。近年来，国外学者对国际移民的养老保险进行了大量的研究。Nurulsyahirah Taha 等（2015）学者指出，发达国家的社会保障体系健全，移民工人都能够享受到本国的社会保险待遇；而移民到发达国家的发展中国家人口，缺乏话语权，很难获得合法的移民身份，即使为当地的建设做出了巨大的贡献，仍难以享受到良好的社会保障待遇，且由于本国的社会保险制度并不完善，无法更好地衔接起移民的社会保险。2013 年，随着我国"一带一路"倡议构想的提出，国际经贸关系的发展，越来越多的农民工将被输出海外，完善农村社会养老保险制度是政府解决他们担忧的最好方法。

　　学者关于农业补贴对经济发展和农民收入的影响有不同的看法。张健峰、赵梦涵（2010），李维林、李森（2010），范宝学（2011）认为，农业补贴对增加农民收入、促进我国农村经济发展发挥了积极作用。也有学者认为，农业补贴在一定程度上扭曲了农产品的结构和市场。如张绮萍（2010），高玉强（2010），曾富生、朱启臻（2010），王晓芸、赵玲（2010），何树全（2010），李金珊、徐越（2015）等学者提出，因农业补贴而导致产品价格的上涨，居民生活成本提高，农业补贴并没有给农民带来经济效益。

　　农业补贴对农村劳动力转移的影响。李明桥和徐妍（2012）对农业补贴与农村劳动力的关系展开了研究，结果表明，随着农业补贴的提高，非全日制农户将更多的资金和劳动力投入了具有高经济效益的活动中，偏离了农业补贴的初衷。吕炜、张晓颖、王伟同（2015）的研究结果表明，通过农机购置补贴提高了农业机械化水平和生产效率，劳动力生产的方式被逐渐淘汰。

　　关于农业补贴对环境的影响研究。侯玲玲、孙倩、穆月英（2012）研究发现，农业补贴的实施导致化肥、农药的使用量增加，造成大面积的环境污染。于伟咏、漆雁斌、余华（2017）的研究也进一步证实了农业补贴对环境会造成不良影响的观点。

　　一些学者采用调查和实例的形式对农业补贴进行了深入的分析。黄季焜等（2011）用问卷调查和访谈对 1 000 多农民进行了调查，并用回归分析法对统计的数据进行了仔细分析。他们发现，农资补贴的补贴标准略高于其他三项补贴，促进了农民收入的增加，但对粮食生产和产量影响不大。方振强（2013）认为，其他三项政策的实施效果不如农业综合补贴，是因为农资综合补贴的补贴标准高于其他粮食补贴。盛燕（2010）认为，农业综合补贴的发放对种粮农民的土地利用决策具有积极作用。魏茂青（2013）把福建省农业综合补贴的实施效果作为研究对象，经分析发现，实施农业补贴对农民的农业行为有着积极的影响，实施农业补贴后，种粮农民的不良农业行为大大减少。崔奇峰（2013）以河南固始县实施农业补贴的现状为对象进行研究，发现固始县种粮农民普遍认为粮食补贴额度太小，难以缓解粮食生产过程中高投入带来的经济压力，随着物价的上涨，目前现有的农资综合补贴标准已经难以对粮食生产产生强有力的影响。

关于粮食直接补贴方法的研究，有的学者多采用定量和计量模型，也有的则采用实证案例。赵昕（2013）认为，国家粮食直接补贴与其他粮食补贴政策一样，都是以提高粮食产量、维护种粮农民利益为初衷。从政治的角度来看，粮食直接补贴政策反映了国家对粮食生产的关注和重视，但是小额的资金补贴难以实现提高农民收入的整体目标。段云飞（2009）认为，必须找出粮食补贴存在的问题，保证粮食补贴的科学性和正确性。沈淑霞、佟大新（2008）以吉林省实施的粮食直接补贴政策为研究对象，进行问卷调查研究和数据分析，他建议粮食直接补贴要以种植面积作为分配标准，并且进一步加大粮食直接补贴力度，因为种植面积的计算存在一定的误差，如果仅仅由面积来确定，很难科学地实施补贴。蒋和平、吴桢培（2009）对湖南汨罗市种粮农民的满意度进行了问卷调查。根据调查问卷的数据统计和分析，他们得出结论，虽然粮食直接补贴政策反映了国家对粮食生产的重视程度，但是补贴标准少、数额太小，对粮食生产不能起到实质性作用。农民建议把补助资金放在重点项目上，减小补助的范围，集中力量解决重点难题。谭砚文、谢凤杰（2007）对补贴政策对农民和粮食生产的影响进行了数据分析，认为国家的初衷是提高农民收入，通过财政资金对农业生产的支持，减小市场价格波动带来的损失，规范粮食生产和市场贸易。

综上，国外学者对"三农"问题的研究较少，但理论经验值得国内学者进行研究，但国外与国内的情况存在差异性，问题分析不能一概而论，考虑自身问题并结合其他因素，探索分析出发展道路。部分学者通过数据调查与理论研究，对农村社保与农村补贴的情况进行深入分析。由于角度的不同，部分学者的研究结论与观点不同，未能形成具有整体性、科学性的研究体系。

1.2.4 国内外研究现状评述

通过以上梳理，可以发现当前国内外关于新时代职业教育助推乡村振兴战略的应用研究所取得的成果和创新点，对于研究具有较大的借鉴价值和指导意义，同时也发现目前的研究成果存在不足，主要表现在以下几个方面：

第一，以往没有对职业教育助推乡村振兴战略的基本路径与策略展开系统的研究。

基于多个视角研究农村职业教育，拓宽本研究的思路。关于对农村职业教育功能和发展模式的研究，国内外学者都有研究。相较之下，可以发现国内学者借鉴国外经验，研究相对成熟，国外学者对职业教育模式的研究还不够系统、深入。国内外职业技术教育体系的发展有很大的差异，我国学者应从本国实情出发，结合自身条件展开研究。结合上文分析来看，中国学者对于农村职业教育发展研究方面都选择了纵向角度切入，研究并不全面。

第二，没有基于农村、农民和农业的角度的研究。

由于经济条件、教学环境的限制，农村职业教育发展较差。虽然专家学者做出巨大贡献，但未能有效的分析农村职业教育对"三农"的影响。只是以一个层面分析分析农村、农民与农业，未能从单个层面切入进行分析，而后总体分析。针对我国的"三农"问题，国外专家学者提出了宝贵意见，有的学者甚至长期移居中国，对中国的"三农"问题进行实地考察，为我国农村职业教育事业的发展做出了巨大贡献。但是专家学者自身也存在不足之处，例如有些理论比较模糊、针对性不强等。总而言之，我国"三农"问题的形势依旧严峻，农民收入低，农业落后，农村萧条，亟待结合国内外专家学者的宝贵理论成果和我国实际，助推解决"三农"问题迈上新台阶。

第三，研究多基于理论思辨层面，缺乏实证调查分析。

其中大部分是描述性分析，更多的局限于理论分析，缺乏相关的实证研究和深层解释。当前对农民工的培训大多停留在技能培训上，没有充分考虑职业培训的外部条件和制约环境等因素，更多的是对经验的重复解释，而不是从理论角度的全面解释，缺乏研究的深度和广度。因此，培养新型职业农民需要为其找准科学的定位，开辟适合职业农民融入城市的适应通道，使之与我国经济结构和市场需求相协调。

1.3 研究目标、研究内容和研究方法

1.3.1 研究目标

本研究力求客观分析新时代职业教育助推乡村振兴战略的问题，探求新时代职业教育助推乡村振兴战略的战略意义和必要性，分析影响新时代职业教育助推乡村振兴战略的因素，提出具有针对性的新时代职业教育助推乡村振兴战略的策略，以期能够为实施乡村振兴战略提供理论依据和政策支撑。本项目的主要目标，具体来说如下：

第一，通过实地调研、考察，基本上掌握了乡村振兴和职业教育发展情况，总结新时代湖南省乡村振兴战略中存在的问题，提炼其中的主要原因。

第二，通过对新时代职业教育与乡村振兴战略的关系进行分析，提炼职业教育助推乡村振兴战略核心要义和基本特征，分析职业教育助推乡村振兴战略的意义，探究职业教育助推乡村振兴战略过程中存在的问题，提出职业教育助推乡村振兴战略的影响因素以及实现方式等。

第三，从产业支撑、技术支撑、人才支撑和文化支撑四个方面构建新时代职业教育助推乡村振兴战略支撑助推体系。构建精准招生、精准资助、精准教学、

精准就业四个方面的新时代职业教育助推乡村振兴战略精准助推体系。构建产业融合模式、创新发展模式、人才供给模式、文化传承模式的四大运行与保障模式，开创产教融合新局面。

第四，从政府视角、社会视角、学校视角和乡村视角提出湖南省职业教育助推乡村振兴战略的动力和具体策略。从区域、任务、路径等多层次制定新时代职业教育助推乡村振兴战略的对策。

1.3.2 研究内容

为研究新时代职业教育助推乡村振兴战略的服务体系及策略研究，主要从理论机制与实证检验两个方面进行深入剖析，将职业教育和乡村振兴作为主要研究对象，采用调查方法与理论分析进行实证检验，提出相关政策建议，以达到促进新时代职业教育助推乡村振兴战略的研究。主要是从以下八个章节作重点讨论。

第 1 章　绪论。首先，简要说明选题背景和选题意义、主要研究内容和研究方法。其次，梳理了国内外关于职业教育、乡村振兴战略、"三农"政策研究的文献。最后，点明了主要创新和不足之处。

第 2 章　新时代职业教育助推乡村振兴战略的理论基础。借鉴国内外相关文献，分别对职业教育、农村职业教育、乡村振兴的相关理论进行系统梳理与综合评价，总结出三者之间存在的联系与区别，为新时代职业教育助推乡村振兴战略发展的研究奠定理论基础、构建结构框架。

第 3 章　新时代职业教育助推乡村振兴战略的影响因素研究。通过对新时代职业教育助推乡村振兴战略的现状分析，提炼出影响新时代职业教育助推乡村振兴战略的因素，进而为新时代职业教育助推乡村振兴战略的模式研究奠定了基础，为新时代职业教育助推乡村振兴战略的对策提供了研究方向。

第 4 章　新时代职业教育助推乡村振兴战略支撑助推体系研究。针对职业教育助推乡村振兴战略的实际情况，分析职业教育助推乡村振兴战略的产业支持、文化支撑、技术支持和人才支持，提出职业教育助推乡村振兴战略的策略体系，解决湖南省职业教育助推乡村振兴战略的可持续发展问题。

第 5 章　新时代职业教育助推乡村振兴战略精准助推体系研究。以湖南省职业教育与乡村振兴战略为载体，重点调查湖南省职业教育与乡村振兴战略的发展状况，充分研究新时代职业教育助推乡村振兴战略的现实背景，构建精准招生、精准资助、精准教学、精准就业的"四位一体"的精准助推体系。

第 6 章　新时代职业教育助推乡村振兴战略的运行模式研究。根据乡村振兴战略发展所面临的一些问题，提炼其关键的制约因素，基于新时代职业教育角度，构建了产业融合模式、创新模式、人才供给模式、文化传承模式四位一体的模式，致力于提出职业教育助推乡村振兴战略的新视角、新思维、新方法。

第 7 章　新时代职业教育助推乡村振兴战略的实施策略研究。针对新时期职业教育促进乡村振兴战略发展的问题，针对同样的国情和更加相似的地理环境，在全国具有更加普遍的指导意义。在探索新时期职业教育发展战略、推进乡村振兴的基础上，提出新时期我国职业教育战略发展的对策具有重要意义。

第8章　结论与展望。本章主要是对本研究的一个总结，总结本研究基本结论，并提出进一步的研究展望。

1.3.3　研究方法

（1）调查研究法

本书通过实地考察的方式，对湖南省农村职业教育与乡村振兴战略进行研究。在研究过程中，根据实际考察，可以充分了解农村职业教育与乡村振兴战略的发展情况，其目的是更直观、详细地调查实际目的地，更清楚地认识、明白事物真相及发展势态和进程，掌握湖南省职业教育与乡村振兴战略的发展现状，并发现其存在的问题。

（2）文献资料法

本书通过图书馆、中国知网、Emerald 全文期刊库、Elsevier Science 等数据库，广泛查阅相关文献资料，收集、整理现有关于国内外职业教育、乡村振兴战略和"三农"政策的研究文献和数据资料，分析职业教育与乡村振兴战略的影响因素，提出本书的主要内容和研究思路。通过阅读大量的相关文献，分析新时代职业教育助推乡村振兴战略的影响因素，总结相关的文献，为新时代职业教育助推乡村振兴战略的实施策略奠定基础。

（3）系统分析法

本书在相关文献及材料的基础上，对职业教育与乡村振兴战略的相关问题进行深入的理论分析。对职业教育助推乡村振兴战略进行演化分析，研究不同时空、政策、环境下职业教育对乡村振兴的相同点与不同点，把握不同区域乡村发展的现状，提炼其进化演变规律，提出相关问题与解决策略。

（4）比较分析法

比较分析法是通过对同一时间的不同主体或者同一主体的不同时间的相关表征进行探讨，以揭示时间差异和个体差异的一种分析方法，一般可以把比较分析法划分为两种重要的分类，即横向比较分析法和纵向比较分析法。横向比较分析法可以描述同一时间、不同主体之间的表征，纵向比较分析法可以描述同一主体在不同时期的表现。本书结合了国内外农村职业教育的发展和乡村振兴战略进行了横向比较，对职业教育与乡村振兴战略进行有效分析，与国外其他城市的职业教育与城乡发展进行比较研究，了解其异同，更好地把握职业教育与乡村振兴战略发展的特点。同时，比较湖南省地区区域差异，合理规划发展模式，为全国休闲体育发展提供经验借鉴。本书纵向比较职业教育对湖南省乡村振兴的影响，揭示湖南省职业教育与乡村振兴战略现状，提出优化发展机制与模型，为职业教育与乡村振兴战略发展提供依据。

（5）案例分析法

通过选取典型案例进行研究，以湖南省作为载体进行研究，通过观察、数据收集等多种方式，分析湖南省农村职业教育的问题和现状及其对实施乡村振兴战略的影响，并深入剖析造成这一现状的根源，为乡村振兴战略提供支持。

1.4 研究思路与技术路线

1.4.1 研究思路

本书的核心目标是研究新时代职业教育助推乡村振兴战略的服务体系及策略，主要从农村职业教育、乡村振兴战略与"三农"政策三个方面来研究农村职业教育对乡村振兴战略的发展。为实现研究目标，从理论分析和实证检验两个角度进行分析。具体来说：首先，通过实地考察和对乡村振兴和职业教育现状的调查，了解乡村振兴和职业教育发展的基本情况，提炼职业教育助推乡村振兴战略的特征。通过研究城乡、区域和产业的不均衡发展，分析职业教育助推乡村振兴战略的意义。其次，通过对城乡、区域、产业发展不平衡的研究，分析职业教育在推进乡村振兴战略中的意义。再次，通过对区域和城乡不平衡发展的因素以及职业教育在农村振兴战略中暴露出的问题进行及时分析，提出职业教育促进新时期农村振兴战略的影响因素，构建"五位一体"的发展策略。从次，系统性归纳乡村振兴与职业教育的体系构建与模型创新，构建"四位一体"的支撑助推体系和精准助推体系，以及构建产业融合模式、创新发展模式、人才供给模式、文化传承模式四大运行与保障模式，为实现职业教育助推乡村振兴战略的产业链、创新链、人才链与教育链的有机衔接，开创产教融合新局面。最后，从政府、社会、乡村、学校等不同角度研究新时代职业教育助推乡村振兴战略的主要动力，从区域、任务、路径、措施、手段等方面制定新时代职业教育助推乡村振兴战略的对策。

1.4.2 技术路线

技术路线如图1.1所示。

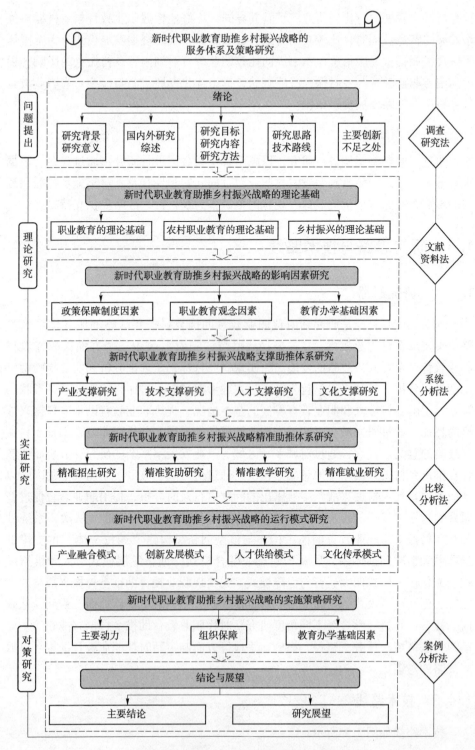

图 1.1　技术路线图

1.5 主要创新与不足之处

1.5.1 主要创新

第一,从不同视角对农村职业教育进行深入研究,并提出新时代职业教育助推乡村振兴战略的主要动力。农村职业教育助推乡村振兴战略,拓宽了乡村振兴战略的视角,该视角是研究视角的突破;体系完善与路径创新也丰富了职业教育助推乡村振兴战略的视角。

第二,提出"四位一体"的支撑助推体系与精准助推体系,开创新时代产教融合新局面。基于农村职业教育与乡村振兴战略的现状,提出构建产业融合模式、创新发展模式、人才供给模式、文化传承模式的四大运行与保障模式,构建新时代农村职业教育助推乡村振兴战略的体系。

1.5.2 不足之处

第一,职业教育的培育是一项复杂的工程,涉及方方面面,尽管有调研所获得的相关文献,由于数据资料可获得性小,限于时间、地区的约束,研究相关内容缺乏动态性,不能穷尽职业教育助推乡村振兴战略的发展现状。

第二,从乡村振兴发展的角度看,缺乏完善的职业教育体系和统一的职业教育指标,缺乏相关职业教育理论机制。未能建立一个模型定量分析农村职业教育对城市化影响的程度,后续还需进一步完善研究方法,尽可能精确地衡量职业教育对乡村振兴战略的作用程度,以便更具有针对性地促进乡村振兴战略发展。

2　新时代职业教育助推乡村振兴战略的理论基础

本章深入分析了职业教育、农村职业教育和乡村振兴三者的联系和区别，以职业教育理论、整体教育理论、教育公平理论、产教融合理论和终身教育理论这五个理论为切入点，重点分析职业教育理论，为职业教育理论奠定了理论基础。从农村职业教育理论、社会分层与社会流动理论、公共产品理论、终生教育理论和可持续发展理论四个方面分析农村职业教育理论基础，农村职业教育事实上已经被理解成为发生在农村地区中的职业教育，强调职业教育为农村社会经济发展服务。在乡村振兴理论中通过对乡村振兴战略理论、乡村治理理论、生态经济理论、循环经济理论和产业发展理论这五个方面来形成五位一体的理论基础；通过进一步理论研究，为研究新时代职业教育助推乡村振兴战略的服务体系及策略研究打下坚实的理论基础。

2.1　职业教育的理论基础

2.1.1　职业教育理论

中国现代职业教育是社会的子系统，始终立足于社会大背景而生成，且是不同维度、多门学科。相应地，其理论体系必然要受到环境因素的影响，如政治、经济、文化、科技等。因此，必须打通中国现代职业教育理论体系的通道，使内外相通，更好地吸收外部的物质、能量和信息，对其学术形象进行多维度的塑造。从四个方面对中国现代职业教育理论进行诠释。其一，从属性上看，中国现代职业教育理论隶属于哲学社会科学的范畴，有三个相互关联的问题需要回答，即中国现代职业教育是什么、为什么和怎么做。其二，从内涵上看，中国现代职业教育理论是在实践中形成的，是系统化的职业教育科学知识，也是对职业教育本质和规律性的理解，通过系列逻辑论证和大量实践检验并由一系列概念、判断和推理过程最终形成的现代职业教育认知体系，是对中国现代职业教育活动理性思考、理论说明和理论解释活动的总称。其三，从时间上看，"现代"是既定于新中国成立以来，尤其是改革开放之后的现代职业教育理论体系。其四，从结构来看，中国现代职业教育理论体系"是人们根据已经认识的一些规律及规律间的联系建立起来的由职业教育概念、公理或规律所构成的系统"，主要由概念体系、逻辑体系和范畴体系这三个相互关联的体系从点到线再到面的联通起来构成中国现代职业教育理论体系框架，如图2.1所示。

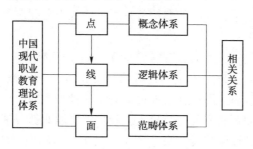

图 2.1　中国现代职业教育概念、逻辑与范畴理论体系结构图

2.1.2　整体教育理论

整体教育理论强调"以人为本"，突出"人文关怀"的教育思想，追求"人文""科学"与"创造"的和谐统一，坚持以"人的全面发展"为核心诉求，注重系统全局与个体局部的协调与可持续发展，在本质上与北京大学所倡导的"精致化"思想的基本特征相契合。整体教育（Holistic Education）理念于20世纪70年代在北美被提出，是当代人文主义教育思潮的典型代表，在教育方面整体主义思维模式和行动理念也开始被广泛使用。整体教育的核心倡导者隆·米勒（Ron Miller）指出，由于整体教育革命的逼近，当代文化正经历着"范式转换"（Paradigm Shift）。从方法论的角度理解，实质上意味着整体教育引发了教育实施手段的革命性变化。也有学者认为，整体主义所秉承的价值观是"宇宙中任何事物都以某种方式同其他事物相联"。因此，整体教育是瞄准"关联"（Connection）的教育，包括逻辑思维与直觉思维的"关联"、身与心的"关联"、知识领域之间的"关联"、个人与社区的"关联"、人类与地球的"关联"以及自我与本性的"关联"，等等。整体教育理论提出了十大原则：人性优先、尊重每一个人、重视体验性学习、向整体教育转型、新型教师的作用、选择的自由、民主型社会的创造、全球教育、求得共生的生态型教育、灵性教育。

2.1.3　教育公平理论

教育结果公平理论是美国哈佛大学教授罗尔斯所提出的。他推论出正义的一般观念是："所有的社会益品——自由和机会、收入和财产、自尊的基础都必须平等地分配，除非对某一种或所有社会益品的不平等分配将有利于最少受惠者。"基于这一观念，他还提出了两个具体的原则：其一，平等的基本自由原则，美国《独立宣言》中就有"人人生来平等"，都应公平的享受权利与自由；其二，差别原则，即经济和社会应该保证不利成员的利益。因此，要想实现在教育领域的公平，需从这三方面做起：一是每个人都能平等地接受教育；二是在教育资源分配中每个人占有公平的份额;三是不平等教育资源的分配要符合最少受惠者获得最大利益,对不利成员进行适当的照顾。因此,罗尔斯认为,要想真正实现教育资源分配公平,唯一的办法就是通过资源再分配改善最不利者的劣势和资源。

职业教育发展相较于普通教育需要更多的资金来维系,然而农村经济落后,难以维系,由此,需要政府大量的财政投入。就罗尔斯的教育结果公平理论看来,要尽力通过某种再分配使社会成员都处于一种平等地位。因此,一方面,政府要侧重于对农村职业教育的财政投入,确保农村职业教育享有城市职业教育同等的资金支持和基础设施建设,来达到相对公平,推动农村职业教育稳步发展。另一方面,城市职业教育在资源、条件等方面都具有优势,因此,农村职业教育可以多向城市职业教育借鉴学习,与此同时,城市职业教育也可以支援农村职业教育,带动、促进农村职业教育的发展,双方可以通过建立职教集团的方式推动城乡农村职业教育的互动发展,以城带乡,实现城乡联合、校校合作、校企结合,使农村职业教育快步发展。

2.1.4 产教融合理论

目前,关于产教融合概念,众说纷纭,其中"产教融合"中的"产"泛指产业,在经济学中,产业泛指在教育领域以外的国民经济的各部门;"教"泛指教育,此处特指职业教育,从层次上可划分为初等职业教育、中等职业教育和高等职业教育;"融合"即"交融"之意,泛指不同形态或者特质的事物相互结合、相互吸收,最终结合成一个新的整体,并重新赋予该整体新的内涵和特点是最为普遍的理解。也有另外一个较为具体的解释,比如,"产"泛指产业,指在社会专业分工基础上所形成的相对稳定、相对独立的国民经济部门或行业;"教"泛指的是教育,特指职业教育;"融合"即融入、合作,产教融合的基本内涵产教一体、校企互动。源于职业教育与产业之间的天然联系,要想提升技术技能人才的培养质量,校企双方必走合作与融合之路。职业院校与产业进行合作,是一件双赢的事,如此,不仅可以提高技术技能人才培养的质量和办学水平,而且可以提高技术技能人才培养的主动性与准确性,实现学习与工作一对一的对口关系;产业与职业院校的合作,能够获取自己所需要的技术技能人才,还能提高在职职工的职业素质和技术技能水平,从而提高生产效率。

关于产教融合理论,有诸多学者希望借助不同的理论思想来阐释。系统论从教育、政治、经济等多领域来阐释产教融合,是一项系统工程。处于系统中的院校无法单独完成产教融合,需借助多种系统功能,包括经济系统(含产业、行业、企业系统)、政治系统(政府政策的支持,各部门的统筹协调)、文化系统(企业文化、学校文化)等。利益相关者理论中的产教融合涉及诸多利益相关者,如院校、企业、政府等,在实现利益追求和价值追求的推动下各类利益主体参与产教融合。学者孙善学从马克思主义两种生产理论出发,认为产教融合理论是研究职业教育系统与产业系统关系的理论,是分析职业教育活动目的、方式、标准、内容来源的方法论体系。这一理论包括：职业教育目的论——以满足产业用人需求为产教相融的目标；职业教育标准论——以产业行业职业标准为教育标准；职业教育教学论——课程与教学模式与产业合作；职业教育治理论——以教育界、产业界为主体,政府、学校、社会、行业、企业等利益相关方协同治理；职业教育系统论——职业教育的基本特征是产教融合,要想正常维系职业教育系统及其子系统的运行,就离不开产教融合。现今虽未形成统一的产教融合理论体系,可是我们的研究依旧在产教融合理论内涵研究上展开。

2.1.5 终身教育理论

20世纪20年代,终身教育理论进入人们的视角,逐渐被人们所熟悉、所接受。1970年,朗格朗出版《终身教育引论》一书,这一书的出版使得"终身教育"演变为科学概念。终身教育是一体化的教育体系,可分为两个方面进行阐释：从纵向上看来,终身教育把人一生不同阶段的教育纵向连接起来,包括学前教育、学校教育、成人教育、继续教育；从横向上看来,终身教育把不同领域教育横向连接起来,包括家庭教育、学校教育、社会教育。终身教育与传统意义上的各种教育相比较,有着很大区别,尤其是内涵颇丰,具体表现在为以下几方面。其一,在教育目的取向方面,注重以人为本,以人的全面发展为最终目的。其二,在教育对象方面,重视教育的对象为全体社会成员,无区别对待,如此,也说明了公平性。终身教育打破了时间、空间、教育类型的界限,人人皆可学习。其三,在教育时间方面,表现为终身性。其四,在教育空间方面,表现为全方位性,可辐射到任何一个地方,使得人们的工作、生活的场所都具有教育功能。其五,在教育内容方面,表现为全面性,提倡德、智、体、美、劳全面发展。其六,在教育体系上,表现为开放型,教育系统向社会开放,教育资源向所有人开放以及学习者个人开放。职业教育是实现终身教育的一种重点教育形式,与此同时,农村职业教育也逐步向终身教育发展。在终身教育理论的指导下,职业教育将会形成一种教育类型并始终贯穿人的一生。

2.2 农村职业教育的理论基础

2.2.1 农村职业教育理论

农村职业教育是现代职业教育的重要组成部分,农村职业教育的服务对象有别于其他教育服务对象,农村职业教育的主要服务对象是"三农",即以农业、农村、农民为主,基本目的是为从事生活或生产在农村的社会成员提供教育平台,提高其职业技能。它具有多项特点,包括职业教育许多基本特性、自身特点以及具有与农村相关的性质特点。不同学者对农村职业教育的定义不同,但其内涵却相差无几,都是从农村职业教育的服务主体、服务区域、服务内容等方面出发,进行定义。何云峰(2010)从动态变化的角度进行分析,提出农村职业教育和城市职业教育是相对的这一观点,结合了农村自身特点进行概念界定,农村职业教育以农业、农村和农民为主要服务对象,以农村培养各类型的技术人才、管理人才,大力普及和推广农业应用技术与成果,服务于农村社会经济发展为目标。王守聪(2013)在城乡统筹一体化发展这一背景下,认为农村职业教育是产生于计划经济时期,和它相对的是城市职业教育,二者在区域与时空上具有一定的差异性。同时,农村职业教育会受城乡一体化发展的影响而走下坡路,直至消失。崔丽娟(2015)认为农村职业教育伴随着城乡二元结构而出现,当前的现状是,不论是城市地区还是农村地区的职业学校,生源大体上都是来自农村,实际上所有的中等职业教育都已经是农村职业教育,很难对农村职业院校进行界定,因此我们需要换角度来审视农村职业教育的界定。常志冰(2011)认为,县级职业教育是整个农村职业教育的重中之重,农村职业教育的置办点主要是农村,服务对象主要是广大的劳动农民,对在农村社会经济发展过程中有需求就业人员进行专业教育和培训,可加快农村经济社会的发展。

舒马赫在他的理论中认为,对于发展中国家来说,解决农村问题是主要问题,导致农村贫困落后的主要原因不是缺乏自然资源或资金,而是农村教育落后。他又表示,只有加强农村教育,才能够解决农村问题;指出赠与知识和精神财富接受者能够将这些财富变成自己的东西,而赠与的是物质财富就是完全不同的情况,正如"授人以鱼,不如授人以渔"。因此,对接受者最好的援助是在精神上和知识上。在舒马赫看来,其侧重的教育最主要的任务就是向接受者传授怎样去对待生活,应该拥有什么样的价值观念,因而是一种"正确的教育"。教育本身是建立在教育实用价值的标准之上的。舒马赫认为,农村教育并不是使一些生活在农村的人向城市发展,而是使农村发展得更好,接受农村职业教育就要承担一定的责任和义务,为促进农村经济的发展奉献自己的力量,这才是使农村发生改变的本质所在。舒马赫认为,单纯的科学教育是不可能挽救人类的,科学教育太深奥、太枯燥、太呆板,应该向他们传递正确的思想状态和精神面貌,从而改变农村的整体面貌。

2.2.2 教育机会均等理论

(1) 起点均等论

这是一种保守主义的机会均等观,在第一次世界大战前,此理论始终在多数西方工业国的掌握中。这种哲学观假说是:人具有不同能力,个人的天赋能力与其出生时所属的社会等级无关联。其哲学观是："上帝使所有的人具有不同的能力，而尽可能充分地利用这种能力则是个人自己的事情。""上帝赋予每个人的能力与他因出生而归属的社会等级或社会阶级是一致的。"社会该由主要来自上等阶级的杰出人才来治理。这一流派提议："重要的是在群众中寻觅天赋很高的苗子，以便使国家的经济得到最大好处，也使那些因而被发现的人才享有声誉。"教育是社会的筛选，考试是选拔人才的主要方式，按照能力的差别来区分学校。这一点也是现在我国所实行的。即每个人不仅能最好地利用自己的能力，还会为此感到满足，因为他得到的才能是有了出生权才复得的。保守主义哲学的影响及其深远，在西欧所有高度工业化国家，兴办不为升大学做准备的短期中等教育，如瑞典中间学校，联邦德国国民学校、中间学校和高级中学。在一定程度上满足三个阶级社会需要。因此，起点虽然在法律上指出人人都有受教育的权利，都可以进学校，但是，对工人阶级子女而言，他们只能进入公办学校，教育环境、质量极其差。更甚者，不能与中高等教育相贯通。与之相应的教育政策就是西欧各国双轨制的建立，所以，起点均等只是形式上的均等，完全掩饰了事实上的不平等。

（2）过程均等论

20 世纪 50—60 年代，自由主义的过程均等论在西欧、北欧教育界占主导地位。我们把这种古典的自由主义哲学概括为：每个人从生下来就具有某方面独特的能力或天赋。至于教育系统，则应当把它设计成能够消除经济障碍和社会障碍。此障碍在阻碍着出身低微但有才能的学生用其天赋去取得好成绩，也阻碍着他们行使由此应得到的升迁性社会流动的权利。"教育应该使每个人进入由其天赋能力所预先确定的社会地位。"在自由主义哲学观的支配下，过程均等论则认为：重要的是教育制度平等地对待每个儿童，应该让每个儿童有机会享受同样的教育。正是在这种均等论的推动下，西方各国在 20 世纪中期取消双轨制政策，进行了贯通初、中、高三级学校教育等几项重大的教育结构改革。设法消除由贫困和地域隔离带来的障碍，对所有儿童施行同样的教育。在 20 世纪，在欧洲教育结构改革中就用到了立法形式，许多改革都受这种自由主义哲学的影响。人们认为，通过把教育延伸到更高一级水平，并使义务教育方面的差别有所缩小和统一性更强，以及使教育向各阶层的儿童开放，可以消除因贫穷和远离学校而形成的障碍。过程均等论，这一哲学思想考虑各种不同但都以平等为基础的方式来对待每一个人，不仅指其人种和社会出身，而且还包括教育过程中没有歧视和其他限制地对待所有儿童。

2.2.3 教育成本收益理论

关于教育成本是指为了教育活动所耗费的私人、家庭或社会资源的总和，其数量通常换算成货币形式。教育成本分为可量化的货币成本和难以量化的机会成本。教育投资的货币成本是指直接用于进行教育行为的物化劳动和活劳动折合为货币形式的总数。货币成本又可以分为社会货币成本和私人货币成本。社会货币成本指的是国家或政府用于教育事业发展的财政支出以及社会上的合法集资、公益捐献等经费；私人货币成本是指学生私人或家庭用于进行受教育行为而支付的相应教育费用。机会成本有广义与狭义之分。广义的机会成本，通俗地讲，指的是有多套方案供选择，选择一项可以达到目标的方案而舍弃其他可能创造更大收益的方案，被舍弃的方案即可被称为机会成本。比如为了教育行为而消耗的资源，倘若把该资源放到其他领域，而不是教育方面，将会达到更佳的效果。与广义机会成本相反，狭义的机会成本是指为了达到某一目标而丧失的资源的价值。例如，学校的固定资产损失的利息、租金收入、磨损所造成的维修费用、学生因接受教育而放弃的就业收入以及地位提升的机会等。在教育经济学中，狭义机会成本用得更多，本科毕业生在为是否接受有关更高一步的硕士研究生教育决策表现得尤为明显，原因在于本科毕业生已经完全具备了可以在社会上通过本科期间学习的专业知识来换取相应收入的能力，这与初中毕业生在结束国家九年义务教育后考虑是否继续接受高中学习不是同一概念。如果本科毕业生决定接受硕士研究生教育，就意味着要错过获得更多收入的机会。

教育投资收益在理论上有两大属性：经济收益和会计收益。经济收益是指投资主体在某一时期净资产现时价值变动的结果，这与资产计价密切相关，而且资产会依据可以为企业带来的未来预期收益的现时价值来计价，此时对于预期收益的正确评估对最终收益十分重要；会计收益指的是经济主体在一定时期内已经实现的收入和对应的历史时期的成本之差。会计收益更能反映收益的动态性，了解企业的阶段性经济发展状况。教育经济学中的教育收益指的是通过接受教育而提高受教育者的知识水平、技术能力等，并因此给私人带来了增长性的经济收益。教育收益有投资性收益和消费性收益之分。投资性收益指的是一种符合市场规律的货币性收益，衡量指定等级的教育的投资性收益可以利用接受这一级别教育的劳动者的工资收益与接受下一级别教育的劳动者的工资收益之差来表明。消费性收益指的是一种非市场化的非货币形式的收益，这是因为接受教育而带给受教育者及其家庭在精神满足程度、家庭生活、经济理性、情感等方面难以量化的重要收益。教育投资还有另外一种外部收益，即除了带给受教育者本身及其家庭外，带给社会和其他外部成员有影响，且是不可量化的。

2.2.4 人力资本开发理论

1960年，美国经济学家西奥多·舒尔茨在美国经济学年会上发表《人力资本投资》演讲，提出了人力资本理论，由此被广泛推广并被世界学者所关注。人力资本由人力资本存量和人力资源质量所组成，其中人力资源质量又由人力生产能力、受教育程度和科技文化水平所构成。人力资本即为除劳动者自身自然能力之外（原始能力属性）身上凝聚着的抽象的附加能力，这种能力包涵由劳动者后天受教育、掌握技能熟练程度和个人突破创新所展现出的劳动附加能力。舒尔茨认为生产力的提高不能仅仅从土地使用增加、物质资本积累和自然资源利用的提升来实现，他很好地将人力资本概念引入其中，并与规模经济和物质资本相对比，提出资本生产中最重要的环节就是人力资源通过掌握知识技能等方式提升人力资本资源量，人力资本中的教育投资能够更好地促进现代经济的增长。人力资本的投资实质就是让人从原始状态转换人力资本的过程，对人力资源进行开发利用与配置，具体来说，就是以培训或教育等手段，以财力费用支出为基础，以知识、技能、体力、智力为对象，以提高素质、挖掘潜力为最终目的投资过程。

职业教育是一种投资人力资本的手段，可以通过职业教育提升劳动者个人素质、培养技术能力、增长预期收入等方面，加速人力资本向社会经济增长的转化，促进社会发展。职业教育中的农村职业教育是我国教育体系中的重要组成部分。湖南是一个农业大省，农村职业教育是积累农村人力资本最重要的方式，因此大力发展农村职业教育可以提高农村生产力，节约更多的物质资本、资金和技术，使农村地区的社会经济得以发展。农村职业教育在我国教育体系中具有十分重要的作用，在农村职业教育中，提升人力资本的方式包括增加物质、技术和资金等资本投入，提高农村职业教育质量，促进农村职业教育人才的培养。高素质职业人才可以在实际工作中及时地推广和应用先进的科学技术，带来新的制度和技术，使物质、技术和资金的使用效率得到提高。

2.2.5 可持续发展理论

随着可持续发展理论逐渐被应用于教育领域，农村职业教育作为培养人的活动，在实施可持续发展战略中至关重要，很有必要实现农村职业教育的可持续发展，从而推动整个社会可持续发展。伴随着我国乡村振兴的战略进程的加快，实现农村职业教育可持续发展成为人们关注的一个重要问题。一方面，随着乡村振兴的战略进程加快，大量农村职业学校出现"离农"倾向，导致农业职业学校的发展缓慢和涉农专业的萎缩，阻碍了农业现代化发展。另一方面，由于历史原因，我国农村经济较为落后，农村职业教育质量不高，与城市职业教育差距巨大，难以实现城乡职业教育的可持续发展。

（1）农村经济的可持续发展

农村经济可持续发展是指在合理利用和维护资源与环境的同时，实行农村体制改革和技术创新，生产足够的农产品来满足当代人的需求，又不损害子孙后代满足其需求能力的发展。农业是国民经济的基础，农村是社会的基本社区。农业可持续发展是整个社会可持续发展的基础。因而在实践我国可持续发展的战略时，必须研究农业的可持续发展问题，以加强农业的基础地位，促进经济社会的可持续发展。

（2）农村教育的可持续发展

教育的可持续发展战略是在社会可持续发展战略的指导下，通过合理利用教育资源，改善教育发展形态，促使教育均衡、协调、无破坏地发展，以实现教育平等和公正为目标的教育。这是因为经济、社会的可持续发展，在很大程度上取决于人的素质的提高，取决于人本身的可持续发展，而人的素质的提高，正是教育发挥其育人功能的结果。可持续发展对人的素质与品质的要求，促使我们进一步从可持续发展的高度来审视教育目的与培养目标。农村教育是为农村经济和社会发展服务的，随着我国农村经济、科技和社会的快速发展，农村教育在发展战略思想、目标、对策和措施等方面应作出相应的调整，使我国农村教育的发展与经济、社会发展的需要相适应，这种农村教育才是可持续的，与农村经济才可称之为协调。

2.3 乡村振兴的理论基础

2.3.1 战略管理理论

自从十八大以来，农村农业有了更充实的发展基础，新时代的社会主义乡村建设新理论是适应乡村振兴战略而产生的。它解决了"三农"问题，并且为他们指定了前进的方向和解决矛盾的方案。马克思和恩格斯对于城乡关系的理论是乡村振兴的基础理论之一，曾经指出："城乡之间的变化呈现着由统一到分离再到融合的发展变化规律。"原始社会中，城乡没有明确的界限，因为那时候的人们处于尚未开化的社会阶段，生产力落后，乡村能够满足人们的生活的必要生产。随着人口的增长和生产力的发展，原始社会开始变成改革，原有的生产关系产生动摇，它促进了城市与乡村之间距离的分离。新时代中国特色社会主义主要是按照"五位一体"为总布局、"四个全面"为战略布局的发展方式，开启了建设社会主义现代化国家新征程。然而国家振兴战略布局也是国家布局中的重要组成部分，所以在新时代中国特色社会主义思想中，乡村振兴是实现必要理论指导的主导思想。

新农村建设的深化与升级是乡村振兴战略的具体表现。几十年改革开放与十余年的新农村建设，让乡村的经济得到了飞速的发展，同时乡村的治理也有了很大进步，特别是通过十八大后的精准扶贫，给偏僻的乡村送去资源，使乡村建设更加明显。贫困地区农民收入的年均增长，在党的十八大以来实际增长10.4%。2013—2017年，贫困地区农村居民人均可支配收入年均名义增长12.4%，实际增速比全国农村平均水平高2.5个百分点。在党的十九大报告中指出,要实施乡村战略,就必须要依照产业兴旺、生态兴旺、乡风文明、治理有效、生活富裕的总要求,提出"加强农村基础工作,健全自治、法治德治相结合的乡村治理体系"。这样可以足够展示我国对于乡村建设的重视,实施乡村建设,推动乡村的经济政治生态、文化社会等方面的发展,而且能响应十九大对于新时代推动乡民自主治理的发展,更是对于新农村全面建设的具体表现。

2.3.2 乡村治理理论

治理理论给政治学、行政学、管理学等学科的研究提供了新的知识背景和话语体系。随着西方治理理论的兴起及引入,国内学者开始考虑治理理论的中国适应性问题,同样使国内的政治学、行政学、管理学等学科的知识背景和话语体系打上了治理理论的烙印。20世纪末,作为治理理论本土化的重要方面,一些学者尝试着将西方的治理理论嫁接到对中国农村问题的解释和分析当中,提出了"乡村治理"的相关概念,形成了乡村治理理论的基本框架。特别是在中央大力推进社会主义新农村建设的政策背景下,乡村治理理论不仅迎合了农村治理结构转型的迫切需要,而且使其逐渐成为中国农村问题研究的主流范式。十八大以来,随着"推进国家治理体系和治理能力现代化"的提出以及"乡村振兴"战略的实施,乡村治理理论的地位进一步提升,成为当前研究农村问题、推进乡村振兴战略的重要理论依托。乡村治理理论是一般意义上的治理理论与农村建设理论创造性结合的产物,是治理理论在中国农村问题研究中的本土化,表现出鲜明的中国特色。与以往碎片化的研究视角不同的是,乡村治理理论摆脱了村民自治理论以及政权建设理论的束缚,系统地回答了由谁治理、如何治理、怎样治理等一系列现实问题。由治理理念、治理主体、治理方式、治理机制共同构成了乡村治理理论的四大核心要素。就治理理念而言,乡村治理试图将民主、法治、公平、正义、廉洁、高效等一系列现代观念嵌入当前的农村治理结构和体系当中,丰富和拓展了农村治理的价值内涵;就治理主体而言,乡村治理关注传统的政府主导的单一权威主体如何向多元参与的主体结构转变;就治理方式而言,乡村治理倡导通过说服、教育、协商、互助、妥协等多元的、相对温和的非强制性手段改变过去对抗性的、单向度的权力运行方式,实现农村职业教育的柔性治理;就治理机制而言,乡村治理试图通过加强乡镇服务型政府建设,发挥好党组织的领导核心作用,完善村民自治制度,建立科学合理的决策、管理、监督、保障机制。乡村治理的目的是通过对治理要素的调整,优化农村职业教育的治理结构,构建现代化的农村治理体系,实现农村职业教育的善治。

2.3.3 生态经济理论

20世纪60年代,经济学者保尔丁提出了生态经济思想。该思想将生态和经济有机结合在一起,在一个生态被破坏的社会里,经济效益也不会增加,生态和经济统一在社会中，二者不可分割。生态经济学的提出，使得生态价值与经济价值等效，并提醒人们在追求经济效益的同时，也要重视生态环境的保护。生态经济理论不仅丰富了经济学理论，也为生态环境遭到破坏的一些国家提供了一个全新的发展思路。而生态农业的发展，正是将生态效益与经济效益完美结合。

生态农业依据的原理：生态学家马世骏提出的"整体、协调、循环、再生"原理。"整体"是系统学理论的基本特性，部分组成整体，但整体的功能并不是部分的简单加总，而是往往产生新的功能或者大于部分之和，产生 1+1>2 的收益；"协调"说的是要想产生 1+1>2 的收益，则部分间也就是生物间应协调发展，互惠共存；"循环再生"则表达了农业生产中可持续发展的思想。"生态系统的能物流"原理，包括生态系统的物质守恒原理和生态系统的能量转化原理，在农业生产中，可以投入多种多样的能物流来促进农业生产。经济学的"经济外部性"原理，即农业生产中，处在上游的生产者若为了节约污水处理成本而破坏了水环境，虽然节省了成本，但是下游的人们会增加使用水的成本，这样，生产企业就把自身的成本外摊到社会中。生态经济理论给我们带来的启示：从生态经济理论中，我们知道，在农业生产中，不能过分地看中经济效益而忽视生态效益，生态环境是经济发展的基础，生态环境的破坏将会对农业经济效益带来影响。关于我国的农业生产，应坚持可持续发展之路和"整体、协调、循环、再生"的原理，以达到经济效益、生态效益和社会效益三者的紧密结合，促进农业生产。

2.3.4 城乡统筹理论

城乡统筹包括两个方面：一方面，它表述的是一种理想社会状态，城乡水平的差距、发展、和谐共生以及社会保障和福利在该状态下不会有明显差距，是一种和谐共赢的发展局面；另一方面，它能建立和实施一系列的政策措施，调节城乡关系，重建城乡空间结构，协调经济和产业发展，维护各自和彼此的互动和可持续，消除城乡之间的隔阂，调节财政和税收收入的国民再分配，实现民主平等、以人为本的理念，共享我国改革开放和经济发展成果，是一种社会发展和管理的方式。在经济社会快速发展、综合国力显著提高的局面下，我国应抓紧有利时机，加强城市对农村的辐射带动作用，在制定经济社会发展规划、调整收入二次分配、出台重要政策措施等方面，加大对处于弱势地位的农村地区的扶持，把工作重点放在扶持"三农"发展上，着力解决好"三农"问题。

(1) "田园城市"理论

工业革命时期，霍华德的《明日的田园城市》中最先提出城乡统筹的理念。他的"田园城市"的理想城乡统筹发展模式在农民大量进城，城市人口日益膨胀；城市规模无序扩张，大量贫民居住条件恶劣；城市公共服务短缺，道路拥挤；环境污染，人们的生活水平降低的时代背景下，城市发展所出现的问题中应运而生。他用"社会城市"的概念来诠释城市的组织结构是一种城乡统筹的理想社会形态，"田园城市"模式的初衷就是为了解决城市空间发展的问题，也为农村发展指引了一条道路；"田园城市"模式把城市和农村的功能二者融合为一体，是理想化的城市和乡村的"连体婴"，实质就是城乡融合。这个理论的创立，为实现城乡共同和谐发展指明了一条道路。"田园城市"就是千百年来人们孜孜不倦地所追求的理想家园，是人们的"理想国"，更是人类美好愿望和美好生活的向往。霍华德的"田园城市"理论所倡导的城乡融合理念，对于优化城乡空间布局，化解城乡矛盾，全面提升城乡面貌和建设水平，具有一定启发意义。

（2）城乡一体化理论

城乡一体化理论提出，城市与乡村两者之间要借助便利流通的社会资源和产业发展要素，通过协作发展、资源共享，实现互利共赢。它要消除城乡冲突，优化和合理配置城乡资源，促进城乡在经济、社会、生态、文化等方面的融合，实现人们对和谐生活的向往，并以"以城带乡，以乡促城"的方式推动城乡一体化的实现。城乡一体化理论把城市作为发展的核心，将城市与乡村产生相互作用的区域作为物质空间，强调城市对农村的带动作用，并且城市对乡村的吸引和辐射力也发挥了重要作用。城乡一体化理论体现为一种城乡发展的传导效应，强调城市和乡村发展的互利互惠、相互依赖，它所描述的地域抽象性比较强。该理论阐述的城乡一体形成机理和演变过程在不同国家和地区可能不一定适用，但是对于我们研究基于城乡关系的村庄空间发展模式具有一定的参考价值。

（3）现代城乡融合理论

在大部分发展中国家中，它们实施的都是重点优先发展城市的政策，导致城市无序扩张，人口增长过快，城市病严重，但与此同时，乡村自生自灭，甚至发展空间受到打压。在此背景下，20世纪60年代，研究城市的学者路易斯·芒福德设想把城市和乡村进行融合，在此区域重新发展成一个新城市，与所在的区域达到平衡发展，人们都可以过上更加高品质的城市生活。而戴维·杰泽夫等人则是通过对发展中国家的城市核心区、农村发展区和农村发展中心等各个层次的空间模式研究，提出三维的城乡空间合作模式，试图通过城市和农村的优势互补，破解发展的瓶颈。

2.3.5 产业发展理论

产业是指具有某些共同特性的企业集合、具有相同性质的生产或从事其他经济社会活动的企业、事业单位、机关团体和个体的总和。产业是国民经济的重要组成部分，企业则是构成产业的基本单元。产业发展是一个从低级到高级的过程。产业的形成指从事生产、产生经济活动的企业从无到有、从少到多的发育过程,且逐步达到一定规模,构成属于自己的生产产业链并形成独立产业的过程。产业形成的两个关键因素:一是新技术的产生和推广应用,因为技术进步是产业变革和进化的核心力量,新技术的产生和推广应用也是科学技术发明创造的价值实现过程。二是企业创新和产业创新,它们能将多种生产要素进行重新组合,将原有的生产方式进行创新,并且分离出来形成新产业。

产业发展是产业不断成长和演进的过程。总的来说,产业遵循的是不断成长、壮大和现代化的过程,它的发展依赖于产业革命,而产业革命使产业及各方面所发生的根本性变革。从18世纪60年代开始至今,世界产业发展经历了四次变革:轻工业革命、重工业革命、信息产业革命和知识经济革命。20世纪90年代至今,以知识为基础的经济,它是由知识决定的经济,知识是产业发展最重要的经济要素;高素质教育人才是支撑知识经济的重要因素。知识产业成为主导产业,教育与科研成为新兴产业,知识结构高级化、知识扩散全球化。所以说,知识经济与教育和科研具有很强的相关性,知识经济的关键在于知识。究其原因在于,知识的生产与应用将直接带动了教育与科研的发展;教育和科研成为专门的产业;知识经济取决于教育对高级专业技术人才和技能人才的培养。

3 新时代职业教育助推乡村振兴战略的影响因素研究

随着新时代中国特色社会主义建设的不断发展与进步，根据社会建设的需要，党和国家正逐步推动城乡发展一体化，致力于缩小城乡之间的贫富差距，实现国民经济总水平的提高。为了适应这一系列的需要，在党的十九大报告中明确指出了实施乡村振兴战略的必要性。农村教育作为实施乡村振兴的战略要点，是改善农村人口素质教育的根本所在。其中，农村职业教育是人们关心的聚焦点，对农村经济社会发展的影响和贡献最为突出，在乡村振兴战略中发挥着举足轻重的作用。然而，由于各种社会条件以及经济条件的影响和制约，例如经济结构调整不合理、保障供给落实不到位、群众认可度较低等，导致目前我国农村职业教育的发展与乡村振兴战略的实际需求之间的矛盾日益突出，对农村经济社会发展的推进作用还未达到理想的效果。随着乡村振兴以及扶贫攻坚战略的不断推进，农村职业教育逐步受到重视，职业教育的发展不仅有利于开发农村人力资源、提高农民队伍的技能知识，而且有利于缓解农村自我发展能力不足的难题，这对于实现乡村振兴战略目标具有现实的重要作用。本章通过阐述新时代农村职业教育推动乡村振兴战略发展的现实意义，指出新时代农村职业教育对乡村振兴战略影响的种种要素，为新时代职业教育助推乡村振兴战略的发展提供了研究方向与理论指导。

3.1 新时代职业教育助推乡村振兴战略的政策保障制度因素

政府作为农村职业教育的主力军，在农村职业教育的建设中发挥着主导作用。国家总体教育水平深受教育资源分配的影响，而农村学校职业教育作为我国基础教育的重要组成部分之一，政府必须要逐步加强对农村职业教育的投资力度，不断颁布并完善农村职业教育扶持政策，增强公共教育资金在国民经济生产总值中所占比重，主要以农村基础教育建设为主，提高公共基础教育建设水平。

3.1.1 经济政策因素

在农村学校扶贫建设过程中，政府应发挥其主要作用，目的是均衡教育资源的合理分配，最终实现农村义务教育的全面稳定发展，提升农村居民的整体文化水平。在政府扶贫工作中，要重点关注经济困难家庭的子女以及残疾儿童，保障他们依法接受义务教育的权利。随着时代的变迁和社会的发展，教育扶贫的聚焦点应逐渐由受教育人口的人数占总人口数的比例转变为注重其受教育水平的方向。因此，政府作为农村扶贫教育的主导者，应积极承担起主要责任。首先，提供更多贫困地区孩子受教育的机会，提高其受教育的质量和水平；其次，进一步加强对农村学校的教育资金投资力度，着重建设贫困地区的基础设施建设，加大人力、物力、资本的投入，培养更多优秀的乡村教师。

（1）人力资本投入

尽管在现代社会中导致贫困的因素多样化，但农村地区贫困的主要原因始终是由于低水平的人力资本投入造成的。贫困地区因受教育水平的限制，绝大部分人口思想观念在时代发展的潮流中落伍，文化水平也难以满足当今时代的需要，贫困地区人口实现高水平就业的机会将会大大缩减。因此，提高我国贫困地区人口素质水平应当受到社会的重点关注，中央政府通过加大人力资本投资力度，为贫困地区人口提高生存和发展能力提供社会保障基础，缓解过去农村地区受教育难的问题，并以此指标作为衡量地方政府扶贫工作的考核标准，以此来加强各级政府对贫困农村地区人力资本投入的重视程度。中央政府在加大对农村地区学校建设投资力度的同时，也应积极设立帮扶贫困地区农民的公共教育基金，以此作为他们加强脱贫技能培训和文化教育的资金支持，最终实现技术技能的增强以及教育文化素养的提高，从根本上改变落后的思想观念，跟进时代的步伐，真正融入现代社会中去，锻炼他们的自我发展能力，进而带动自身脱贫致富，致力于实现最大化的幸福感和成就感。人力资本投资对贫困地区人口实现脱贫致富意义重大，因此，各级政府部门应大力增强其人力资本投资力度。一方面，有利于推动农村扶贫建设进程，并在一定程度上降低返贫率，实现真正脱贫。另一方面，随着社会矛盾的变化，物质层面的需求早已不能满足人们的生存发展，人们也需要精神层面的满足，因此，政府的贫困扶持满足其双向需求，真正做到利为民所求。只有这样，各级政府为贫困地区人口脱贫致富所做的各项努力才能体现其根本意义，实现其最终价值。

目前，我国乡村人力资本的积聚和分配还存在诸多制约因素，我国基层组织中仍存在许多根本性的缺陷，其中主要包括以下几点：

第一，制度体系问题。

目前我国乡村教育体系由于改革不到位、不彻底等诸多因素，难以适应乡村人力资本所需要的现实积累。首先，人力资本的积累需要与社会多方面的努力相结合，其中主要依托正规学校的高素质教育，为乡村振兴发展提供更多高素质人才。其次，需要健全的健康提升体系，为人们提供健康安全的服务；要通过在职人员"干中学"与"学中干"相结合，只有这些主导因素相结合才能真正实现人力资本的有效积累。因此，学校教育体系、公共卫生保障体系、劳动力市场就业体系，这一系列为乡村振兴服务的体系都是人力资本积累的动力源泉。但是，我国人力资本供给侧结构性改革仍存在诸多不足，其中主要矛盾体现在乡村教育体系改革相对落后，难以适应现代乡村振兴的本质需要等方面上。如今，随着社会的发展与进步以及城镇化进程速度的加快，乡村人口向城镇流入的速度也随之加快，这将影响乡村地区的学校布局状况。随着人口的激增，城镇地区教育资源趋于集中化，乡村地区学校的办学规模日益缩小。但乡村学校数量的减少速度远远大于在校就读学生的减少速度，这就会造成学校规模的扩大以及大班额状况，乡村学生上学路途距离将会增加，这其中的利弊影响是显而易见的。这也表明，乡村地区的教育教学机构正在不断缩减，这给乡村教育的发展带来了许多弊端。目前，不仅农村基础教育处于瓶颈状态，职业教育也开始转向培养非农化技能，渐渐脱离了农业农村发展的正常轨道，这将导致农业农村持续发展所需技能型人才短缺，并且将远远落后于现代化农业发展。新时代的发展需要现代职业农民的参与，现代职业农民培养体系中存在的弊端还有待改进。

第二，投资回报问题。

乡村人力资本的"市场前景"不足，政府对乡村地区进行人力资本分配受到多方因素的制约。人力资本被分配的首要要素是人力资本的回报状况，这也决定性地影响着人力资本配置的去向。在过去农业经济占社会经济主导地位的时代，原始劳动力作为最为关键的因素在农业生产中发挥着主要作用。因此，在传统农业生产模式下，人力资本常常被人们所忽略，其分配也没有实际性的意义所在。随着工业时代的不断发展与社会资本的积累，人力资本的价值在工业生产部门得到了实现，工业部门对技能型人才的需求远远超过农业部门，其回报水平也明显高于农业。这就引导人力资本不断向工业部门转移，并不断加速积累以获得更高水平的回报。改革开放以来，工业化生产所产生的经济效益大大超过农业化生产，吸引了大量农村剩余劳动力不断向城镇转移，这就导致城镇地区的教育投资回报水平远远高于农村。另外，教育为农村人口转移户籍提供了更多的机会，人们渴望得到更多受教育的机会，这一系列影响因素都在吸引农村人口向城镇转移，人们对于城镇地区的向往值日趋增加，最终影响其生活的经济环境。随着大量农村劳动人口的转移，虽然对其总体经济效率有所改观，但更多的是导致城乡人力资本分配存在严重畸形，农业生产总值长期处于缓慢增长的状态。另外，受城乡劳动力市场分割与城乡社会保障制度两极化分化的影响，乡村的人力资本配置与城镇非农部门相比有较大的差距，其存在的限制性因素仍未得到解决。

第三，设施建设不完善和市场不健全的问题。

人力资本的配置问题由于农村市场基础设施建设不完善、农业信息化建设存在大量不足、农村市场半径仍然处于限制人才配置的范围内等诸多因素的影响，一直没得到根本性解决。舒尔茨认为，人才配置能力的好坏时刻影响着经济的发展的平衡性，其中包括失业率的波动、地理和时空上的工作变化以及其相对激励因素的变化，人才的配置能力存在可观的市场价值和反响。此外，经济非平衡性、劳动力所获得的市场回报率与人才配置能力成正比，非平衡性越高，人才配置能力所起的市场调节作用相应就越大，劳动力的市场回报率也越可观。但目前，在我国乡村振兴战略实施的进程中，还存在大量限制性问题，其中最为突出的问题是农业信息化建设不够健全，时效性信息传播速度较慢，人们接收信息不完整。此外，还包括农村市场基础设施建设不完善、乡村市场的整合性较差等。随着时代的发展与进步，信息技术这门通用型技术已经普遍渗透进社会生产的各个层面，对于现代农业而言，它着重提高了农业整体生产效率。首先，农业信息技术作为传播媒介有效减少了农业技术的传播成本，缓解了农业技术传播难、传播不到位等问题，培养了一大批农村技能型人才，扩大了农业技术在农业生产中的影响程度；其次，信息技术能有效减少农业产品市场供需信息传播的成本，降低农民工市场经营的风险，增加安全系数；最后，农业生产要素配置结构的完善也依托于农业信息技术的发展。研究实验表明，农业信息化在农业生产过程中体表现出门槛效应，如果农村人力资本积累受到限制，农业信息化会影响农业全要素生产率的增长效率；相反，如果农村人力资本的积累水平提升，农业信息化所产生的积极效应就显而易见了。

（2）发展当地经济

改革开放以来，政府一直以经济建设为中心，但城乡经济发展不协调问题一直困扰着我国整体发展，政府不断采取不同方法推动我国农村经济建设，扩大对农村地区的资本投资，完善公共基础设施建设，实施优惠政策吸引创业者扎根农村创业，为农民提供更多就业岗位，实现当地就业，增加农民的生活收入，减少农村居民外出务工人数，缓解农村空心化问题。减少农民长期外出务工一方面不仅能促成农村家庭的整体性；另一方面还能减少留守儿童的数量，解决因缺少家庭教育所带来的教育问题。政府在加强乡村经济建设的过程中，应扩大二、三产业的规模，加大二、三产业在经济总生产中所占的比重，因地制宜地推动各种中小型乡镇企业的发展，例如纺织业、养殖业、果树种植业、运输业、食品加工等，为农村劳动力提供除务农以外的更多就业岗位，确保更多农村年轻人留在家乡发展，为农村孩子营造良好的家庭生长环境，同时为农村经济发展注入更多活力。农村的各项基础设施建设也是农村经济发展的一大动力，政府应加大力度对其进行建设与完善，例如卫生保健工作、生态环境保护、农田水利设施等。与此同时，随着生活水平的提高，人们在经济、文化、政策、科技、体育等方面的需求也日趋增多，政府部门也应提供更多的制度保障政策以便于全面提高人们的生活水平，切实体会到幸福感，降低外出务工的向往值，最终降低农村留守儿童的数量。此外，政府还应兼顾进城务工人员子女的受教育的问题，保障他们和城镇子女一样享有同等受教育的权利，最大化地降低留守儿童的比重。

第一，农村经济发展滞后且处于不均衡状态。

中国幅员辽阔、地形复杂多样，这对我国农村经济的发展造成了严重的影响，地域发展的差异性大于整体性。其中，不同地区的乡村所处的地理环境不同，所拥有的自然资源也各有千秋，这将会导致不同地区的乡村发展前景也有所不同，经济发展水平存在较大差异。政府对偏远贫困地区的扶持力度还仅仅处于表面，贫困山区始终难以得到国家的援助和支持，这加重了我国经济发展不平衡现状。此外，国家对不同地区的经济发展状况，所对口实施的政策也有所不同，使得经济发展滞后地区无法得到政府有力的扶持，这也成为某些贫困地区经济发展滞后的重要原因之一。这种现象在中西部地区农村尤为突出，而对于发达的沿海地区，由于经济发展前景较好，政府相应的投资较多，受重视程度较高，地区发展机会比中西部地区的农村较为多样化，拥有优越的经济发展平台。由于我国乡村经济发展均衡，且不同地区发展存在较大的差异，因此，我国乡村经济始终处于滞后状态，这对我国实施乡村振兴战略有着严重的影响，最终阻碍了农村乃至全社会总体经济发展水平的提升。

第二，农村地区经济发展总体水平普遍较低，人们生活质量还有待改善。

根据不同农村地区的发展状况分析比较，农民生活收入如果仅通过当地农产品的销售作为支撑，农民很难达到富裕的生活状态，收入水平也很难得到提升。目前，部分农产品因受到国际市场的冲击，农民被迫降低其销售价格，使得农民农业产品的销售额大不如前，农民收益也大幅下降。因为农民的经济收入来源过于单一，一旦农产品的市场价格下降，使得大部分农民的经济收益受到严重打击。所以根据现实状况，一大批农民工会选择放弃原有的经济发展产业而选择外出务工，这就导致了农村年轻劳动力极度短缺，对国家实施乡村振兴战略起了制约作用。大部分青壮年劳动力由于乡村的经济发展产业难以满足其需求，会选择到大城市务工，造成农村经济发展产业人手缺乏，从而导致其闲置或者处于粗放型发展模式，对产业产生效益的多少也逐渐忽视，从长远来看，农村的经济发展将持续陷入瓶颈时期，经济发展状况难以得到有效改善，最终导致农村的生态环境也随之恶化。

（3）加大扶贫力度

根据时代的需要、社会的需要，我国广大农村地区需要不断扩大人力资本投资力度，培养更多职业技术型人才作为农村经济发展的持续动力，这就要求政府不断加大对农村地区的教育扶贫力度。实践表明，教育工作是扶贫工作的根本问题，只有使农民受到教育、获得知识，才能真正改变农村地区的思想风貌，用知识作为人们摆脱贫困的强有力武器。政府应加大对农村地区的教育投资力度，保障适龄儿童依法享有受教育的权利，全面提高其文化素质；设立职业技能培训机构为青壮年提供职业技能培训的渠道,提升其就业能力和自身素质,这样才能有效防止贫困的延续。政府在主持贫困工作中,应积极结合贫困地区的发展潜能方向,通过先进科研单位以及各高校的实践与研究,为其发展制定合理的发展项目,针对不同贫困地区的农民进行定向培养,确保提高自身的基本职业技能素质,不断学习科技文化,培养创业管理型人才,真正实现人力资本的合理配置。在此基础上,政府还能因地制宜引进合理的种植养殖项目,实现农民收入的多元化。

第一,教育资源的投资精准度不够。

根据目前调查显示,虽然我国政府在教育投资领域的投资金额较大,投资力度较强,但对于人力资本投资的重视程度还不够,所以造成扶贫工作难以达到预期效果,农村始终处于仅仅依靠财力物力的帮扶状态下。其中绝大部分农村地区,政府在组织进行教育扶贫的过程中,过于注重硬件设施建设,认为只要为农村学生提供良好的教学环境就能实现真正的教育扶贫,但忽略了教育本身的发展仅仅依靠硬件设施是远远不够的。因此,政府在开展教育扶贫工作的进程中,应以建设教学硬件环境为基础,更重要的是人才的培养,注重师资配置。只有抓住了教育扶贫的本质问题,才能从根本上改善农村教育,提高教育整体水平。

第二,教育扶贫工作的主体参与问题。

在教育扶贫工作中不能仅仅依靠政府的主导,还需要全社会的参与,只有通过多方的协调工作才能真正完成教育扶贫。目前,党和政府颁布了相应的脱贫政策和管理办法,并同步出台了《教育脱贫攻坚"十三五"规划》,为农村教育扶贫做好制度保障。与此同时,国务院指出只有坚持"政府主导、合力攻坚"的扶贫准则,教育脱贫工作才能真正做好,真正做到人民满意。现如今,政府部门过于将自身主导作用转化为全权负责,所有工作都过于"集权化"处理,造成政府独当一面的局面。教育扶贫工作是一个整体性强大的社会性工程,它覆盖了全国教育贫困地区,需要社会各部门的参与协作,这也体现了教育扶贫工作的艰难性。因此,教育精准扶贫工作想要实现最大化的效益成果,需要全社会的共同努力。

第三,扶贫教育目标不明确,存在一定的偏差。

精准化作为教育扶贫的重要目标之一,政府在明确目标的前提下,要做好相应的计划措施,而个人技能素养则是基础。根据国家现如今的教育发展水平,教育精准扶贫工作应针对具体的扶贫对象,而不仅仅把扶贫目标停留于整体。政府应制定分阶段扶贫政策,结合目前中小学学生的受教育状况,对于不同学龄阶段的学生运用不同的扶贫手段,其中要着重培养学生的文化素养和学科知识。但在社会上还存在一批由于环境问题和教育空缺,最终造成厌学、辍学思想的孩子,政府应积极结合国家职业教育、再教育的现实状况,适当设立职业技能培训机构,并在其中增添思想教育课程,让他们深刻认识到教育的重要性和必要性,调整以往的旧思想,不能一味地依靠政府的扶持来维系生活。

总而言之,精准教育扶贫首先要从思想上进行扶贫,拥有健康的心理和良好的精神状态,让教育贫困地区的人们认识到精神扶贫的重要性,而不仅仅只在意物质的富有。因此,政府要加大对农民心理及精神层面的扶持力度,改变原有的旧思想,跟进时代前进的步伐,紧密结合目前乡村振兴的实时状况有目的性地进行有效扶持;另外,要加强对农民的思想政治教育,从根本上改变知识无用论的观念,改变金钱观和价值观,依靠自己独立自主、自力更生地走上脱贫致富的正确道路。

3.1.2 教育观念因素

在未成年人的成长教育中,学校教育和社会教育固然重要,但对孩子影响最深刻的还是家庭教育。父母是人生的第一任老师,无时无刻不在影响着每个孩子的心智成长,孩子在潜移默化中会受到父母行为的影响。因此,父母作为人生的第一任导师,应起好带头作用,给孩子树立一个模范榜样,引领孩子走上正确的人生道路,一个健全完整的家庭才能给孩子带来良好的教育环境。与此同时,家庭教育要与学校教育、社会教育有机结合、相互配合,争取达到教育的良好合力。

家庭教育作为农村教育质量提升的重要因素之一,发挥着举足轻重的作用。政府要积极改变农村地区落后的教育面貌,从根本上改变人们落后的教育观念,注入新时代的新型教育理念。有关政府部门应当设立家庭教育咨询机构,积极开展家庭教育有关讲座,组织专业人士进行经验分享,为农村地区的人们提供优质的家庭教育服务,让更多农村孩子享受到国家的优惠政策服务。农村家长通过一系列学习交流项目,深刻了解了孩子在成长过程中不同阶段的教育方式和规律,给孩子营造一个良好的教育环境。此外,家长通过了解优秀的家庭教育观念来改变原有的传统教育模式,学习与现代教育相符合的先进教育观。每个家长不仅要学会如何教育孩子,还要从自身方面做起,努力学习科学文化知识,提高自己的文化素养,营造更好的家庭成长环境。

在我国农村地区,存在大量教育空缺、道德低下、传统文化淡化甚至缺失等教育问题。针对这些问题,政府应认识到,对于农村教育扶贫不仅要提供财力、物力的扶持,更应关注人们的精神面貌,精神层面的扶持才能真正改变人们的思想,让他们真正认识到学习的重要性,想要摆脱贫困单单从物质上改变是微不足道的。有关部门应大力建设更多基础性设施,组织更多学习活动,让孩子们有机会参观外面的世界,定期播放具有一定教育意义的电影,让农村学生在玩耍中快乐学习、有效学习,增强其对学习的兴趣,带领他们走出贫困的沼泽。农村教育机构通过组织多元化的学习活动,并设立社会主义核心价值观课程以及开展相应实践活动，将精神扶贫有效融入物质扶贫过程中去，增加更多情感交流与心理关爱，让农村学生受到全方位的扶贫教育。在此基础上，政府还应开展多种志愿者实践活动，让受助的学生有机会报答社会，为社会做出自己的贡献。

政府在扶贫工作中应有针对性地设立对口扶贫机制，实现"一对一"帮扶政策，让每一位贫困建档立卡户学生都有机会受到专业老师的对口指导，还应特别关注因某些因素不能正常去学校接受教育的学生，不能让他们落后在基础教育学习阶段，在贫困扶持过程中，应将物质帮扶与精神帮扶有效结合，从而达到最有效的扶贫效果。各级地方政府在对农村学生进行精神扶贫的过程中，也要对学生家长进行精神扶贫，改变其自身观念，摒弃以往"等、靠、要"的旧思想观念，加强自身能力，凭借自己的努力真正走出贫困的沼泽。

3.1.3 社会支撑因素

现如今，高等教育受到了全社会的共同关注，但却忽视了职业教育的发展，我国进行职业教育的学生逐渐增多，但政府的重视程度无法支撑职业教育的发展，导致我国在职业教育的发展方面仍处于瓶颈状态，社会需要大量拥有专业职业技能知识的技能型人才。由此看来，农村地区的适龄劳动力可以通过职业教育培训，提升职业技能水平，最终依靠自己的能力实现脱贫致富。

政府在进行职业教育扶持的过程中，要不断完善其帮扶政策。有关部门要严谨落实免收中职学生学费、颁发国家奖学金等优惠政策。政府应根据实际情况，对高等职业院校中来自农村的经济困难学生，尤其是就读于涉及农业方面以及环境艰苦专业的学生，应给予更多的优惠政策。与此同时，对于那些未能成功升学的学子，政府应提供免费的职业技能培训，例如：农业、养殖业、种植业等方面的培训等。此外，各政府部门应紧密结合起来，科学制订相关培训计划，积极设立职业技能培训机构，并定期开展技能培训活动，给那些本身具有一定知识与技能但未成功升学的青少年成长成才的机会。

3.1.4 城乡资源因素

政府在加强对贫困农村地区进行教育扶贫的过程中，要切实保护好农民群众的切身利益，让人民群众感受到国家对他们的帮助与关爱。因此，政府在公共教育资源的配置过程中，应进行适当倾斜，让农村地区获得更多的政府援助。近年来，国家针对广大农村教师与学生颁布了《乡村教师支持计划（2015—2020年）》这一民生工程。这项工程意在解决乡村教师严重缺少的问题，并积极改善乡村教师的教学以及生活条件，提高工薪标准，力求建设一支能吃苦、肯实干、乐于奉献乡村教育的高素质人才队伍，让每个农村孩子都能受到公平公正的待遇，以及享受获得高质量教育的机会，走学习这条成才之路，防止贫困态势继续延续至后代。与此同时，政府应提高对偏远地区农村教师的师资补贴并给予更多优惠条件，让贫困地区学校的教师切实感受到政府的帮助与关爱，吸引更多优秀教师下乡支教。

实践表明，在农村教育扶贫工作中，一对一帮扶方法是切实可行的，将城镇某些优秀学校与农村学校进行一对一结合，农村学校通过有效学习城镇学校先进的管理模式，将其与自身的实际情况相结合，创立独特的办学机制，其中还能包含幼儿教育与义务教育，最终实现先进教育资源的共享。在此基础上，政府应实施轮岗制度，让乡村教师、校长有机会进入城镇学校工作，形成城乡合理流动机制，以便使城乡教育资源得到均衡化发展，让农村地区的学生能得到高质量教育。为了促进乡村地区教育发展，除了城乡教师、校长的流动，城区教师的下乡支教，政府应积极号召退休教师到乡村幼儿园、中小学进行教育援助。城区学校应对自己所对口扶持的农村学校进行彻底帮扶，从教学硬件设施、师资、办学方针等进行全方位扶持，促进优质资源的合理共享。

此外，政府应注重教师队伍建设并不断改进建设方案。目前，我国政府正在加大对农村教师薪资的改善力度，但由于诸多客观因素的影响，严重阻碍了贫困地区师资队伍的建设，如工作地区较远无法顾及家庭、交通条件艰苦、城乡发展差异明显等。针对这一系列问题，政府开启了大批扶持援助计划，发放交通补贴、建设城乡公路、分配住宿等。由于农村地区职业吸引力较弱，教学、生活条件艰苦，由此导致了大量乡村教师的流失，高质量教师不愿下乡支教等问题。农村教师在在职过程中，不仅希望有良好的物质待遇，更需要国家和社会的人文关爱，只有这样才能让乡村教师切实感受到自己的价值所在，才能感受到自身是被社会所关注、所需要的人才。放眼发达国家，他们不断在教师所需要的人文关怀领域进行探究，例如：在地区分配时，着重考虑家庭因素；在选择轮岗学校时，着重考虑距离问题；夫妻双方有一人在贫困地区支教即可获得优惠条件。我国政府在乡村教师队伍建设中可借鉴发达国家的建设模式，以此来增强教师队伍的稳定性，减少乡村教师的流失，最终建设一支高素质的人才队伍，为我国乡村振兴添砖加瓦。

3.2 新时代职业教育助推乡村振兴战略的职业教育观念因素

3.2.1 人才培养因素

现阶段，人才已经成为社会市场的关键因素，也随之成为乡村振兴的关键，人才保障在很大程度上能促进乡村振兴战略进步与发展，为乡村振兴提供各方面的人才。乡村振兴战略的落实需要一大批具有专业知识的一线技术人员，需要对农业认识透彻，心怀农村。建立一支这样的人才队伍去积极建设乡村，起到模范带头作用，带领乡村人民真正走向脱贫致富的道路。与此同时，实施乡村振兴战略的主体不应仅限于政府，农民自身也应是乡村振兴的主力军，也应积极发挥其主体作用，通过不断学习专业技能，学习农业经营方式，参与到乡村振兴的建设中去。县级职教中心作为该区域内权威性职业教育机构，能够有效汇聚不同优质教育资源。县级职教中心通过在社会各行各业以及各种社会组织中吸取各类精英人才，为乡村振兴战略提供源源不断的活力，建设一支高素质、高水平的乡村教师队伍，为乡村振兴建设提供强有力的人才保障。

第一，中职学历教育。

2017年，党的十九大报告中计划了高中阶段教育的总体发展趋势与布局，为各级政府提供了有效的理论指导方针。2018年，教育部出台了《高中阶段教育普及攻坚计划（2017—2020年）》，这一计划指出，到2020年，高等教育应全国普及，实现初中毕业生能够享受良好高等教育的计划指令，为祖国培育更多高素质人才，提高社会整体文化水平。县级职教中心创办的一系列中等职业教育学校在本质意义上都属于高中时期教育，对于推动全国高中阶段教育的发展起了积极作用，这就需要政府努力推动中职学历教育的发展。与此同时，县级职教中心培养的对象属于农村学生，毕业之后直接与农村生产产业相对接。这部分中职学生通过在县级职教中心的学习与历练，不断学习科学文化知识，培养职业技能以及解决相应问题的应变能力，建设一支这样的人才队伍能为我国乡村振兴战略注入新鲜的活力，助推乡村振兴战略更好更快发展。

第二，新时代农村职业农民。

乡村振兴要想达到产业兴旺发达的效果，迫切需要一批"心怀农业、高技术、懂经营"的新型技能型人才，与此同时，还需"会创业、懂创新、求致富"。现阶段，全国各地已经开展培育新时代农村职业农民的高潮，并取得了相应的良好效果。农广校会作为县级职教中心的主要组成部分之一，在新型职业农民的培育过程中发挥了积极作用。政府根据乡村振兴的实际需要，新型职业农民的培养是一项长期工程，并非坚持短期工作就能取得显著效果的工程。县级职教中心应积极联合家庭农场、农村合作社、农业龙头企业等组织，加强校企合作，为学校学生提供更多对口就业单位。学校在教学过程中应不断改进学校办学方针，开设合理的教育课程并加强其趣味性，为新型职业农民的培养提供高质量的教育环境，不断推进乡村振兴战略快速发展。

第三，"新农人"的培养。

文海燕（2018）指出，培育乡村振兴人才不应局限于培养传统经营农业生产的农民，而应该放眼新时代，紧跟时代步伐，培养一批能够立足于经济全球化、信息化、现代化发展的新型农民，树立新型的人才观，为乡村振兴提供更多创新型人才、技术型人才、管理型人才等。与此同时，在培养新型职业农民的前提下，更要培养大量擅于新农村产业经营、管理的管理型人才、销售人才、设计人才等。目前，新农村已经运行电子商务经营的新模式，此模式是通过与互联网相互关联，将产品通过网络扩大销售与经营范围的职能农业模式。它渗透至农业生产的各个部门乃至乡村旅游产业。这种经营模式要求政府积极培育乡村振兴的实用型高技术人才，并组织其学习乡村振兴的法律法规以及国家政策，积极开展生态农业、绿色农业的新业态管理人才，不断完善农村基层组织形式，将乡村治理能力提升到一个新的台阶。

3.2.2 经济发展因素

目前，乡村振兴备受社会关注，而经济发展作为乡村振兴战略实施的前提与关键，自然成为政府工作的重中之重。经济发展也应满足乡村振兴发展战略的需求，其中主要针对乡村职业教育、区域经济发展等。现阶段，我国乡村整体生产力较弱，"三农"问题仍然是困扰我国经济发展的主要短板，这就造成农村农业问题始终是我国现代化经济建设的瓶颈。事实上，我国政府始终将发展职业教育作为促进经济发展的重要目标，这成就了我国几代人的目标和梦想。中华职教社成立以来，我国就明确了先宣传后号召最后研究职业教育的宗旨，为我国经济发展注入活力。到如今，党和国家明确指出构建现代教育体系的重要性，新时代的发展需要高素质劳动力，培养一大批高素质人才是扩大就业创业、促进社会经济发展的基础。研究表明，产业振兴、精准扶贫成为目前我国乡村振兴经济发展的推动力，职业教育自然成为主要助推力之一。职业教育培养的技能型人才是产业振兴的基本保障，其能为产业振兴提供专业的技能知识，并且能作为全面的信息来源。如今，我国乡村振兴战略首要任务是脱贫致富，职业教育机构应为精准扶贫提供全方位的服务。政府也应严抓、狠抓，确保乡村振兴战略的有效实施。

由于农村经济发展较为缓慢，农村人口长期处于信息来源较为封闭的山区。由于农村教育的空缺，农民思想难以跟上时代的步伐，受到旧思想观念的影响，农民长期忽略了知识的重要性，始终将个人能力和社会实践经验放在首位，这也是农村贫困的重要因素之一。随着旧思想观念不断在农村延续，到目前，仍然存在经济发展、农业发展不需要知识作为支撑的观点，认为只要实干就能带动农村经济的发展。此外，还有一群拥有一定知识储量，但不愿意实干，认为读书是改变命运的唯一渠道。这两类人没有充分领会到"知行合一"的观点，学识和实践同等重要。事实证明，在如今社会，单纯拥有高学历而缺乏实践能力的人很难在社会上立足，单纯拥有实践能力而缺乏学历也同样难以找到理想的工作。正是由于传统思想的束缚，职业教育的不充分发展，降低了农民对职业教育的重视程度，最终造成农村职业教育难以拥有优秀的生源，以及职业教育的社会影响力难以产生较大反响等后果。

3.2.3 科技支撑因素

目前，乡村振兴战略的发展需要多样化的发展动能。其中，科技创新成为新动能发展的主力军，主要着重于农业知识的生产、传播以及配置问题。现阶段，我国社会经济的发展模式逐渐由高速度向高质量转变，社会发展逐步向工业化、城镇化、信息化方向发展。总体格局的变化会带动部分的变化，乡村经济跟随着时代发展的潮流也步入了大变革阶段，政府利用科学技术构建了新型农业产业体系、生产制度、经营模式等，与以往的制度体系以及运营模式相比大相径庭，这打破了农村地区一直以来发展第一产业的单一模式，促进了三大产业相互融合发展，给农业生产带来了无限生机与活力，增强了第一产业的市场竞争力与创新力。县级职教中心促进了科技文化以及职业知识的推广与传播，农民可通过在其中的学习得到相应的创新知识、了解更多乡村振兴的理论知识。乡村振兴战略的实施需要坚定不移地坚持习近平新时代中国特色社会主义思想作为理论依据，充分了解本地区经济发展的实施情况，结合两者为乡村振兴战略实施的政策与计划作出正确的指引，改变乡村地区人们以往的旧思想、旧理念，用新时代的方针战略来发展经济。农业生产需要的创新型技术，能够为乡村经济发展提供坚实的物质基础，引导人们注重产品质量而非仅仅在乎数量，带动人们收入水平的提升，推动乡村经济稳步向前发展。此外，农业生产的机制创新也同等重要，政府应积极引导农民大众改变以往的小农生产意识，推动农业生产的产业化转型，扩大生产的规模化改革，带动农业一体化经营，延长产业链，开辟属于中国社会主义的新型乡村振兴道路，以科技创新为指导，加快农业管理升级，实现农业资源的合理分配，制定培养农村创新型人才的独特机制，最终推动乡村经济的发展。

第一，聚集先进技术资源，加快农村产业发展。

当今，我国政府创办的科研室以及高等院校都布局在经济发展水平较高、拥有优质科研资源的先进城市，在很多普通的县级市内科学研究机构仍处于空缺状态，科学研究水平和职业技术水平都处于低水平层面，严重阻碍了我国农业的现代化发展。与此同时，广大农民群众的信息来源渠道单一，先进技术的传播条件有限，闭塞的信息化空间难以满足现代农业经济发展的需求。针对此问题，政府认为中介部门的参与是解决问题的关键，可将农业、农村、农民以及科研机构紧密结合起来，其作为桥梁与纽带发挥了积极作用，此举加快了农业先进技术的传播与发展。县级职教中心具备相应的师资队伍与硬件设施，是与科研机构以及高等院校进行沟通与协作的选择之一，职教中心可定期号召在校生以及区域内劳动力开展科学技术学习，提高广大农村劳动力的技能水平，构建区域内技术培养体系，从而加强产业整体技能水平，最终实现农村科技水平的创新发展。

第二，构建先进的技术研发团队，产生吸引力的效果。

根据调查显示，农民、农户和当地经济实体以及社会服务机制都是乡村振兴的必需条件。目前，在我国农业劳动力发展模式、产业经营体系处于大转型的背景中，可积极利用县级职教中心所具备的专业技能型教育组织，将其作为吸引主体，将广大农民、农户及其他生产主体、科研团队等紧密联合起来，构建一个综合性科教整体，研发各种新型农业实用技能、生产经营模式、手工艺术等；研究并推广运用各种相应的农产品与新途径等。此外，县级职教中心还可与政府、科研团队以及其他社会组织联合，构建一个拥有先进技术、高素质技术人员；促进先进技能推广应用并转移；拥有健全的技术咨询体系、先进技术服务、先进管理水平的整体工程，此举为农村产业发展、农民脱贫致富提供了前进的动力，最终实现乡村振兴的长远目标。

第三，健全各类体制机制，更加注重技术研发。

自从县级职教中心成立以来，促进县域内的技术研发与技能推广应用一直是县级职教中心追求的目标。所以，不断进行技术研发是县级职教中心的主要任务之一。随着我国乡村振兴战略的进一步推广，县级职教中心应号召职业技术人员，联合相应科学研究团队积极学习习近平新时代中国特色社会主义思想，结合本县区实际发展状况，出台合理的管理政策与制度体系，为乡村振兴提供坚实的物质基础。政府还应结合各项制度体系变革开展专业性的科学研究，加强农村生产企业与新时代科学技术的紧密结合；设立技能型人才培训机构，为乡村振兴提高大量高素质劳动力人才，通过坚定的理想信念和职业精神挖掘人才、培养人才、巩固人才。认真总结与学习发达国家地区乡村振兴的合理制度与经验，结合我国发展实际状况为我国乡村振兴提供积极有益指导。

3.2.4 文化发展因素

乡村文化作为乡村振兴的根本精神支撑，为乡村振兴战略提供不竭的精神动力和思想保障。广大农村地区作为我国农耕文明的基本物质载体，延续了中华上下五千年的文化，让其源远流长、博大精深。我国实施乡村振兴战略，不仅旨在促进乡村经济发展，还能为世人探究农耕文化中所蕴含的人文精神、优秀传统文化以及高尚思想道德提供了重要的机会，这些优秀传统文化与道德的传承与发展需要乡村职业教育作为传播媒介，乡村职业教育能在继承与弘扬优秀传统文化、对非遗文化进行保护的过程中，对其进行创新型提升与发展，让优秀传统文化与道德成为乡村建设提供不竭的活力。此外，乡村振兴要利用县级职教文化中心的作用，积极探究县域内优秀文化资源的根本价值，建设现代化乡村文化体系；开设有关乡村文化的基础性课程，积极提升乡村文化的创新创造能力，为村民灌输先进的乡村文化，提高村民的文化素养，为乡村文化资源转变为经济资源做好充分的思想准备，用文化振兴助推经济振兴。在乡村文化教育工作建设中，新生代青年作为文化发展的主力军，应积极领悟乡村文化的意义，不断增强我国乡村的文化软实力。县级职教中心应积极培养能够建设乡村文化企业的先进青年代表，并不断加强乡村文化的职业教育引领青年学生积极学习乡村文化，成为传播乡村文化的领头羊，为更好实现美好乡村生活而努力。

乡风习俗包含了一个特定地域内文化生活的总和，是乡村精神支柱的基础。

政府在推进乡村振兴战略实施的过程中，把根植于农耕文明中的优秀文化的优势毫无保留地挖掘出来，将优秀传统文化与现代文化紧密结合，为乡村提供既包含传统文化又融合现代元素的优秀乡风习俗，此举不仅有利于促进乡村传统文化的传播，还有利于现代文化融入传统文化，实现文化的创造性转换、创新性发展。县级职教中心被人们视为县域内权威的教育组织，应不断挖掘农耕文明中的优秀传统文化，为县域文化设施提供优秀的文化元素，丰富农村文化内涵。县级职教中心通过兴办乡村文化培训机构，例如积极开展书画班、表演班、手工艺班等，为农民群众提供丰富的文化生活和展现自我的舞台。由于乡村经济文化发展状况欠佳，县级职教中心作为县域文化建设的主力军，应积极挖掘优秀乡贤文化，不断为传统乡村文化注入活力，为农村青年在乡创业提供强有力的思想支撑。政府应积极提升乡村文化的传统魅力，增强乡村文化的自信力，从而扩大乡村文化的吸引磁场，吸引更多年轻人积极扎根于乡村建设，为乡村振兴注入新鲜的劳动血液。

3.2.5 产业融合因素

乡村产业是乡村振兴是前提与基础，新型农村的发展与进步需要新兴产业的助推。在农村开展产业振兴背景下，乡村职业教育抓住了大融合的发展机会，在新兴产业发展的过程中，职业教育可运用技术、人才提供、智力扶持等多元化途径，把资源、人才、技术都融入新兴产业的建设中去，为农村新兴产业提供源源不断的支持与活力。职业教育还应积极与农副产业、旅游观光业进行校企合作，为在校学生以及农村劳动力提供更多就业岗位，积极开展更深程度的产教融合。

第一，产教融合有助于推动农村职业教育精准扶贫最大化发展。

县级职教中心与社会企业联合发展，为广大农村青少年劳动力提供了更多的就业岗位，扩大针对农村地区的就业招生数量，利用订单式培养农村青壮年劳动力，进一步助推精准扶贫，让职业教育普及更多贫困地区，提升贫困人口的职业技能，为其继续参加高一级阶段教育以及创业提供理论知识基础，增加就业数量和质量，为农村地区人口真正摆脱贫困提供更多途径。产教融合能够吸引大量高素质职业技能型人才。在农村职业院校毕业的学生有多种就业抉择，他们可以选择留在本地，为家乡建设贡献自己的力量；学生在校就读期间，可接受来自企业的直接培训，从而更早地适应社会职场工作。此举可为乡村经济、文化更高更快发展提供更多高质量人才，减少人才流失，最终建设一支高素质的人才队伍。

第二，产教融合发展有利于更好推动我国农村职业教育的教育教学办法。

首先，农村职业教育要设立与对口产业对接的专业课程，优化专业配置，为学校与企业之间良好沟通与合作搭建桥梁，最终培养大量产业发展需要的专业对口人才。其次，农村职业院校的职教知识内容与方式应与产业发展标准相吻合，应按照产业发展标准设立课程进度与模式、选择合理的职业教学内容，扩大课程体系中所包含的专业知识，例如相关职业规范标准、职业资格衡量等。使得毕业生在成功毕业获取毕业证书的同时也能获得职业资格证书。此外，农村职业院校在教育教学进程中应直接与产业生产相通，根据产品生产方式进行教育教学设计，真正达到"知行合一"的效果，丰富实践能力。

第三，乡村在产业融合创新过程需要实现产品创新、流程变革、技术变革、管理变革等。

例如深度处理农产品、绿色农业、娱乐产业、生态农业、体验农业等的出现，是更高形态的现代农业，具有更高价值形态和更高附加值，成为新的经济增长点，进而推动农村经济增长。农村产业融合"新业态""新模式"，比如有机种养和发展餐饮经济结合起来，形成"前餐后种""前餐后养"的商业模式；电商平台和农业跨界融合的互联网＋农业电商模式；物联网和大数据等信息技术和农业融合的智慧农业；农业和休闲旅游融合的休闲农业和体验农业等新业态。

农业产业融合的产业结构效应表现为三个方面。第一，横向拓宽了现代农业产业体系。产业融合促进各产业间技术渗透，并进行产品创新和产业创新，开发农业多种功能，增加农产品品种，生产高质量农产品，加快新兴产业产生，扩大乡村的产业幅度，逐步形成包含生态农业、特色农业、休闲农业、旅游农业、智慧农业等的多元化产业体系。第二，纵向深化了现代农业产业体系。产业融合中各产业突破边界实现产业链前后延伸，增加农产品价值链的作用，深度拓展现代农业发展体制机制。第三，提高产业协调发展经济效益。促进不同产业之间的技术渗透和交叉融合，导致各产业之间的增长速度和生产速度差距减小，实现产业更高效率与更先进技能的优质资源分配模式、生产方针与管理方法，让乡村产业结构朝着大规模化、高技术含量、高经济效益、高效能和高加工度演进，实现农业产业结构的优化升级。

3.3 新时代职业教育助推乡村振兴战略的教育办学基础因素

3.3.1 动力因素

（1）农村职业教育思想观念

对湖南省农村职业教育发展情况的研究表明，随着城市经济发展水平的高速发展，越来越多农村人口逐步转向城镇发展，这导致湖南省乡村职业教育计划招生人数逐步减少，办学机构规模也逐渐缩小，乡村职业教育日趋走向衰落，其中阻碍湖南省农村职业教育发展的重点问题就是生源问题。

根据湖南省农村人口针对农村职业教育的满意度调查报告显示，农村人口对农村职业教育的满意程度较低，这自然也成为农村学生对农村职业教育产生一定

"偏见"的主要原因，大多数农村父母也和孩子一样持有共同的观点，他们普遍将农村职业教育视为夕阳产业，认为其发展前景渺茫，对其认可度低和自信心不足成为他们不愿接受农村职业教育的理由。他们将上农村职业学校视为一件不光彩的事情，好学生不会就读这样的学校，这就导致无法上普高的初中毕业生就算外出务工也不愿接受农村职业教育，始终将它看作是浪费时间、浪费金钱的行为。据此可以看出，农村职业教育被视为一种低水平教育，这种看法和偏见已成为困扰农村职业教育发展的主导因素之一。

调查情况显示，从农村职业院校毕业的学生就业前景不景气，难以符合城市经济发展的人才需求标准，这毫无疑问会造成农村人口对农村职业教育缺乏一定的自信心。调查报告表明，学生未来岗位就业前景是农村父母是否愿意让孩子选择农村职业院校的主要因素之一，农村职业教育所提供的就业前景不景气会降低农村人口对农村职业教育的认可度，需求也随之减少。而生源质量差、人数少正是农村职业教育需求降低造成的严重后果。人们将职业教育视为低水平教育这一观点至今仍是困扰农村职业教育发展的主要因素之一，针对此问题的存在，政府的教育与引导是极其重要的。

（2）农村职业教育办学方向

目前，大量农村职业学校缺乏明确的办学方针政策，其根据政府提出的"普教中融合职业教育因素"的教育变革的号召，逐渐开始追求学校升学率，却不够重视新型技能型农民队伍的训练与培养，没有为当地乡村群众找到真正可以实现脱贫致富的道路。大部分农村职业学校在办学方针上出现了问题，陷入了是该重视升学还是重视就业的抉择中。这一系列问题造成农村职业院校难以设立合理的专业课程、缺乏正确的教育方式和低水平的实训基地建设，且学校建设过于单一化且缺乏正确功能就位等，这些都难以满足农村发展需求的标准，最终导致湖南省农村职业教育发展缓慢。农村职业学校如果过于将升学作为主导办学方向，始终将文化知识的教授放在首位，与普高实施同等教育标准，这样会造成职业教育丢失其本来的创办理念，最终将无法为社会提供职业技能型人才。

现阶段，湖南省农村职业教育缺乏明确的办学目标，这导致其农村职业教育走上了不正确的发展道路，最终陷入了无法自拔的泥潭，使得湖南省农村职业教育一直处于停滞的发展局面。造成此情况发生的因素是多元的，但其中确定的因素是农村职业教育无法满足现代化农村发展的需求，而现代化农村的发展需要新型农民参与，只有满足双向因素才能实现农村职业教育的真正发展。实践表明，农村职业教育在培育新时代农民的同时，要紧密结合社会的变化发展趋势，培养一批真正能满足现代化农村建设的新型人才。

其次，人们在农村劳动力的输送方向上存在较多的争议，到底是该将劳动力输往农村还是城市？绝大多数人认为农村劳动力理应为农村发展贡献自己的力量，农村职业教育应当致力于培养一批"高技术、懂文化、会经营、善管理"的高品质新时代农民，为农业现代化发展注入源源不断的活力，最终实现"三农"问题的调和。但事实上，此观点过于片面化，这并不能适应全社会的进步与发展。首先，农村巨大的人口基数和缺乏土地资源之间的矛盾是"三农"问题始终无法得到解决的根本所在。而解决此问题的关键就是农村剩余劳动力的配置问题，农村剩余劳动力如果无法得到妥善配置，那么现代农业想要获得长足发展以及"三农"问题的根本解决是难以实现的。农村职业教育培养的人才，不仅要能为现代农业发展服务，还要成为能为第二、三产业服务的综合型技能人才。第二，如果农村职业教育只会立足于培养高素质、高水平的职业技能型人才，这无法满足社会发展需求，是一种不切实际的观点。目前，城乡结构依然呈现出二元化发展模式，农村和城市发展差距过大。城市相比农村而言，拥有更好的发展资源、更充足的发展机会，这对大量农村劳动力形成了一个巨大的吸引磁场，去城市务工在他们眼中已成为改变生活、脱贫致富的重要途径。因此，农村职业教育在影响农村劳动力去向问题上发挥了重要的作用，这不仅符合现代农业发展的需要，还满足了整个社会发展的需要，是社会发展的必然结果。此外，农村剩余劳动力的转移不但能符合农业人口的诉求，而且能促进农业的现代化发展，为缓解"三农"问题以及促进城市发展都能提供相应的人才。所以，农村职业教育应兼容性地培养多种技能型人才，为城乡协调发展提供专业人才。

3.3.2 支撑因素

（1）农村职业教育培训供需

研究报告表明，农民在农业技能培训方面存在大量缺陷，造成我国农村职业教育的供给与需求发生了较大的错位。事实上，农村人民对于接受技能培训持有十足的热情，广大农民希望在接受职业培训之后能掌握现代化农业生产技术，最终实现农业生产效率的大幅提升，以此来稳定人们的收入水平，改善生产生活条件。随着农业现代化的不断发展与进步，农民的文化素质与技能在农业技能培训下得到了较大提升，农业技术培训为农村人口提升各方面素质提供了重要途径。但在实际操作中，虽然农业技术培养的普及范围和推广力度较大，但影响作用较小，这将归根于农村职业教育供需存在严重缺陷，难以达到相应的理想效果。

农业生产的前期和中期培训作为农业技术培训的主要内容，满足的是农业生产的关键环节，但政府在农业技术培训的过程中过于注重农业生产环节过程，对于生产后期的质量服务、技术保障、售后服务以及经营模式等方面缺少一定的培训。笔者实际调查表明，湖南省农民需要更大强度的生产后期培训，其中涉及农产品生产、加工、储存、营销、售后等方面的知识技能，但事实上这方面的培训是极度缺乏的。针对此现象，我国目前主要采取以会议模式代替培训、集中农民培训等方法对其进行详细的教授。但事实上，这难以调动农民的培训积极性，因为农业生产与经营需要专业的实践指导，如果仅凭专业知识的培训是很难实现农民对于农业生产与经营的通透理解与应用，因此，选择合适的地点培训是十分重要的。只有当培训模式适应了农民的诉求，才能真正激发农民的学习与生产积极性，农业技术培训才能真正发挥其作用，最终为现代农业培育一批"高素质、高水平、有技术、善管理、会经营、新思想"的新时代农民。

与此同时，创新作为新时代职业农民培训的要点之一，并未得到相应的重视。"专家讲述，农民听"作为一种单向的知识传授模式是我国传统职业技能培训的主要方法，很少有农村能将理论知识的学习与实践经验相结合，这也是为什么我国农村农业难以实现长足发展的重要因素之一。随着我国新型职业技能培训开展，一些乡村学校、广播电视大学发挥了重要作用，引导着培训方式取得较大的改善与提升。但就总体格局而言，我国大多数农村的职业技能培训方式依然较为单一化，缺乏多元化组合模式，难以成功应用创新型培训方式充分满足广大农民的诉求，最终难以达到理想的培训效果。新型职业技能培训是以为农民服务作为根本方向，当然应采取能满足农民需求的方针政策。根据有关学者的调查表明，在大量新型职业农民的培养过程中，35.90%的农民更希望利用多样化的模式相结合；27.70%的农民更愿意在集中课堂进行学习；19.20%的农民希望通过实践获得更多技能型知识。由此可知，职业技能培训需要多元化的培训模式，单一的培训模式无法满足在现代农业背景下农民的诉求。

(2) 农村职业教育体系构建

在农村职业教育发展进程中，以往能起到重要作用的农村学校以及技术培训单位由于各种影响因素而功能缺乏或消失，这类机构的缺乏，严重阻碍了农村职业教育的发展与进步。另外，职业教育正在扩大化地朝城市推进，这加重了农业职业教育系统的空心化现象。

首先，农村职业教育与普通教育两者难以实现有机结合与协调发展，导致不同类型的学生无法获得自由抉择权利。学生只能在农村职业教育与普通教育之间选择其中之一进行下一步的学业计划，这极大程度限制了农村学生未来的发展范围，最终导致大量农村的学生和家长宁愿选择外出务工也不愿接受农村职业教育；另外，由于农村学生缺乏一定的基础性学业知识，在学校学习过程中接受深层次知识的能力严重不足，最终造成学习效率低下的结果，致使其学习积极性严重下降。

其次，农村职业教育在其发展过程中缺乏内部结构的沟通与加强，都主张各自为阵，采取独立的招生与升学方针，缺乏有效沟通与协作。尽管在校学生有通过勤奋学习进入更高层次的教育阶段接受教育的能力，但政府和社会却无法给予相应的途径，具有严重的断层性、阶段性等特征。在农民教育管理制度、农业技能培训体系、农业经营标准认可体系以及农民职业资格准入体系的空缺下，导致农民这一职业出现低水平、低层次入职的不真实现象，最终导致农村职业教育无法继续发展的事实，这极大挫伤了广大农民对农村职业教育发展的自信心。

再次，参与农村职业培训的主体较为单一，社会力量的参与度过低，且参与者积极性不高。只有乡村领头企业以及农村合作社等社会组织能够直接参与到新型职业农民培训中去，因为这些社会组织在以往的经济发展过程中打下了可观的经济基础，能够通过自身能力去构建新型职业农民培训机构并开展农民培训，但会造成农民参与积极性较低的现象。农村职业教育培训缺乏一定的社会力量，这与当地政府的宣传效果不足紧密相关。目前，我国新型职业农民培育体系并未健全，培养对象的覆盖范围较小，依托政府本身能力足以完成农民职业技能培训的任务，但社会力量的参与度始终没有得到足够的重视，其宣传工作开展也未达到预期效果，无法构建一种全社会整体参与的和谐局面。根据某县职教中心调查显示，此县的新型职业教育培训工作全权由县职教中心主持，该县域内的其他社会企业没有得到相应的指令计划。与此同时，乡镇企业的社会服务意识淡薄也是造成农村职业教育社会力量缺乏的因素之一。目前，大多数乡镇企业都拥有自己稳定的发展模式与方针，若新增新型职业农民的培训任务，改变原有的发展制度与模式是必不可少的，在此过程中还要面临大量潜在的风险，对于企业实力较弱的乡镇单位而言，如果不是在政府强力要求下，都将会选择保持原有的发展模式，以此来躲避新型职业农民培训造成的各种风险。此外，新型职业农民的社会参与度低，其主要原因还包括政府的经济补贴无法满足乡镇企业的需求。企业是以营利为目的的社会组织，如若政府缺少对社会参与力量的补偿，甚至让企业在培训过程中花费了多余的费用后仍未得到补贴，此举在很大程度上严重降低了社会力量参与农村职业培训的积极性与参与信心。

最后，政府虽然出台了大量关于新型农村职业教育的法律法规，但最终都无法实现完整的规模体系。一方面，政府管理存在大量缺陷，如"职责分工不明确、协调合作不到位、管理权力分散"等，相关制度体系缺乏合理的沟通协调机制，实际上，政府在农村职业教育中并未发挥其应有的作用。另一方面，农村职业教育初高中招生难度过大，生源来源途径单一，其传授文化知识和技术知识的硬件设施和衔接设备跟不上时代步伐，出现了大量与现实脱节、不符合实际就业等问题。此外，许多学生将农村职业教育视为普通高中学业教育，缺乏一定的技能性学习，导致缺乏相应的实践能力。与此同时，也会影响其继续进入高层次阶段学习的能力，最终造成我国农村职业教育内外发展不平衡、发展道路受阻的局面。

3.3.3 保障因素

（1）农村职业教育师资力量

在农村，教师是提高农村职业教育质量的关键。师资水平的高低则会影响农村职业教育改革及可持续发展。师资力量薄弱、缺乏某些学科专业化的教师是制约农村职业教育发展的核心问题。其中对于一个学校来说，最重要的是学校自身的实力力量。在农村职业教育的教师团队中，很难见到既有充足的理论教学知识，又有实践经验丰富的老师，这种现象根本达不到学校教师的基本要求，具体表现在以下几个方面：

第一，从教师团队的整体学历来看，目前职业院校团队的综合素质水平整体偏低。专科学历老师占比最大，其次是本科学历跟研究生或以上学历。所以导致教师团队的整体学历水平偏低，无法满足农村职业教育教学的需求。

第二，从教室团队的职称资格来看，农村职业院校的师资团队的基本结构是不均衡的，绝大部分的教师取得中级职称，极少部分取得高级职称，甚至还有一部分老师取得初级职称。

第三，从教师的数量来看，职业教育教师的数量严重缺乏，其中高质量、高素养的教师严重匮乏，因为职业学院的教师环境差、待遇差、发展前景小，所以职业院校吸纳人才的优势不够。依职业教育的性质特点，对教师的理论知识和动手能力的要求都较为严格，事与愿违，真正的职业教师的理论知识很丰富，实际操作能力的经验不足。拥有过硬的专业知识和实际操作能力较强的高质量教师有利于农村职业教育的健康发展。

（2）农村职业教育经费投入

近年来，农村职业教育经费总体在不断上升，但实际投入教育的资金较少，甚至比其他性质的教育要低得多。中等职业院校对教育投资不足会影响农村职业教育发展，导致农村的教育水平不能够满足现代化的需要。

第一，从农村职业教育经费的来源看，农村职业教育的经费主要来自政府的财政支持，政府并未真正地认识到发展农村职业教育能够推动农业现代化、解决"三农"问题、促进劳动力的转换。所以政府对农村职业教育的投资力度不大。

第二，职业教育是具有公益性，需要政府与社会共同投资建设。实际上，职业教育最大的资金来自政府财政，社会投资的力度、范围小，对农村职业教育的影响不大。加之农村职业教育公益性强，发展前景小，对企业、社会的吸引力小，但仅仅依赖于政府投资的农村职业教育很难有大的突破。

4 新时代职业教育助推乡村振兴战略支撑助推体系研究

中华人民共和国成立以来，我国取得的发展成就有目共睹，但发展的过程"一波三折"。在政治、经济、社会、文化发展变化的影响下，我国职业教育经历了曲折漫长的成长过程，不断克服困难，在摸索中前进。目前，我国已全面建成规模世界最大、结构较为完善的职业教育体系，为国民经济发展培养了一大批重要的技术技能型人才。然而，为适应经济社会发展要求，目前我国职业教育也面临诸多问题，需要不断进行改革与完善。十九大报告基于实施乡村振兴战略明确指出"产业兴旺、生态宜居、乡风文明、治理有效、生活富裕"。为此，针对职业教育助推乡村振兴战略的实际情况，分析职业教育助推乡村振兴战略的产业支撑、技术支撑、人才支撑和文化支撑，提出职业教育助推乡村振兴战略的策略体系，解决湖南省职业教育助推乡村振兴战略的可持续发展问题。

4.1 新时代职业教育助推乡村振兴战略支撑助推体系建设研究

4.1.1 职业教育助推乡村振兴战略支撑助推体系的内涵研究

（1）产业支撑助推体系基本内涵

新时代职业教育发展助推乡村振兴战略需要产业的支撑作用，产业支撑体系的合理与否直接影响新时代职业教育发展助推乡村振兴战略的实现程度。新时代职业教育助推乡村振兴战略必须立足于支撑产业，然而，这不代表为实现经济发展，只把一些具有比较优势的主导产业做大做强，如果不建立和完善其他相关配套产业和设施，该产业将面临生产受阻或销售不佳的情况，主导产业只会煊赫一时。因此，由一系列相关产业组成的产业支撑体系对助推乡村振兴至关重要。产业支撑助推体系由三个部分构成。一是主导产业。主导产业是产业支撑体系的基石，是地方产业发展的关键，在维持各部门正常运作中发挥重要作用。只有科学选择主导产业，确保主导产业健康发展，其他产业才能获得持续发展的动力。二是配套产业，即主导产业的上下游产业，着力解决主导产业投入和产出问题，确保主导产业的可持续发展。主导产业与配套产业相互制约，相互影响。三是辅助产业。辅助产业是保障农村居民生计、生产的配套设施和服务,如社会保障体系和职业技能培训等。辅助产业是主导产业发展的必要条件,它可以实现劳动力再生,保证人力资源的供给。

(2) 技术支撑助推体系基本内涵

技术支撑体系旨在通过投入资源和科研组织运作生产出满足社会和经济需求的技术产品和技术服务。其中,科技资源是技术支撑体系的基础,包括人力、财力、物力资源;科技组织是技术支撑体系的实体或主体,是组织科技活动的实施者或行为者;科技产品是技术支撑体系的产物,涵盖各种形式的科技理论和科学技术。探析技术支撑问题,可以有效解决"如何更好地建立和完善科学支撑体系的体系建设和运行机制?"使其发挥更高价值。职业教育助推乡村振兴战略的技术支撑体系概括为技术管理体系的总称,旨在预测、分析职业教育面临的发展形势和未来需求,控制、消除安全威胁,最大限度地助推乡村振兴,该体系通过机制创新和产业发展路径促进职业教育技术振兴,从而形成适合职业教育发展和乡村振兴战略需要的技术有机体系。

(3) 人才支撑助推体系基本内涵

人才支撑体系是指影响人才发展的因素相互联系、相互制约形成有机联系的统一整体,涵盖人才环境、规划、预测、开发、流动等诸多因素。作为人才支撑体系的子体系,各要素由不同的结构组成,并有自身特定的功能和性质,它们相互关联、相互支持、相互作用,最终形成一个复杂的有机整体,不仅促进了组织中人的发展,而且实现了组织的最终目标。人总是最具主观能动性的因素,任何事情都离不开人的推动作用,新时代职业教育助推乡村振兴战略更需要系统的人才支撑,不仅仅是靠单一的一支人才队伍就能实现的。组织型人才、骨干型人才和基础型人才三个层次的贯通衔接,构成人才支撑助推体系,在不同层面上助推乡村振兴战略发挥着相互补充、相辅相成的作用。

(4) 文化支撑助推体系基本内涵

职业教育助推乡村振兴战略文化支撑助推体系以基础条件为保障力、以扶持政策为推动力、以资源要素为支撑力、以文化需求为拉动力构建文化多元主体共建体系。其中,中国共产党是统领,政府是主导,人是主体,优秀传统文化是根基,特色文化产业是支撑,多途径、多方式全面打通,助力文化振兴,最终促进乡村振兴。文化振兴是乡村振兴的题中之意和必然要求,是乡村振兴的"根"和"魂",是提高乡村发展软实力的重要保证。新时代职业教育发展要助推乡村振兴战略,文化必须先行振兴,要充分认识文化在促进乡村振兴中的重要作用,广泛挖掘乡村文化的独特魅力，采取求实创新的思维模式，多途径开展文化振兴工作，助推乡村全面振兴。

4.1.2 职业教育助推乡村振兴战略支撑助推体系的构建原则

(1) 坚持系统层次性原则

职业教育助推乡村振兴战略支撑助推体系是基于职业教育助推乡村振兴所要取得的成效形成的，具有系统综合性和层次差异性的特点。支撑助推体系的设计，不仅要从总体上提出职业教育助推乡村振兴发展的重点内容，系统全面地反映职业教育助推下乡村振兴战略取得的成果、发展现状及趋势，还要反映取得成果的各个方面，体现职业教育在不同结构层次上的差异性，形成衔接有序、层次清晰、结构完整、有机统一的整体。如文化建设与经济建设相结合，找准文化效益与经济效益的平衡点，促进两者良性互动，实现文化建设与经济建设的协调发展；政策层面与空间层面相结合，从空间、产业、设施、教育等多角度进行乡村立体化建设，政策制度层面制定乡村振兴建设的相关措施，乡村空间规划建设方面进行规划引导。

(2) 坚持科学可行性原则

支撑助推体系架构要坚持科学的态度，采取严格化、标准化的方法，既要确保体系结构和内容的科学性，也要确保结论的可信度和有效性。支撑助推体系建设的问题和变化，都是在经济发展过程中出现的。该体系在解决问题、实现制度建设时不应脱离经济本身，其结构与内容必须满足现代职业教育发展的本质要求，符合乡村振兴战略的发展方向。职业教育助推乡村振兴战略是系统性工程，支撑助推体系的构建必须要对相关要素要进行充分的科学性和可行性研究分析和经验借鉴。

(3) 坚持协调可持续原则

协调是正确处理组织或系统内部各要素和各子系统之间各种内外关系，使其相互适应、相互促进、有机配合，为组织或系统正常运转创造良好的条件和环境，促进组织或系统目标的实现。在职业教育助推乡村振兴战略支撑助推体系建设中，一方面，各主体之间相互协调配合，避免出现自我交易和孤军奋战，例如，企业只注重生产技术的创新和转化，高校只注重基础研究，其他科研机构则偏向于应用研究等情况；另一方面，坚持经济、社会和生态效益三者的有机统一。具体而言，经济效益体现为最小化投入资源消耗和最大化产品价值；社会效益体现为技术创新，有利于社会和谐与稳定，同时可以提高人们的幸福指数；生态效益体现为技术创新活动不仅不污染环境，而且有助于恢复和改善环境，实现自然生态平衡。三者的协调统一，将有效缓解经济与社会之间、人与自然之间的矛盾，实现经济发展、社会进步和生态环境良性循环。

4.1.3 职业教育助推乡村振兴战略支撑助推体系的构建依据

(1) 理论依据

实施乡村振兴战略，是党的十九大作出的重大决策部署，是决胜全面建成小康社会、全面建设社会主义现代化国家的重大历史任务，是新时代"三农"工作的总抓手。职业教育在乡村振兴中发挥着重要作用，为乡村振兴服务，为乡村振兴提供人才支持，是职业教育实施乡村振兴战略、服务区域经济发展的重要内容和措施。乡村的发展需要强有力的人力资源的注入，人才是乡村振兴的关键因素，而职业教育能为乡村振兴提供人才支持。但是，乡村人才问题一直是困扰乡村发展的重要难题，"怎样培养自己的人才队伍？""怎样留住人才？""怎样让人才在乡村建设中发挥应有的作用和贡献？"这些问题已经成为阻碍乡村振兴的关键。职业教育作为乡村振兴人才的源地和智库，职业教育对象大多源于农村地区，其专业设置和人才培养模式更加面向农村，技术开发和技术支持可以更好地服务于农村，特色发展和长远发展也与农村息息相关。因此，职业教育可以利用自身的专业技术优势和强大的人力资源，培养新型农村职业农民、建立农村专业人才队伍和农村农业服务队伍，切实解决乡村振兴困境。

(2) 现实依据

党中央一号文件自2004—2019年连续16年发布解决"三农"问题的重要论述，体现了助推乡村振兴战略的重要性与必要性。职业教育作为与经济发展联系最为密切的教育类型，与乡村建设存在天然的渊源。基于职业教育发展，解决"三农"问题，全面助推乡村振兴战略，其内在动力不容低估。

第一，乡村是城镇的血液之源。

我国职业教育的新起点可以追溯到近代以来兴起的以实业教育为突出特征的教育创新运动。这种以农业、工业和商业为重点的实业教育自然与广大农村融为一体。从蔡元培提出"教育本为职业而设"的职业教育思想，到黄炎培"使无业者有业，使有业者乐业"的职业教育目标，再到陶行知提出"职业以生利为作用，故职业教育应以生利为主义"的职业教育理论，许多致力于救国救民的实业家、教育工作者和知识分子以发展职业教育作为武器，想通过大力提高职业与教育关联度，实现平民职业化助推国家近代化。到20世纪30年代，我国农村地区衰落问题日益恶化，为解决这一问题，民办职业教育与乡村建设应运而生，并呈现出蓬勃发展态势。梁漱溟提出"启发乡村人的自觉",建设农村职业学校,赋予农村新的生命,进而为全社会开拓新的发展路径;晏阳初提出的"四大教育"与"三大方式"就是希望铸就"能自立的国民",实现"国民生计,必皆富足"的目标;根植于农村职业教育的早期探索与实践,将职业教育真正融入农村生存发展之中,有力地促进了职业教育的规范化和系统化建设,为我国近现代经济建设做出了巨大的贡献。

第二,就农村经济和社会建设而言。

职业教育作为一种不同于通识教育的教育类型,有其独特的办学定位,培养的技术技能型人才在促进农村经济发展和培养农村人才队伍中发挥最直接的作用,从而促进当地经济社会建设。"精准扶贫"方面,职业教育与通识教育相比具有独特的优势,由于职业教育专业对口程度相对较高、学费相对较低、培训周期较短的特点,对贫困地区的学生更具吸引力。在区域经济发展进程中,职业教育与经济发展的互动是一种互惠互利、合作共赢的发展战略模式。两者之间的良性互动可以助推我国城乡一体化发展。

第三,就农业人才培养而言。

职业教育尤其是农村职业教育,既是培养农村各行业技术人才的核心基地,也是培育新型职业农民和农村专业人才的孵化器。农业现代化所需的机械操作人员,生产技术专家和业务服务团队必须依靠职业教育和职业培训的力量获得最直接、最高效的培训;高质量、高素质的农村职业技术人员可以有效地回馈农村经济和社会发展,在师资力量、经费投入等方面继续为职业教育的发展做贡献。教育部《中国中等职业教育质量年度报告(2018)》统计得出,截至2017年全国中等职业教育院校培养现代农业产业毕业生17万人,中国制造业新生代工匠51万人,现代服务业急需人才246万人。事实证明,职业教育在助推乡村振兴和社会人才发展方面发挥着非常重要的作用。

综上所述,中国职业教育与农村发展密不可分。中国职业教育社成立和近代中国第一次职业教育改革以来,职业教育为中国农业现代化和城乡一体化建设做出显著贡献。近年来,我国实施乡村振兴战略,在长期实践中,对"三农"问题的认识不断深化,党和政府的关注程度也不断加深。职业教育有能力撑起乡村振兴旗帜,助力供给侧结构性改革,促进我国社会经济可持续发展。目前,我国拥有世界上规模最为庞大的职业教育体系和最为广大的农民群众基础,更有全面建设小康社会的迫切发展需要。因此,加快发展职业教育,助推乡村振兴,既体现了二者的天然渊源,也是推动二者深化改革发展的历史机遇。

(3)政策诉求

21世纪以来,"三农"问题一直是党和国家政策和战略的核心问题。从

2004年到2019年16年间,中国共产党中央委员会连续发布16次关于"三农"问题的中央一号文件。"十三五"以来至今的农村改革政策涵盖了农业供给侧结构性改革,强调农业现代化发展,全面深化农村改革、实现乡村振兴等各个方面,所关注的核心问题具有一定的现实性、时代性和前瞻性,且始终强调坚持中国共产党的统一领导,始终以满足人民利益需求作为出发点和立足点,既有基于长期目标的政策安排,又有近期目标驱动的问题导向,如表4.1所示。

表4.1 "十三五"以来党中央一号文件及相关职业教育诉求

时间	文件名称	相关职业教育诉求
2016年	《关于落实发展新理念加快农业现代化实现全面小康目标的若干意见》	1. 加快培育新型职业农民,把职业农民培养成建设现代农业的主导力量; 2. 办好农业职业教育,加强涉农专业全日制学历教育; 3. 建立健全职业农民扶持制度,加快培育新型职业农民
2017年	《中共中央、国务院关于深入推进农业供给侧结构性改革加快培育农业农村发展新动能的若干意见》	1. 重点围绕新型职业农民培育、农民工职业技能提升,整合各渠道培训资金资源,建立政府主导、部门协作、统筹安排、产业带动的培训机制; 2. 鼓励高等学校、职业院校开设乡村规划建设、乡村住宅设计等相关专业和课程,培养一批专业人才,扶持一批乡村工匠
2018年	《中共中央国务院关于实施乡村振兴战略的意见》	推进农村普及高中阶段教育,支持教育基础薄弱县普通高中建设,加强职业教育,逐步分类推进中等职业教育免除学杂费;健全覆盖城乡的公共就业服务体系,大规模开展职业技能培训,促进农民工多渠道转移就业,提高就业质量
2019年	《关于坚持农业农村优先发展做好"三农"工作的若干意见》	1. 加强贫困地区职业教育和技能培训,加强开发式扶贫与保障性扶贫统筹衔接; 2. 实施新型职业农民培育工程。大力发展面向乡村需求的职业教育,加强高等学校涉农专业建设

"十三五"规划以来,我国职业教育政策持续稳步推进。从2016年到2020年,中国职业教育推出相关政策共计40余次,在衔接"十二五"职业教育规划政策的基础上,进一步明确了职业教育在国家战略体系中的地位,明确了政府在职业教育进程中的指导地位,继续着力于加快建立现代化职业教育体系、加强"产教融合、校企合作"、深化职业教育改革创新、加强"双师型"队伍建设、提高职业院校人才培养质量等方面,加快推进职业教育内涵式发展,赋予职业教育新的历史使命。从"十三五"以来我国职业教育重大相关政策及相关助推乡村振兴规定进行考量,其权威性、影响力、系统性和相对独立性可视为我国职业教育改革深化的典型代表,如表4.2所示。

表 4.2 "十三五"以来我国职业教育重大相关
政策及相关助推乡村振兴规定

时间	文件名称	相关助推乡村振兴规定
2016 年	《关于实施职业院校教师素养提高计划（2017—2020 年）的意见》	优先支持战略性新兴产业、现代农业、先进制造业、现代服务业及扶贫重点产业等紧缺领域教师培训，倾斜支持农村、边远、贫困、民族及区域经济重点发展地区学校教师队伍建设
2017 年	《国家教育事业发展"十三五"规划》	1. 加快发展现代职业教育。在人口集中和产业发展需要的贫困地区建好一批中等职业学校，重点支持贫困地区建设好符合当地经济社会发展需要的中等职业学校； 2. 加快培养现代农业领军人才、高技能人才和新型职业农民； 3. 着力建设一批服务现代产业发展和扶贫开发等重点工作领域的高水平职业学校； 4. 加大职业教育脱贫力度，因地制宜促进农村初中普职教育融合
	《决胜全面建成小康社会夺取新时代中国特色社会主义伟大胜利》	完善职业教育和培训体系，深化产教融合、校企合作；建设知识型、技能型、创新型劳动者大军，弘扬劳模精神和工匠精神
	《国务院办公厅关于深化产教融合的若干意见》	统筹职业教育与区域发展布局，面向脱贫攻坚主战场，积极推进贫困地区学生到城市优质职业学校就学。加强东部对口西部、城市支援农村职业教育扶贫
2018 年	《职业学校校企合作促进办法》	鼓励东部地区的职业学校、企业与中西部地区的职业学校、企业开展跨区校企合作，带动贫困地区、民族地区和革命老区职业教育的发展
	《关于推行终身职业技能培训制度的意见》	深入实施农民工职业技能提升计划——"春潮行动"，将农村转移就业人员和新生代农民工培养成为高素质技能劳动者；开展技能脱贫攻坚行动，实施"雨露计划"、技能脱贫千校行动
2019 年	《国家职业教育改革实施方案》	1. 完善职业教育体系，为现代农业发展提供人才支撑； 2. 提高中等职业教育发展水平。加强省级统筹，建好办好一批县域职教中心，重点支持集中连片特困地区每个地（市、州、盟），原则上至少建设一所符合当地经济社会发展和技术技能人才培养需要的中等职业学校； 3. 开展高质量职业培训。围绕现代农业，在技能人才紧缺领域大力开展职业培训

职业教育在助推乡村振兴战略上具有天然的资源、人才、技术优势，历史发展是这一优势的本质，政策的推广则是这一优势得以延续的必然保证。"十三五"规划以来，党中央在高度重视解决"三农"问题的同时，不断深化职业教育改革。在推进职业教育现代化的进程中，有针对性、指向性地加强职业教育服

务乡村振兴战略的作用。2016年中央一号文件提出:"加快培育新型职业农民。将职业农民培育纳入国家教育培训发展规划,基本形成职业农民教育培训体系,把职业农民培养成建设现代农业的主导力量。办好农业职业教育,将全日制农业中等职业教育纳入国家资助政策范围。建立健全职业农民扶持制度,相关政策向符合条件的职业农民倾斜。"2017年的中央一号文件提出:"重点围绕新型职业农民培育、农民工职业技能提升,整合各渠道培训资金资源,建立政府主导、部门协作、统筹安排、产业带动的培训机制。鼓励高等学校、职业院校开设乡村规划建设、乡村住宅设计等相关专业和课程,培养一批专业人才,扶持一批乡村工匠。"2018年的中央一号文件要求优先发展农村教育事业,高度重视发展农村义务教育,推动建立以城带乡、整体推进、城乡一体、均衡发展的义务教育发展机制;统筹配置城乡师资,并向乡村倾斜,建好建强乡村教师队伍。2019年的中央一号文件指出:"培养懂农业、爱农村、爱农民的'三农'工作队伍。把乡村人才纳入各级人才培养计划予以重点支持,实施新型职业农民培育工程,建立'三农'工作干部队伍培养、配备、管理、使用机制,落实关爱激励政策。大力发展面向乡村需求的职业教育,加强高等学校涉农专业建设。"

4.2 新时代职业教育助推乡村振兴战略支撑助推体系现状分析

4.2.1 职业教育助推乡村振兴战略的产业支撑助推情况

(1) 湖南省农村产业发展现状

第一,推进农村第一、第二、第三产业融合,激活湖南农业发展新动力。

农村第一、第二、第三产业融合发展从根本上属于产业融合。所谓产业融合,是基于技术创新或制度创新形成的产业边界模糊化和产业发展一体化现象。当今世界,产业融合已经成为产业发展的新趋势,它通过产业渗透、产业交叉和产业重组等,激发产业链、价值链的分解、重构和功能升级,引发产业功能、形态、组织方式和商业模式的重大变化。农村第一、第二、第三产业融合发展是指农村第一、第二、第三产业之间的融合渗透和交叉重组为路径,以产业链延伸、产业范围拓展和产业功能转型为表征,以产业发展和发展方式转变为结果,通过形成新技术、新业态、新商业模式,带动资源、要素、技术、市场需求在农村的整合集成和优化重组,甚至农村产业空间布局的调整。基于农业生产,将农业生产过程划分为产前、产中、产后三个部分的产业,产前产业包括农林牧渔专用机械制造、肥料制造和农药制造等;产中产业是农林牧渔服务业,包括农业技术推广、机耕机插等;产后产业如有农副食品加工业、销售等。

农林牧渔专用机械制造业。近年来,湖南省农林牧渔专用机械制造业以需求为主导,致力于农业机械的"智能制造",大力开展技术创新,突破技术瓶颈,生产出大批适用于丘陵山区复杂地形的先进农业机械，为湖南乃至南方省份的农业生产发挥了积极作用。2017 年，全省农林牧渔专用机械制造业主营业务收入 129.99 亿元，比 2010 年增长了 195.8%。

肥料制造业和农药制造业。 化学原料及化学制品制造业中有肥料制造和农药制造与农业生产直接相关。2017 年，全省农用化肥施用量 827.56 万吨，相关的肥料制造业主营业务收入 145.16 亿元，比 2010 年增长了 17.4%。2017 年，全省农药施用量 11.60 万吨，相关的农药制造业主营业务收入 90.08 亿元，比 2010 年增长了 37.0%。

农林牧渔服务业。 农林牧渔服务业是农业、林业、牧业和渔业生产活动的各种辅助服务活动，包括种子和种苗的种植培育、灌溉、农产品的初级加工等，它是现代农业的重要组成部分，也是农业现代化水平的重要标志。2017 年，湖南农林牧渔服务业产值 382.68 亿元，比 2010 年增长了 125.6%；占农业产值的比重逐年增长，2017 年比重为 6.1%，比 2010 年提高了 1.6 个百分点，如图 4.1 所示。

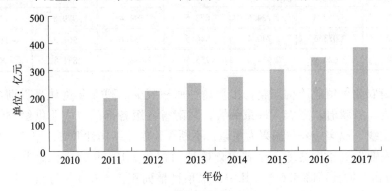

图 4.1　2010—2017 年农林牧渔服务业产值
数据来源：《湖南统计年鉴》

农产品加工业。 近年来，湖南依托农业大省资源优势，大力实施"百企""百强"工程，着力振兴农产品加工业。2017 年，湖南省规模以上农产品加工企业达 4 500 家，其中省级以上龙头企业达 649 家，农产品加工业实现销售收入 1.5 万亿元，位居全国前七强，是湖南省两大"万亿"产业之一；粮食、畜禽、棉麻、竹木成为千亿产业，农产品加工业产值与农业总产值之比达到 2.3∶1（2007 年比值仅为 0.64∶1）。湖南省农产品加工业获得中国驰名商标总量 176 件，获得中国地理标志认证产品总量 102 个。

第二，2018 年湖南粮食产量在种植结构调整优化基础上继续保持高位水平。

2018 年，湖南大力推进农业供给侧结构性改革，农作物结构调整进一步优化。据国家统计局核定，2018 年全省粮食总产量 3 022.9 万吨（604.6 亿斤），比上年减少 50.7 万吨（10.1 亿斤），下降 1.7%。全年粮食总产量虽有所下降，但减幅不大，仍处于历史较高水平，属于丰收年景，如表 4.3 所示。

表 4.3　2007—2018 年湖南省粮食、棉花播种产量　　　　单位：万吨

年份	粮食	稻谷	早稻	中稻	晚稻	棉花
2007	2 698.5	2 435.3	743.0	833.5	858.8	26.5
2008	2 822.2	2 551.3	774.1	890.9	886.3	21.9
2009	2 928.8	2 614.3	821.0	862.0	931.3	20.8
2010	2 881.6	2 551.8	779.5	867.1	905.2	22.4
2011	2 983.6	2 634.2	824.3	883.8	925.9	23.4
2012	3 061.9	2 704.3	841.6	881.4	981.3	24.7
2013	2 989.5	2 645.3	888.5	795.6	961.2	21.1
2014	3 078.9	2 732.7	886.8	847.1	998.8	18.8
2015	3 094.2	2 756.8	895.2	857.7	1 003.9	14.7
2016	3 052.3	2 724.6	873.5	871.4	979.8	12.6
2017	3 073.6	2 740.4	846.5	932.6	961.3	11.0
2018	3 022.9	2 674.0	755.5	1 086.7	831.8	8.6

一是农业种植业结构调整，粮食播种面积减少。2018 年为认真贯彻落实中央、省委、省政府"三农"决策部署，湖南省各级各部门以农业供给侧结构性改革为主线，以实施乡村振兴为主题，不断深化农业结构性调整，坚持把粮食生产作为农业发展重中之重。全省粮食播种面积达 7 121.9 万亩，比上一年减少 346.6 万亩，同比下降 4.6%。其中，水稻种植面积占 6 013.5 万亩，比上一年减少 344.6 万亩，同比下降 5.4%；特别是早稻面积更为明显，同比减少 14.5%。

粮食种植结构稳中调优。全省各地主动调减单产较低、品质较差的早稻和双季晚稻种植面积共计 616.40 万亩，同时增加单产较高、品质较优的中稻和一季晚稻种植面积达 271.83 万亩。长株潭重度污染区休耕治理改种高效经济作物 79.15 万亩。

二是农业气候条件总体较好，粮食单产水平提高。2018 年，农业气候条件总体上有利于粮食生产。夏粮生长期，湖南省大部分区域生产条件适宜，虽部分地区遭受冰冻灾害，但影响不大，夏粮单产 277.0 公斤/亩，同比增长 23%。早稻生长发育前期，气候条件较为有利，没有出现明显的五月低温，早稻抽穗整齐，长势较好，以一、二类苗居多，整体气候条件有利于早稻生长，早稻亩产提高 17.1 公斤，单产再创历史新高。秋粮是湖南省粮食生产的大头，产量占全省粮食产量的 70% 以上，秋粮生长的气候条件对全省粮食的丰收至关重要。在 2020 年秋粮生长期，全省大部分地区光热充足，降水适宜，墒情良好，适宜农

作物生长。同时，各地加强了病虫防控预报和统防统治等工作，使水稻二化螟、三化螟等病虫危害程度有效降低。

三是积极推进高质高效农业创建，粮食从总量优势向质量优变。2018年，湖南省贯彻"绿色兴农、质量兴农"发展思路，以推进农业绿色发展，实现农业供给体系高质量、高效率发展为农业发展任务，把绿色高质高效创建作为促进种植业高质量发展的重要抓手，主动调优水稻生产布局，压减品质相对较差的早籼稻面积，发展高档优质稻1 073万亩。省农业农村厅数据显示，2018年，湖南省推广稻田养鱼（虾、蛙、龟）等品种的综合养殖370万亩，利用鱼、虾、水稻、水系统的互利共生，培育小生态系统，优化农业产业结构，尤其是粮食产业结构。如南县有70万亩水田，现已发展39.7万亩稻渔综合种养，综合产值达到80亿元，每亩增收3 000元以上。此外，通过大力改造中低产田，加大有机肥的实施，减少农药化肥的使用，加快高标准农田的建设，在一定程度上改善了生态环境，提高了土地生产力。

第三，湖南省农业生产主要情况概况。

初步核算，2019年上半年全省实现农林牧渔业增加值1 217.34亿元，同比增长3.4%。主要农产品生产情况如下。

一是粮食作物种植结构优化。上半年以来，全省着力推进农业供给侧结构性改革，粮食生产以保产能、稳产量、优品质为主，种植品种呈现调精调优趋势，种植结构呈现"三增"：高档优质稻面积占比增加，其中双季早稻的优质稻同比增长2.9%，中稻和一季晚稻的优质稻增长8.6%；稻田综合种养面积增加，增长10%以上；旱杂粮种植面积增加，增长4%以上。目前我省稻谷生长情况为：双季早稻正处于抽穗扬花期，近期局地强降水"大雨洗花"，授粉受到一定影响，而中稻气温较高，水分充足，生长形势则较为有利。

二是油料作物生产稳中略增。我省各地一直把油菜产业作为发展农村经济、提升农业效益、带动农民脱贫致富奔小康的重点产业培育，积极推进油菜种植机械化规模，逐步构建现代油菜绿色全产业链。2019年，全省油菜播种面积1 850.08万亩，同比增长0.9%，虽然单产受局部短时间气候因素略有影响，全省油菜籽总产量仍达到204.70万吨，同比增长0.3%。

三是蔬菜生产呈现量价齐增。上半年全省蔬菜播种面积为807.29万亩，同比增长2.2%；蔬菜总产量为1 517.67万吨，增长2.4%。产量增长的同时，受气候、运输、人工等成本上升因素影响，蔬菜价格呈现高位运行。重点监测显示，30个蔬菜品种平均零售价格从2020年第1周的6.45元/公斤上涨到最高第6周的7.48元/公斤，增长了16.0%，之后保持在7.2元/公斤左右高位，直至进入6月份气温升高，本地蔬菜供应量增加，蔬菜价格才开始出现回落。

四是畜禽养殖有降有增。产能方面：受环保政策趋紧和非洲猪瘟疫情双重影响，生猪存、出栏同比均有下降。上半年全省生猪出栏2 724.60万头，同比减少 259.62 万头，下降 9.5%；生猪存栏 3 267.8 万头，减少 399.76 万头，下降 12.2%；能繁殖母猪存栏 312.1 万头，减少 55.07 万头，下降 17.6%。其他畜禽养殖则有增长，上半年全省牛出栏 82.2 万头，增加 3.06 万头，增长 3.7%；家禽出栏 23 321.1 万羽，增加 2 177.76 万羽，增长 9.4%。价格方面：监测数据显示，6 月下旬全省活猪出栏均价为 15.23 元/公斤，同比上涨 37.8%；能繁殖母猪数量减少导致市场仔猪供应紧缺，仔猪市场均价达到 44.28 元/公斤，较年初上涨超六成，详情如表 4.4 所示。

表 4.4 2007—2017 年主要畜禽存栏和水产品产量

年份	年底牛头数/万头	年底猪头数/万头	年底羊只数/万只	猪牛羊肉/万吨	禽/万只	水产品/万吨
2007	399.59	3 776.39	511.91	373.31	26 099.40	170.09
2008	399.55	3 924.46	523.95	395.74	26 882.40	178.59
2009	414.32	4 046.99	553.80	421.93	27 100.00	188.59
2010	401.68	4 063.91	552.66	438.98	27 262.60	198.89
2011	385.04	4 182.65	567.30	432.17	27 563.80	200.02
2012	381.75	4 275.51	565.59	454.25	29 023.40	220.08
2013	384.96	4 130.69	590.64	458.89	29 920.50	233.91
2014	389.18	4 227.81	622.13	487.43	31 024.60	247.96
2015	393.91	4 122.72	655.38	478.77	32 105.80	261.32
2016	374.13	3 983.11	648.06	466.39	33 101.10	238.35
2017	379.37	3 968.10	661.71	480.79	33 012.80	242.31

湖南省一直以来就有"鱼米之乡"的美称，是我国的农业大省，其悠久的农业发展历史孕育出丰富的农耕文化，积累了丰富的农耕技术经验和农业品种资源，是农业产业化发展的坚实基础。

湖南省位于中国江南，属于长江中游地区，是农业大省，主要农产品有水稻、棉花、油料、茶叶等。2018 年全省农作物总播种面积为 810.93 万公顷，农林牧渔业劳动力 1 667.81 万人，粮食播种面积 4 747.9 千公顷，其中稻谷生产具有天然优势，是我国的重要稻谷产区，稻谷播种面积 4 009 千公顷，占总播种面积的 58.55%；棉花产量 8.6 万吨，是全国重要的商品棉生产基地，是我国八大产棉省份之一；油菜生产种植面积在 1 000 万亩以上，居全国第二，总产量占全国 10%，居全国前五。茶叶生产上，素以"茶叶之乡"著称，茶叶种植面积 150 万亩，总产量 21.47 万吨，居全国第六。在粮食、甘蔗、柑橘等产品生产上也都位于全国前列。总体来看，湖南省常年农业产值从 2007 年到 2018 年呈持续稳定增长，如表 4.5、4.6 所示。

表 4.5　2007—2018 年农业基本情况

年份	农林牧渔业劳动力/万人	年末实有耕地面积/万公顷	当年减少耕地面积/万公顷	农作物播种面积/万公顷	粮食作物	造林面积/万公顷
2007	1 890.17	378.90	0.61	739.70	453.97	7.62
2008	1 877.91	378.94	0.61	761.35	460.71	8.04
2009	1 867.33	413.50	0.75	785.22	482.72	12.50
2010	1 861.85	413.75	0.97	805.80	484.78	21.34
2011	1 793.64	413.77	0.91	817.81	493.22	40.24
2012	1 857.39	414.62	0.72	829.96	497.53	40.42
2013	1 832.65	414.97	0.99	835.27	501.00	34.98
2014	1 808.33	415.32		839.86	506.56	39.19
2015	1 762.31	415.35	0.37	835.52	505.37	37.60
2016	1 696.81	414.88	0.85	829.20	501.07	33.66
2017	1 686.30	415.10	0.84	827.01	497.89	55.41
2018	1 667.81	415.54	0.65	810.93	474.79	58.43

数据来源：《湖南统计年鉴 2019》

表 4.6　2007—2018 年湖南省粮食、棉花播种面积　　　　单位：千公顷

年份	粮食	稻谷				棉花
			早稻	中稻	晚稻	
2007	4 539.7	3 915.1	1 303.6	1 232.1	1 379.5	172.2
2008	4 607.1	3 968.3	1 306.6	1 258.3	1 403.4	162.0
2009	4 827.2	4 103.4	1 399.8	1 225.3	1 478.3	148.8
2010	4 847.8	4 105.2	1 385.7	1 251.2	1 468.3	161.1
2011	4 932.2	4 160.8	1 427.7	1 245.7	1 487.4	169.4
2012	4 975.3	4 209.6	1 464.5	1 216.5	1 528.5	173.5
2013	5 010.0	4 218.5	1 494.0	1 210.1	1 514.5	173.3
2014	5 065.6	4 275.0	1 507.7	1 217.6	1 549.6	153.9
2015	5 053.7	4 287.8	1 505.9	1 228.3	1 553.6	122.0
2016	5 010.7	4 277.6	1 487.3	1 263.0	1 527.3	106.5
2017	4 978.9	4 238.7	1 448.2	1 291.3	1 499.2	95.7
2018	4 747.9	4 009.0	1 238.2	1 472.5	1 298.3	63.9

数据来源：《湖南统计年鉴 2019》

（2）湖南省职业教育发展现状

职业教育的源头是学徒制，早期学徒制已经拥有职业教育的一些特点，因此，湖南职业教育早期是以学徒制的形式存在；而现代职业教育是在工业革命的基础上形成的，1902年湖南工艺学堂的建立标志着湖南省现代职业教育的形成，随后又建立了农务工艺学堂、湖南省明德学堂等工业学校，这些学校的建立在随后的发展中掀起了现代职业教育的高潮；20世纪80年代当代湖南职业教育兴起，建立起一批标志性的职业大学，如长沙大学、岳阳大学、湖南女子职业大学等，特别是湖南农业大学、湖南师范大学等高校也开始招收和培养职业教育人才。目前，湖南省政府高度重视职业教育发展，明确提出"要求大力发展职业教育，在最短时间内形成规模。"

第一，湖南省职业教育规模不断扩大。

从学校数量和学生人数来看，湖南省职业教育规模在不断扩大，高等职业教育和中等职业教育都呈快速增长的趋势，高等职业教育增长更显著。如表4.7所示，2007年至2018年普通高等学校数量从99所增加到109所，在中部六个省份中排名第一，仅次于沿海发达地区；参加高等教育团队的人数也在逐渐增加，2007年至2017年注册人数从288 712人增加到391 611人，接受高等职业教育和通识教育的学生人数呈相当甚至超越的趋势。

由于教育水平的提高，人们不再满足于中等职业教育水平，更倾向于高等教育。在这一背景下，中等职业教育发展呈下降趋势（如表4.8所示），中等职业学校的学校数量出现了大幅度的减少，从2007年的708所下降到2018年472所；招生数和在校生数2007年与2018年相比也是急剧的减少，招生数336 757人减少到229 118人，在校人数83.10万人下降到65.82万人；这表明湖南省越来越重视高等教育，提高农村教育水平。目前，湖南省的职业教育已经形成了以高职院校为主导的职业教育体系，这说明农村教育水平已经达到了一定程度，如表4.7、4.8、4.9所示。

表4.7　2007—2018年湖南省各级学校单位数　　　　　　单位：所

年份	普通高等学校	中等职业教育学校	技工学校	普通中学
2007	99	708	140	4 257
2008	100	687	144	4 129
2009	115	682	128	4 032
2010	117	626	129	3 933
2011	120	567	129	3 904
2012	106	525	129	3 885
2013	107	496	129	3 878

续表

年份	普通高等学校	中等职业教育学校	技工学校	普通中学
2014	109	501	129	3 894
2015	109	471	129	3 906
2016	109	460	130	3 901
2017	109	467	131	3 912
2018	109	472	133	3 957

数据来源:《湖南统计年鉴2019》

表4.8　2007—2018年各级学校招生数　　　　　　　　　　　　单位:人

年份	普通高等学校	中等职业教育学校	职业中学	技工学校	普通中学	高中	初中	普通小学	特殊教育学校	学前教育
2007	288 712	336 757	220 657	56 460	1 171 706	438 131	733 575	862 812	2 317	749 784
2008	307 575	280 488	200 876	61 200	1 111 499	392 351	719 148	847 528	2 443	825 608
2009	323 592	348 884	195 299	60 378	1 076 485	356 521	719 964	833 027	2 246	878 680
2010	309 776	302 889	173 050	59 516	1 104 881	370 508	734 373	863 796	2 174	1 001 644
2011	310 172	279 918		51 484	1 104 813	369 889	734 924	869 704	1 117	1 035 175
2012	324 526	253 092		46 643	1 112 562	370 069	742 493	880 773	1 132	1 082 809
2013	325 880	228 682		40 878	1 140 231	373 754	766 477	847 605	2 240	974 589
2014	344 724	227 065		37 444	1 110 833	365 462	745 371	813 950	2 924	1 061 997
2015	360 030	237 759		40 291	1 118 969	380 349	738 620	886 705	4 625	989 791
2016	376 279	251 324		47 606	1 174 079	393 932	780 147	899 873	5 446	937 912
2017	391 611	250 215		39 563	1 189 640	398 100	791 540	884 161	6 295	862 373
2018	416 228	229 118		38 271	1 249 577	406 744	842 633	930 488	4 730	785 219

数据来源:《湖南统计年鉴2019》

表4.9　湖南省在校学生数的基本情况　　　　　　　　　　　　单位:万人

年份	普通本专科	普通中等学校	普通中学	小学	每万人口在校大学生数/人
2007	89.05	83.10	354.31	444.84	130.9
2008	94.86	76.35	333.92	458.44	138.6
2009	101.38	80.87	320.78	469.15	146.9
2010	104.43	76.48	316.82	479.16	147.3
2011	106.79	77.88	317.72	490.32	161.9
2012	108.05	73.42	313.77	473.79	162.7

续表

年份	普通本专科	普通中等学校	普通中学	小学	每万人口在校大学生数/人
2013	110.08	65.07	318.39	467.81	210.6
2014	113.50	64.48	326.34	473.84	214.5
2015	117.98	64.80	329.85	488.86	221.4
2016	122.47	66.09	335.96	501.81	225.1
2017	127.32	68.65	344.26	511.66	238.8
2018	132.68	65.82	358.01	521.98	258.4

数据来源：《湖南统计年鉴2019》

第二，各级各类教育协调发展，人民群众教育获得感明显增强。

统筹推进各级各类教育协调发展。基于城乡义务教育一体化改革发展召开高规格现场推进会，全面部署实施十大专项规划。推进教育实事项目建设，建成农村公办幼儿园203所、义务教育标准化教学点1 335所。统筹部署"全面改薄"、农村学校"四改三化"、农村中职教育攻坚等工作，加快改善农村地区办学条件。加快发展现代职业教育，全省新增8个国家现代学徒制试点项目、24个国家示范专业点，订单式培养的人才占毕业生总数30%以上。推进高等教育内涵发展，全省高校新增一级学科博士学位授权点33个、专业学位博士点2个、ESI全球前1%学科3个；各大学入选国家"世界一流大学"建设计划3所；大学的12个学科入选"世界一流学科"建设计划4所。

教育发展水平总体稳步提高。截至2018年年底，湖南省各级各类学校27 257所，在校生1 078.49万人，在职教师94万余人，教育总规模排全国第七。各级各类教育发展水平均超过全国，学前三年毛入学率为81%，义务教育年平均巩固率为98%，高中毛入学率为91.5%，高等教育毛入学率为45.7%，分别比全国平均水平高1.44、4.2、3.2和0.58个百分点。与五年前相比，学前教育和高等教育的毛入学率大幅上升，从低于全国平均水平上升到高于全国平均水平。

人民群众受教育程度明显提高。实施义务教育免试就近入学制度，保障农民工子女接受教育权利，维护教育公平。全面取消普通高中招收择校生政策。深入实施"阳光高考"，不断规范高考加分政策，取消所有奖励类高考加分项目。继续扩大农村和贫困地区重点院校特殊教育项目招生规模，过去五年共招收2.4万名学生。从学前教育到研究生教育，学生资助已实现全面覆盖，五年来，共发放各类助学金197.1亿元，资助1 800万名学生。"一家一"助学就业同心温暖工程的实施为17 000名贫困学生提供职业教育和就业机会。大力推进高校毕业生自主就业和自主创业，高校毕业生就业率已连续七年超过全国平均水平。

4.2.2 职业教育助推乡村振兴战略的技术支撑助推情况

(1) 湖南省农村职业教育发展现状

湖南是中国现代教育的重要发祥地之一。农村职业教育是提高农村劳动力素质，扩大就业范围的有效途径。这也是现代农村地区满足教育需求的社会和经济发展的必要组成部分。改革开放以来，特别是进入21世纪以来，湖南省委、省政府对农村职业教育十分重视，突出并反映了农村职业教育在全省农村经济社会发展中的重要作用。湖南是典型的农业大省。虽然湖南农村人口逐年减少，但仍占总人口的一半以上。2016年为70.09%，远高于全国平均水平的42.65%。从农村劳动人口的角度来看，湖南与全国平均水平之间的差距更大。尽管有所下降，但自2011年以来已比全国平均水平高出20%以上。同时，尽管省委、省政府对此非常重视，但由于经济和历史条件，湖南的实力较弱，详情如表4.10所示。

表4.10 全国、湖南农村人口、农村从业人口比例表

年份	全国平均 农村人口/万人	全国平均 农村人口比例/%	湖南 农村人口/万人	湖南 农村人口比例/%	全国平均 农村从业人口/万人	全国平均 农村从业人口比例/%	湖南 农村从业人口/万人	湖南 农村从业人口比例/%
2016	58 973	42.65%	5 131	70.09%	36 175	46.62%	2 186.86	55.79%
2017	57 661	41.48%	4 849	66.46%	35 178	45.31%	2 023.99	53.03%

资料来源：湖南统计年鉴

从2007年到2017年，湖南农村职业教育学校、专职教师和学生的数量都呈下降趋势。存在着学校合并、学校升级等因素，但也反映了农村职业教育发展的不足。从毕业生人数和教育总支出来看，虽然有上升趋势，但相对较高水平的省份仍需大幅度提高。由于缺乏长期投资等原因，湖南农村职业教育基础仍然薄弱，高等职业教育整体规模相对较低，教育水平和人才培养质量不能满足农村社会经济发展的需要，如表4.11所示。

表4.11 湖南农村职业教育发展情况表

年份	学校数/所	专任教师数/人	在校生数/人	招生数/人	毕业生数/人
2007	708	30 628	830 646	336 757	256 378
2008	687	30 040	763 491	280 488	269 438
2009	682	29 514	808 731	348 884	273 181
2010	626	28 004	764 796	302 889	282 883
2011	567	27 977	778 750	279 918	225 490

续表

年份	学校数/所	专任教师数/人	在校生数/人	招生数/人	毕业生数/人
2012	525	27 293	734 242	253 092	251 480
2013	496	24 827	650 728	228 682	237 119
2014	501	25 106	644 812	227 065	205 099
2015	471	26 047	647 984	237 759	204 137
2016	460	25 620	660 925	201 324	199 567
2017	467	27 001	686 522	250 215	194 901

数据来源：湖南省统计年鉴

随着高等教育大众化的推进，湖南农村职业教育处于快速发展的黄金阶段。为贯彻落实党发展职业教育的政策，1998年，湖南省发布的《关于进一步改革和发展职业教育的意见》。文件指出，要求在现有资源的基础上，提高中等职业教育的教学质量和效益，推动职业教育更好、更快地发展，以后又发出了一系列调整中等教育结构、发展职业教育的指示。2004年，《中共湖南省委、湖南省人民政府关于进一步加强农村教育的决定》出台，在文件中指出，农村职业教育要以服务为宗旨，坚持为"三农"服务的发展方向，助力现代化新农村建设。2005年，《湖南省实施〈2003—2007年教育振兴行动计划〉的意见》出台，提出要积极实施职业教育培训创新工程，更好地适合全面建成小康社会对高素质劳动者的需求。2014年，湖南省抓住"一带一路"倡议的发展机遇，根据国家对构建现代职业教育体系提出的总体要求，出台了《湖南农村中等职业教育攻坚计划》，促进职业教育从"数量扩张"向"质量提升"的转变。

从办学水平看，湖南的农村职业教育主要分为三大类：初级、中级、高级。初等教育是最基本的培训方式，培训方式主要以职业高中教育和短期培训为主。中等教育则是以学院的形式存在的。高等教育是指本科以上的教育。目前，湖南农村的职业本科院校不足10所，在数量上严重缺乏，而且大部分本科院校都是由专科院校通过"专升本"的方式上升而来。当前农科专业在本科院校专业的重要性不强，有些只是对这些学校专业的补充。只有湖南农业大学和中南林业科技大学才是湖南省真正从事农业科研和教学的本科院校。由于高等农业教育资源的缺乏，农村高等职业教育对社会的拉动性不强，仅仅起着科研示范作用。高等职业技术学院在全省分布的范围广泛，学校和学生众多，能更好地满足区域经济发展对人才的实际需要，发挥人才培养和输送的主力军作用。高等职业学院是湖南农村职业教育和农业科技发展的坚实基础，也是推进农村职业教育的主要阵地，为农业技术推广应用提供技能型人才。但由于时间、教学条件、生源等方面的原因，农村职业教育依然是教育体系中比较薄弱的环节。

(2) 湖南省农业科学技术发展现状

中华人民共和国成立以来，教育部召开了全国中等职业技术教育会议，对中等职业教育采取以调整为主、有条件发展的方针。农村和农业科技发展发生了三个重大变化。第一是农业管理体制的转变。废除人民公社制度，实行家庭联产承包责任制，满足农民对土地的急切需求，调动群众对科技发展的需求和支持，促进科技有效、快速发展。第二个是转变农业发展方式。20世纪90年代初，在乡村振兴战略的指导下，积极优化农业发展方式，调整产业结构，开展"一业为主，多种经营"的经营模式。农村和农民也开始重视对高产值特色农产品的种植加工，提高产品的附加值。这一阶段通过利用育种技术，加快对新品种的培育，提高农作物的产量、品质和抗逆性，实现各种特色作物的规模化发展。第三个是改造农业生产技术。推动现代生物技术在全国的广泛应用，通过利用转基因、细胞融合、植物组织培养和繁殖等现代生物技术，推动农业高产、优质、高效发展。坚持"绿色"发展理念，加强生态农业、循环农业、特色农业、休闲农业的广泛建设，实现农业可持续发展。在这三次转变过程中，湖南省在农业技术水平、农村社会条件、农民收入这三方面取得了巨大成就。农村社会经济结构不断优化，农民消费水平不断上升，作物产量和品质取得质的飞跃，实现"十一连增"。但与其他发达省份相比仍然还存在较大的差距。农业发展缺乏内生动力，资源环境对农业的发展提出了巨大考验，农村和农业的发展道路还有很长。

4.2.3 职业教育助推乡村振兴战略的人才支撑助推情况

(1) 湖南省农村人力资源的具体规模及构成

根据第五次和第六次人口普查数据，湖南省农村人口中有2 961.3万劳动适龄人口（按国内标准计算），占农村人口总数的64.55%。农村劳动适龄人口的年龄构成具有中间大、两端小的特征。例如，将适龄人口划分为三个年龄阶段：16~29岁为青年阶段，30~44岁为中年阶段，45~59岁为老年阶段。其中，青年阶段占劳动适龄人口总数的35.93%，中年阶段占39.07%，老年阶段占25.00%。按农村劳动适龄人口性别划分，男性1 551.8万人，占52.40%；女性1 409.47万人，占47.60%，性别比为1.1∶1。

从当前农村家庭就业人员的年龄来看，平均年龄为37.16岁，其中男性年龄比女性年龄大一岁以上。从居民类型的角度来看，农业家庭的人力资源年龄显著高于非农业家庭，平均年龄高出约 1.5 岁，其中，纯农户家庭就业人员的年龄最高，平均年龄为 38.03 岁。随着农民家庭非农业化程度的提高，家庭职工的年龄呈下降趋势，纯农户家庭与非农户家庭就业年龄差异将会达到 2.5 岁左右。这次普查数据结果证实了从事农业人员趋向于老化的判断。从年龄分布的角度来看，大多数集中在 18～45 岁年龄阶段，该年龄段的就业人员比例达到 50.93%，其中 18～25 岁达到 15.04%，26～35 岁达到 20.23%，36～45 岁以上的就业人员占 15.66%。与此同时，可以看出农村仍有一定比例的未成年人加入了职工队伍，这些人的过早辍学必将对农村职工的整体素质产生影响。根据从业人员年龄类型分布来看，随着农民家庭非农化程度的提高，家庭中就业人员的年龄段分布已明显推后，即农业是农民就业的第一行业，农民只有经过一定的农业工作后才能进入非农业行列。

2017 年湖南省农村就业人口为 2 023.9 万人，比 1978 年增加 108.07 万人，年均增加 2.77 万人，就业人口占农村总人口的 41.73%，占农村劳动适龄人口的 84.62%。农村地区失业人数为 293 600 人，失业率为 1.16%。从就业人口的年龄构成可以看出，湖南省农村就业人口呈现中间大、两端小的特点。从就业人口的性别构成可以看出，湖南农村就业人口中男性比例高于女性，且男性比例随年龄增长而逐渐增加。

（2）湖南省农村人力资源的从业类别分布状况

从湖南农村就业人口的产业结构和职业构成来看，中共十六大中以农业为主导的产业构成格局没有改变。根据第五次人口普查数据，从三大行业的就业人口构成看，第一、二、三产业的就业人口构成分别为 89.88%、4.92% 和 5.20%。第三产业的工作人口主要集中于批发零售业、餐饮和交通运输业、仓储和邮电通信业等行业。从七大职业人口构成来看，2017 年湖南省农村人口从事农业、林业、畜牧业、渔业和水利生产的人数达到 2 253.4 万人，占农村就业总人口的 89.9%；从事生产、运输设备操作人员及相关人员占 5.18%，从事商业经营服务业人员占 2.53%，专业技术人员占 1.71%，国家机关、党和群众组织、企事业单位负责人占 0.28%，文员及相关人员占 0.28%，其他从业人员占 0.12%。

目前，农民家庭人力仍是以种植业为就业场所，以种植业为就业的家庭人力占 72.38%；从不同类型的农户角度来看，纯农户的人力主要集中于种植业，所占比例为 97.09%；尽管以农业为主的兼业户人力主体也分布在种植业中，但是，这一比例仅为 62.81%，比纯农户低 30 多个百分点，但这也是非农业产业和其他产业在此类农户就业的替代场所；以农业为主的兼业户的就业地点选择与一般农户一致，但其重要程度却大不相同。可以说，这类农户选择将就业重心转移到非农产品上，投入农业的比重仅为 42.82%；非农户就业人口已完全由农业转向非农业就业场所，例如工业、交通运输业、商业和饮食业等，如表 4.12 所示。

表 4.12 不同类型农村人力资源业别分布　　　　　　　　单位：人/户，%

项目	合计	农业户	其中			非农户
			纯农户	农兼户	兼农户	
从业人数	2.46	2.54	2.30	3.29	2.64	1.72
种植业	72.38	77.37	97.09	62.81	41.82	—
畜牧业	1.73	1.85	2.27	1.73	0.92	—
林业	0.11	0.11	0.14	0.11	0.06	—
渔业	0.03	0.03	0.03	0.03	0.02	—
工业	9.18	7.59	—	11.39	22.95	32.40
运输业	3.36	2.90	—	4.19	8.94	9.93
商饮业	3.65	2.26	—	3.88	6.36	23.94
其他业	9.56	7.89	0.47	15.85	18.93	33.72

数据来源：《中国农村统计年鉴》

4.2.4　职业教育助推乡村振兴战略的文化支撑助推情况

（1）湖南省农村文化发展现状

近年来，湖南省农村文化得到了极大的发展机遇，并取得了一定的成绩，形成了较好的发展态势。当前，农村公共文化服务体系已初步形成，文化活动日益丰富；文化服务网络也基本建立，同时其建设力度也在不断加强。省委、地方政府高度重视农村文化建设，在一定程度上为农村文化建设提供了有力保障，实现农村文化建设持续健康发展。通过湖南省文化厅和财政厅扶持和资金投入，湘南、湘西和湘东等地区已建成近千个乡镇文化站。

第一，农村文化建设投入太少，资金缺乏，文化设施普遍薄弱。

长期以来，重经济轻文化的现象导致文化投资普遍短缺，导致农村地区文化设施非常薄弱。许多博物馆以及其他设施和建筑正在严重老化，大多数不符合国家标准。甚至一些地区图书馆和其他建筑也没有建筑，而是通过借阅和其他方式工作。此外，一些县市的博物馆将使用古建筑作为其建筑，这带来了很大的安全风险，无法进行正常的展览和展示。博物馆的研究、教育和收藏功能基本丧失，更不用说保护地方文化艺术事业和文化遗产了。博物馆、文化馆、图书馆的运营资金严重不足，博物馆文物的调查、保护、展示和收藏费用严重不足。文化中心活动经费不足，图书馆图书费用也不足。农村文化建设所需资金远非政府投资。

许多文化站建于 20 世纪 80 年代，空间小，功能不全。关于文化设施的建设，不同地区之间的发展极不平衡。政府基本上没有将文化站活动所需的资金纳入财政预算，导致文化站资金极其紧张，许多文化站几乎陷入停顿。例如，真正的音像市场和图书市场正处于极其缓慢的发展过程中，而另外，低俗、庸俗和媚俗的文化产品正涌入农村。

第二，农村基层文化管理依然体现出体制不顺、机制不活。

首先，管理文化体系按照传统的管理模式进行运作。文化工作者缺乏活力，无法沟通，长期处于固定状态。由于文化站工作人员待遇问题难以解决，队伍稳定性存在隐患。同时，大多数乡镇政府事业单位只注重经济发展，往往忽视文化建设，导致大部分文化站工作人员转移到其他部门。在文化站工作人员的安排上，一些乡（镇）政府比较随意，普遍忽视专业对口、文化水平是否达标的问题。还有考虑到财政原因，部分乡（镇）大幅减少了文化站的支出，导致文化站无法正常运转。其次，许多农村（镇）文化站成为领导干部子女的"安置站"。不看专业、不看文凭、有"人脉"的人才可以进入，造成文化队伍发展不顺，整体素质不高。再次，培训制度还远远没有到位，后天也存在重大不足。由于缺乏对文化管理者进行相关的培训，即使进行了一些培训，也由于培训周期短、培训内容复杂，无法达到预期效果。最后，部分乡镇逐步取消文化站，取缔专职文化人员。尽管有些地方还有文化机构，但它们就像虚拟机构一样，不能真正发挥文化机构的作用，而且由于工资问题，文化站的工作人员也逐渐失去了工作的激情和信心。

第三，农民自办文化发展有待扶持，市场监管亟待加强。

由于政府文化站发挥的作用有限，目前引导农村文化只有一些结构松散，规模较小的单位，主要表现在以下几个方面。一是农村演出市场存在一些低俗、不健康的内容。比如在一些城乡结合的机构以及乡镇组织，部分文化产品和服务内容由于缺乏有效的市场监管，出现了低俗甚至是色情的演出，对于广大农村的文化安全和青少年的健康成长产生了负面的影响。二是音像市场发展相对缓慢，低俗、媚俗、庸俗的音像产品充斥着整个农村市场。随着信息化的飞速发展，互联网得到了很好的发展。在农村，一些年轻人上网需求旺盛，但大部分农村网吧都是无证黑网吧。为了自身的经济利益，图书、音像店经营盗版、色情等非法音像制品，这对农村文化的发展也十分不利。三是农村电影工作与农村群众需求差距较大。"十一五"期间，国务院对农村电影提出了刚性要求，即放映电影数量必须在 10 万部以上，但实际上只有 3 万部左右，这与农村群众对电影工作的需求相去甚远。同时，放映设备老化，放映人员老去，但一些较好的影片没有在农村放映，在一定程度上阻碍了电影产业的发展。四是全省文化基础设施薄弱，农村文化发展困难。因此，政府需要加大投入，出台一些优惠扶持政策。比如，政府鼓励自办文化的活动，减免各种税收，为活动提供一系列的帮助，为湖南农村文化发展创造良好的政策环境，加强市场监管。

第四，农村文化市场发育不够，农民文化生活单调。

目前，各类农村文化活动大部分分布在乡镇，在一些偏远地区，文化生活和服务难以开展。例如，在偏远的农村地区，许多村庄的广播早已停止。同时，由于缺乏资金，偏远农村地区的基础设施建设不够，还无法收看有线电视，导致政府难以全面系统地宣传农业科技知识，落实党的方针政策等，如表4.13所示。

表4.13 湖南省农民文化活动构成

文化项目	看电视	棋牌	读书看报	上网	听广播	看戏
比例	89.66%	48.45%	42.33%	39.26%	34.50%	29.93%

数据来源：湖南省国民经济和社会发展统计公报

(2) 湖南省农村文化建设现状

根据马斯洛的人类需求理论，人们对文化消费的需求是更高层次的需求。随着农村经济的不断发展，农民的收入水平和生活水平也在不断提高。人们有更多的时间和更好的条件去满足文化需求，文化消费需求在这个过程中迅速增长。例如，在湖南广大农村，越来越多的文化活动被农民接受。他们充分利用闲暇时间和节日举办灯会、文艺演出等活动，不断丰富传统节日的文化内涵，丰富生活的乐趣；或者支持一些喜欢某种形式的民间艺术或有一定经济实力的乡村建立一些适合自娱自乐的民间艺术项目，如业余剧团、唢呐队、打麻将、扭秧歌等，都在一定程度上弘扬了优秀的中华民族传统文化。这为发展和创建文明乡镇，引导广大农民正确科学地提倡文化，提高农民思想道德水平和科学文化素质，创造了良好的环境基础，极大地促进了社会和谐进步。

在推进湖南社会主义新农村建设的进程中，农村文化事业取得了一定成绩，主要体现在以下几个方面。首先，农村文化公共基础设施建设逐步得到改善。其次，农村文化活动逐渐增多。随着农村经济的逐步发展，农村居民的文化活动需求日益增强，农村的文化活动有所增加。再次，农村特色文化逐步得到保护。湖南省是一个多民族省份，有汉、土家、苗、瑶、回、维吾尔等50余个民族。各民族的风俗习惯各异，这也使得湖南省的民俗文化非常丰富。当然，从根本上来说，目前湖南农村文化依然是以政府投资进行的公共事业建设为主体，各级政府发展农村文化产业的意识薄弱，农村文化产业形态也未真正形成。而长期以来，各级政府一直存在着重经济建设轻文化建设、重城市文化建设轻农村文化建设的现象。因此，湖南农村文化事业的建设，也面临许多困难。各级政府、特别是基层政府关于领导干部的考核中没有将文化事业建设和发展业绩列入考核内容，缺少硬性的文化考核机制，因此农村文化事业的建设和发展往往是"说起来重要，做起来次要，要花钱时不要"，缺乏长效的运行机制和保障机制，没有摆正农村文化事业建设工作的位置。

农村文化产业尚处于起步阶段，农村文化中的许多现象已呈现出文化产业发展的性质和特征，具体体现在以下几个方面。一是农村营利性文化团体越来越多。经实地调查表明，随着经济的发展农村居民对文化的需求日新月异，许多营利性的文化团体由此而生，并逐渐走向市场。二是农村文化娱乐休闲场所相继出现。农村居民文化需求水平不断提高，需求日益多样化。一些文化娱乐休闲场所逐渐兴起。三是民俗文化逐渐转变为农村经济增长点。令人欣喜的是，在一些民俗文化丰富的地区，民俗文化正逐渐成为农村经济的增长点。四是农村文化市场逐步形成。

4.3 新时代职业教育助推乡村振兴战略支撑助推体系实现路径

4.3.1 构建职业教育助推乡村振兴战略的产业支撑助推体系

（1）职业教育发展助推乡村振兴战略的产业支撑的重要性

产业兴旺是新时代背景下乡村产业迈向高质量转变的必然要求，党的十九大报告提出乡村振兴战略时明确规定"产业兴旺"新目标，这也是我国农业农村发展逐步成熟所面临的新要求。

第一，产业支撑是助推乡村振兴战略的基础。

乡村振兴战略即代表国民对乡村生活品质的更高要求，乡村振兴战略的重要部分就是产业振兴。乡村振兴战略的主要目标就是从根本上解决农民就业和农业发展的问题，保证农民能够可持续性发展。这一重大目标的实现取决于地方产业体系的支撑和经济水平的发展。而产业的振兴是乡村振兴战略的基础，产业的振兴为乡村振兴战略汇聚人才队伍和人力资源，给农村地区带来可持续的收入来源，为乡村振兴战略奠定坚实的经济基础，最终实现农村社会的快速发展和整体进步。

第二，产业兴旺是促进经济发展的有机构成。

当前，我国正处于决胜小康社会的关键时期，十九大报告中"贯彻新发展理念，建设现代经济体系"也对乡村振兴战略进行部署。这意味着乡村振兴战略是建设现代化经济体系的重要路径，经济建设要着重构建实体经济、科技创新、现代金融、人力资源协同发展的产业体系。乡村产业作为实体经济的一部分，有利于协同多元发展并构成现代化经济体系基础，实现乡村产业兴旺。

第三，职业教育是现代农业生产技术的载体。

职业教育能够为乡村振兴战略的实施提供高素质的技能型人才，强化创新能力与成果转换能力，打造现代化农业生产力的桥梁，促进新型职业农民工作质量水平。乡村振兴战略实施，必须加快发展优质农田、现代高效林业、现代养殖业，而要加快发展现代化农业技术，就必须要依托职业院校来开展技术培训以及配套服务。

(2) 职业教育发展助推乡村振兴战略的产业支撑的因素

现代化经济体系的建设中，乡村产业是不可或缺的部分。全面促进职业教育助推乡村振兴战略，了解乡村产业发展方向，有利于充分发挥乡村产业在国民经济建设中的积极效应。

第一，产业兴旺是助推乡村振兴战略的基础。

乡村振兴战略的首要要求就是产业兴旺，把农村生产力放在突出位置，紧密围绕产业兴旺下功夫。坚持"质量兴农、效益优先、绿色导向"三原则，在休闲农业、乡村旅游业、乡土特色产业等方面，培育农村发展新动能，有利于为乡村发展带来一定的收入来源，提高农民收入，加快缩短城乡居民收入差距。因此，大力发展农业产业，才能为农民收入提供可持续增长的保证。

第二，职业教育是助推乡村振兴战略的动力。

产业兴旺是乡村振兴战略的重要保证，职业教育为乡村振兴战略凝聚人才。产业兴旺能够创造更多的就业机会与岗位，职业教育能够培育优秀的人才队伍和人力资源。只有培养一批懂技术、懂经营的新型农业人才，才能有效提高农村经济实力，为乡村发展注入新活力，构建乡村振兴战略的内生动力以及可持续发展性。

第三，产业提质是助推乡村振兴战略的衔接。

职业教育助推农业供给侧结构性改革，推向质量兴农之路。坚持质量兴农战略，推进农业由增产重心转为提质重心，务实农业生产力基础。以职业教育为导向，结合"互联网+现代农业"，培育出新型农业技术人才，有利于促进农户与现代农业发展的有机衔接，提高农业创新力、竞争力，加快农业大国向农业强国的转型之路。

4.3.2 构建职业教育助推乡村振兴战略的技术支撑助推体系

(1) 职业教育发展助推乡村振兴战略的技术支撑重要性

党的十九大报告提出实施乡村振兴战略，具有重大的历史性、理论性和实践性意义。从发展角度看，是在新的阶段上回顾以往，翘首未来，稳步发展乡村振兴战略技术支撑，为农村农业农民的振兴提出了新要求，明确了新思路，规划了新蓝图。

第一，职业教育发展助推乡村振兴战略技术支撑的深度和宽度。

新时期规划实行职业教育助推乡村振兴战略技术支撑发展，必须对新时代我国存在的社会主要矛盾转变在农业农村农民中的具体表现进行全面的、深入的、系统的总结和分析。从各区域深入解析，要高瞻远瞩、统揽全局，将地区技术环境资源创新发展理念融入部门技术发展实际当中，统筹兼顾各方面要素，长远规划，稳步发展，深入贯彻落实职业教育助推乡村技术振兴发展战略。核心是要变更发展观念，重点是要确认目标定位、实施错位竞争、突出区域特色。要创新发展方式，打破短板因素束缚，抓好农村农业技术发展与职业教育创新发展配套建设，不断提高乡村技术发展新活力。

第二，职业教育发展助推乡村振兴战略技术支撑的跨度和实度。

深入发展职业教育助推乡村振兴战略技术支撑，要高瞻远瞩，能统筹兼顾，实行问题导向，因势利导推进乡村技术转型发展，引入先进技术生产力要素，面向国民经济各行业各部门生产服务一线，培育应用型技术和技能型人才并推动全体劳动者可持续性发展的教育类型。发挥职业教育在乡村振兴战略技术支撑建设中的重要作用，克服乡村体系中内外技术要素、自主创新要素以及可持续发展要素的局部欠缺，突破历史形成的农村农业农民低水平发展的均衡状态，着力加强新型职业教育助推乡村振兴技术核心建设，形成有点有面、有中心有圈层、有重点有拓展的新格局。

（2）职业教育发展助推乡村振兴战略的技术支撑的因素

乡村振兴战略是一个体系工程，不仅是国民经济的振兴，也是技术技艺、文化环境和国民素养提升的振兴。职业教育要立足科学研究、技术创新支撑培养，自主担责、自主融入、自主升级，为推动乡村技术振兴发展提供高素质技术技艺支撑、高要求人才智力保障。

第一，机制创新路径推进职业教育农村技术振兴。

乡村发展活力的关键点是体系机制，不断创新发展体系机制，农村农业农民才会不断迸发新活力。全面深入职业教育发展助推乡村技术创新改革，全面激活市场、各体系机制要素和主体，完善乡村技术化服务体系机制，打通技术创新发展渠道，推动各类主体有序发展，深化农村技术创新建设制度改革，技术要素流通制度体系，为推进农村技术化经营和农业技术可持续发展的各类主体提供稳定预期，激发乡村发展新活力。

第二，产业发展路径推进职业教育农村技术振兴。

职业教育助推乡村振兴战略技术支撑归根究底是发展问题，乡村振兴技术支撑的根源是产业兴旺，明确乡村技术产业发展策略应用因地制宜的方法。凭借乡村的资源优势、地理优势和发展过程中累积的其他优势，确定主导技术产业，形成能够充分利用自身资源并符合市场需要的产业结构。推进乡村供给侧结构性改革，构建现代化乡村产业体系、生产体系、经营体系和服务体系，发展多样化、多结构、多形式适度规模经营，培育新型乡村经营主体，完善乡村社会化、产业化服务体系，全面推进乡村现代化进程。

4.3.3 构建职业教育助推乡村振兴战略的人才支撑助推体系

（1）职业教育发展助推乡村振兴战略的人才支撑重要性

习近平总书记在党的十九大报告中指出，要坚持党管人才原则，聚天下英才而用之，加快建设人才强国；建设知识型、技能型、创新型劳动者大军；组建一支具备高水准的战略科技人才、科技尖端人才与青年科技人才和国际水平创新型团队人才振兴战略，为实现乡村振兴提供重要的保障。

第一，人才支撑是乡村振兴战略的根本。

乡村振兴是不断提高村民在产业发展中的参与度和受益面，彻底解决农村产业和农民就业问题，确保当地群众长期稳定增收、安居乐业。人才振兴是乡村振兴的根本，人才振兴是乡村振兴的第一资源，很大程度上决定着乡村振兴的发展方向。

第二，人才振兴是乡村振兴的中坚力量。

人才振兴是解决乡村振兴的有效渠道，各类新型职业农业人员在构建现代农业产业体系、生产体系、经营体系与推动农村产业融合发展方面，提供了人才的引领与支撑精确判断出农业发展方向，加快实现我国农业现代化。

第三，职业教育为振兴乡村人才注入新活力。

职业教育能够为乡村振兴的实施提供高素质的技能型人才，强化创新能力与成果转换能力，打造现代化农业生产力的桥梁，促进新型职业农民工作质量水平的提升。乡村振兴、人才振兴必须提升农业人员的素质与文化，创新与经营的理念要为实现乡村振兴的战略注入新活力。

（2）职业教育发展助推乡村振兴战略的人才支撑的因素

第一，人才支撑是助推乡村振兴的基础。

人才振兴是乡村振兴的首要资源，将农业人才现代化，紧紧围绕实施乡村振兴战略，坚定不移地实施人才强农的战略，坚持"高端引领，分类开发，示范先行，整体推进"的原则，在农村教育、医疗、文化公共服务事业等方面，培育农业创新型人才，有利于农村产业、技术的可持续性发展。

第二，职业教育是助推乡村振兴的动力。

人才振兴是乡村振兴的"敲门砖"，职业教育为乡村振兴集中力量。人才振兴就是培养造就一大批符合时代要求、具有引领和带动作用、规模宏大、结构合理、素质优良的农业农村人才队伍，为农村新产业新业态注入新活力，加速第一、第二、第三产业融合，使农村的产业丰富化、高产化，使技术高效化、高端化。

第三，人才体制是助推乡村振兴的策略。

人才振兴是乡村振兴的决定因素，人才振兴表现在人才体制机制上。因此，实施乡村振兴战略必须大力推进体制机制创新，强化乡村人才振兴制度改革，发展农村职业教育，加快农村各类人才和高素质劳动者的供给。因此，必须把改革发展农村职业教育作为实施乡村振兴战略的重要因素。

4.3.4 构建职业教育助推乡村振兴战略的文化支撑助推体系

（1）职业教育发展助推乡村振兴战略的文化支撑重要性

第一，职业教育是助推乡村文化振兴的重要动力。

在当前全球化、市场化、信息化的社会背景下，决定优胜劣汰的竞争性要素已经发生重大变化，知识性、技能性、创新性要素成为重要的甚至是决定性力量。乡村经济要发展，乡村文化产业要兴旺，就必须提升农民的科学文化素养，结合职业教育培养培育知识型、技能型、创新型农民，增强农民的市场竞争能力。同时，立足于乡村文化传统的视角，探索具有中国乡村特色、乡村属性、乡村风格的经济发展方式，推进农村地区职业教育发展，建设服务当地优势特色产业的学科专业，为乡村文化的繁荣发展提供重要动力和持续动能。

第二，职业教育是助推乡村文化振兴重要支撑。

职业教育课程教学中巧妙地将乡村文化特色融入学生思想体系，对于构建乡风文明的乡村共同体，传承村落本身的特色文化属性，家风、民风、村风传统和道德伦理习俗，建设利于生态循环、生态保护、生态友好型的产业体系有着不可或缺的助推作用。乡村职业教育的发展提升了农民的民主素养、治理能力、法治水平和道德水准，为实现乡村有效治理，切实推进乡村自治、法治、德治提供了新型社会导向。行业企业与贫困地区职业院校开展校企合作，构建职业教育多元办学格局为乡村振兴战略繁荣发展提供坚实基础和内在支持。

（2）职业教育发展助推乡村振兴战略的文化支撑的因素

第一，职业教育是乡村振兴战略的智力支持。

乡村文化教育复兴是乡村振兴战略的重要内容，也是乡村振兴战略的基础保障。中央农村工作会议强调优先发展农村教育事业。乡村迫切需要完善新型农民教育体系，创新农民教育内容和方式，重视乡村师资队伍建设和教育条件改善。只有发展好乡村文化教育，才能培养出大批懂农业、爱农民、爱农村的三农人才，乡村振兴战略才能获得可持续发展的动力。

第二，文化发展是乡村振兴战略的精神支柱。

乡村文化的繁荣发展，能有效提高农民生产生活价值，推进农民精气神，强化农民思想境界，实现中国农民的品格重造和中国农村的稳步发展。推动实现产业兴旺、生态宜居、乡风文明、治理有效、生活富裕的总目标，实现乡村经济全面发展。现代职业教育与乡村文化的紧密结合为乡村振兴战略提供了发展路径，进一步加快推进农业农村现代化。

5 新时代职业教育助推乡村振兴战略精准助推体系研究

《湖南省建设教育强省规划纲要（2010—2020）》提出了"到2020年，全省教育发展水平和综合实力进入全国先进行列，基本形成完备的现代教育体系和教育发展支撑体系，基本实现教育现代化，基本建成教育强省，基本建成学习型社会和人力资源强省"的目标要求，为加快发展职业教育，有效服务区域经济发展，抓住湖南省"一带一路"倡议重大机遇，对推进乡村振兴有重要的现实和历史意义。因此，本章以湖南省职业教育与乡村振兴战略为载体，重点调查湖南省职业教育与乡村振兴战略的发展状况，研究新时代职业教育助推乡村振兴战略的现实背景，构建精准招生、精准资助、精准教学、精准就业的"四位一体"的精准助推体系。

5.1 新时代职业教育助推乡村振兴战略的精准招生研究

5.1.1 新时代职业教育助推乡村振兴战略的精准招生的现状分析

通过对表5.1、5.2、5.3的分析得出湖南省对教育越来越重视，典型代表为学前教育，学校由2007年的4 751所增长到2017年的14 670所，这表明家长对幼儿的教育越来越重视。而国家对生育的控制使得普通小学学校减少，由2007年的14 677所减少为2017年的7 757所。中等职业教育学校不断减少，2007年的708所到2017年的467所，教育程度的提高影响到学生受教育程度。学生更倾向于普高，这也带动了高等教育的发展。

表5.1　各级学校单位数　　　　　　　　　　　　单位：所

年份	普通高等学校	中等职业教育学校	职业中学	技工学校	普通中学	普通小学	特殊教育学校	学前教育
2007	99	708	534	140	4 257	14 677	51	4 751
2008	100	687	539	144	4 129	13 929	50	5 516
2009	115	682	533	128	4 032	13 263	51	6 453
2010	117	626	486	129	3 933	12 692	54	7 829
2011	120	567		129	3 904	10 824	58	9 488

续表

年份	普通高等学校	中等职业教育学校	职业中学	技工学校	普通中学	普通小学	特殊教育学校	学前教育
2012	106	525		129	3 885	10 165	61	11 030
2013	107	496		129	3 878	9 270	69	12 236
2014	109	501		129	3 894	8 560	76	12 935
2015	109	471		129	3 906	8 412	78	13 944
2016	109	460		130	3 901	8 272	79	14 365
2017	109	467		131	3 912	7 757	79	14 670

数据来源：湖南统计年鉴

表 5.2　2007—2017 年各级学校招生数　　　　　　　　　　　单位：人

年份	普通高等学校	中等职业教育学校	职业中学	技工学校	普通中学		普通小学	特殊教育学校	学前教育
					高中	初中			
2007	288 712	336 757	220 657	56 460	1 171 706	438 131	733 575	862 812	2 317	749 784
2008	307 575	280 488	200 876	61 200	1 111 499	392 351	719 148	847 528	2 443	825 608
2009	323 592	348 884	195 299	60 378	1 076 485	356 521	719 964	833 027	2 246	878 680
2010	309 776	302 889	173 050	59 516	1 104 881	370 508	734 373	863 796	2 174	1 001 644
2011	310 172	279 918		51 484	1 104 813	369 889	734 924	869 704	1 117	1 035 175
2012	324 526	253 092		46 643	1 112 562	370 069	742 493	880 773	1 132	1 082 809
2013	325 880	228 682		40 878	1 140 231	373 754	766 477	847 605	2 240	974 589
2014	344 724	227 065		374 44	1 110 833	365 462	745 362	813 950	2 924	1 061 997
2015	360 030	237 759		40 291	1 118 969	380 349	738 620	886 705	4 625	989 791
2016	376 279	251 324		47 606	1 174 079	393 932	780 147	899 873	5 446	937 912
2017	391 611	250 215		39 563	1 189 640	398 100	791 540	884 161	6 295	862 373

数据来源：湖南统计年鉴

表 5.3　2007—2017 年各级学校教职工数　　　　　　　　　　单位：人

年份	普通高等学校	中等职业教育学校	职业中学	技工学校	普通中学	普通小学	特殊教育学校	学前教育
2007	90 417	46 733	33 309	8 669	294 108	264 623	1 314	49 181
2008	93 303	45 475	32 686	9 217	288 168	265 680	1 338	58 230
2009	94 428	44 459	32 023	9 394	285 576	266 878	1 397	69 731
2010	94 871	41 822	29 926	10 074	281 722	266 854	1 531	88 538
2011	95 652	40 070		11 097	312 162	235 773	1 656	107 361

续表

年份	普通高等学校	中等职业教育学校	职业中学	技工学校	普通中学	普通小学	特殊教育学校	学前教育
2012	96 322	38 410		11 552	309 794	231 358	1 673	126 187
2013	96 915	33 342		11 820	301 044	226 699	1 733	143 739
2014	97 652	33 272		11 229	301 432	226 307	1 826	157 461
2015	98 746	34 134		10 946	302 504	226 087	1 936	175 737
2016	100 543	33 290		11 056	304 863	227 973	2 016	195 150
2017	102 318	34 447		11 128	313 347	235 374	2 258	212 635

数据来源：湖南统计年鉴

5.1.2 新时代职业教育助推乡村振兴战略的精准招生的内涵研究

（1）大类招生

按照大类招生就是高校按院系或学科大类招生，而不是按照具体专业招生，是高校根据我国教育教学的发展状况做出的教学改革，是一次涉及人才培养模式、课程体系和教学方法等各方面的深刻改革，也是高校进行内涵建设和人才培养的重要措施。一般招生政策遵循"厚基础、宽口径"的原则。厚基础就是加强人格素质和工作专业能力。所谓宽口径，是指根据人才培养的目标要求，以市场需求为导向，根据当地和产业经济结构变化，以支柱产业和高新技术产业发展为重点，突破单一学科设置模式，实行专业招生、小专业（专业化）教学，灵活设置专业方向。

（2）对口招生

对口高考的标准表述是普通高校的自主招生考试。所谓"单招"，是国家有目的、有系统地从职业中学毕业生中招收大学生，以满足职业中学毕业生升学的要求而采取的一项特殊措施。也是国家为大力发展职业教育，贯彻落实科学发展观，坚持就业导向，促进教育公平，突出以人为本，改革评价体系，完善职业教育体系而建立的考试制度。更是推进办学集团化，培养高技能人才，促进职业教育健康可持续发展，形成特色的职业教育体系。高考招生对象仅限于高职毕业生。这一举措始于20世纪80年代末，由于少而鲜为人知。近年来，招生计划增长迅速。单独招生的大学新生性质相同，按专业同班就读，毕业后待遇相同。

（3）单独招生

为进一步完善中国特色高等职业教育体系和多元化的高等教育选拔录取机制，教育部贯彻落实《教育部财政部关于实施全国示范性高等教育的意见》

文件精神《加快高等职业教育改革和发展的高职院校建设规划》（高职高教〔2006〕14号），积极探索和引导高中毕业生和中职毕业生进入高等职业学校学习，决定由高职院校组织命题、考试、评卷，划定最低录取控制分数线，确定录取名单，高考前直接报省教育考试院审批备案。这种招生形式在高职院校被称为"自主招生"。参加自主招生考试的考生与参加高考的考生享受同等待遇。

5.1.3 新时代职业教育助推乡村振兴战略的精准招生的内容

（1）职业教育助推乡村振兴战略的精准招生的因素分析

第一，教育投资回报因素。

对于农村居民来说，是否接受职业教育是一种投资选择。农村居民是非常现实的，他们的活动是相对理性的。投资回报率是影响经济行为和选择的最根本因素。作为一个理性的经济人，农村居民在送子女接受教育之前，必须考虑投资回报率。当教育投资收益不足以补偿教育投资成本时，教育激励机制就会失去作用，最终影响居民家庭和个人的教育投资意愿。根据英国教育经济学家萨卡罗普洛斯的研究成果，教育投资回报率有一个共同规律：投资回报率呈倒U形曲线，即初等教育投资回报率先呈下降趋势，后呈上升趋势。我国的高等教育投资回报率较高，中等职业教育和高等职业教育投资回报率较低，高等教育投资回报率上升，教育投资回报率偏高，中间偏低。考虑到现实情况，理性的个体在选择接受教育时，主要把个人价值的实现放在首位，但同时又不局限于个人利益，往往会考虑到社会价值的实现。然而，从实际情况看，接受高等教育的农民子女可以实现"跃进农业之门"的目标，实现"学而为官"的目标，而职业教育属于技能培训。基本的听、说、读、写都可以通过基础教育获得，而传统的农业生产知识和经验可以在农业生产实践中探索。同时，接受这种教育并不能获得更多进入高等教育的机会。因此，农村职业教育作为一个教育阶段，在劳动效率、家庭收入、个人价值实现和社会理想等方面不会起到不可或缺的作用。因此，农村职业教育投资回报率低是影响湖南省农村职业教育需求的主要原因，并导致农村职业教育学生的困境。

第二，政府财政投入能力因素。

我国的教育投入经费基本上由国家、社会和家庭（个人）三大主体承担。其中，由于社会投资办学的一般机制尚未形成，教育投资在我国社会中的比重最小，教育主要依靠国家和家庭（个人）的投资。为了降低农村职业教育成本，提高农村居民家庭职业教育的投资回报率，政府给予了越来越多的支持。目前，湖南省委、省政府印发了《湖南省保障和改善民生工作实施纲要（2011—2015年）》，明确提出鼓励社会资本投资，同时强化各级政府教育保障责任，加大教育投入，有序开展免费职业教育。

然而，虽然政府加大了财政支持力度，但并没有从根本上解决职业教育投资回报率低的问题。农村居民送孩子上职业教育，还要承担更高的成本，包括显性成本和隐性成本：一方面，学生家庭还要承担更高的生活成本、学习杂费等显性成本；另一方面，学生的隐性成本也不容忽视，主要包括接受普通高中和接受职业教育失去的高等教育机会、接受职业教育失去就业机会的机会成本等。因此，政府对免学费的财政支持仍然有限，职业教育仍然摆脱不了低回报和低投资回报率的"双重困境"，职业教育学生的困境也无法从根本上得到解决。此外，公共财政教育经费对职业教育的投入有限，这也体现在政府教育经费的分配比例上，职业教育经费比重明显偏低，且逐年下降。

第三，农村市场对高职人才需求因素。

传统农业生产对农村劳动力需求不高。她们大多可以通过父母在农业生产实践中的"帮扶、传承、采取"形式，将简单的农业生产技能传授给妇女，因此不需要专门的农业技术教育。同时，传统农业生产是一种粗放型的农业生产方式，主要局限于简单的农业生产环节，对农产品的储存、加工、运输、包装和销售要求不太高，不需要复杂的技术。与传统农业生产不同，农业产业化是现代农业发展的重要趋势，是以优势为基础、面向市场、依靠科技进步的大规模经营模式。农业产业化以"龙头"企业为指导，强调农业产业的专业化管理，强调"三农"结合，强调"产、供、销"协调，强调现代企业管理对整个产业链的管理。因此，这种以现代企业为载体、以现代技术为支撑、以现代管理为保障的农业产业化生产模式，在人才需求特征上发生了巨大变化：不仅生产环节需要大量的专业技术人才，而且在加工、仓储、包装、销售等方面也需要大量的实用技术人才。因此，农村职业教育对人才培养的数量、类型、规格提出了更高的质量要求和数量要求。但是，从湖南省农业发展现状来看，虽然近年来农业机械化程度有了明显提高，但农业产业化程度仍然很低，形成了包括农业生产、加工、仓储在内的成熟产业链。在一些地区，特别是边远山区，农业生产几乎停留在原始的、传统的农业生产状态，降低了农村劳动力对就业、创业空间、现代农业技术和管理经验的需求，从而限制了农村职业教育的需求，影响了农村职业教育的发展。

第四，农村居民投资能力和意愿因素。

我国是一个财力非常有限的发展中国家，在教育投资方面主要依靠家庭收入状况，这也影响着农村居民家庭职业教育投资能力。近年来，在党和政府一系列优惠政策的实施下，农村居民家庭收入有了很大提高，城乡居民收入差距不断缩小。但客观地讲，农村居民家庭收入仍然很低，城乡居民家庭收入差距仍然较大。以2010年统计数据为例，湖南省农村居民人均纯收入虽然达到5 622元，但城乡收入差距仍高达2.95∶1。特别是受2008年金融危机、2011年欧债危机以及国家从紧的货币政策和房地产调控政策的影响，我国大量沿海企业破产倒闭，这使得大量缺乏技能的农民工失业，家庭经济收入减少，甚至无法为子女提供继续教育。同时，大量农村职业学生就业困难，在一定程度上影响了部分家长送子女接受职业教育的意愿，影响了居民家庭投资农村职业教育的积极性。此外，农村社会的共同文化传统，如"学以致用，然后负责"等，都非常重视文化和科学，而忽视技能，使社会不重视（甚至轻视）职业教育，特别是农村职业教育。记者采访部分农民发现，约50%的家长不愿意送孩子上职业教育，有的家长一听到"农村职业教育"就摇头，这说明他们对职业教育，特别是农村职业教育有强烈的排斥感。由此可见，农村居民的家庭因素，包括家庭收入因素和传统文化观念，是形成农村职业教育学生困境、影响农村职业教育发展的重要因素。

(2) 职业教育助推乡村振兴战略的精准招生的应然选择

第一，转变观念，消除对中职教育的偏见。

地方政府要重视发展农村中等职业教育，提高中等职业学校升学比例，让中等职业学校毕业生成为高等职业学校招生的主体，把中等职业教育作为一个环节，综合考虑到高等职业教育、三本学科教育、专业硕士教育中去，建立有效的招生衔接机制。作为政策制定者，政府应引导社会和个人转变轻视职业教育的观念，将农村中等职业教育纳入经济统筹，呼吁社会各界支持中等职业教育，为农村中等职业教育的发展营造良好的社会氛围。重点召开职业教育工作会议，出台明确规定和文件，加强中等职业教育特别是农村中等职业教育建设。把发展农村中等职业教育与农业产业化、现代化建设、新农村建设、地方产业结构升级改造联系起来，充分认识到农村中等职业教育是农村教育与经济的最佳结合点。

第二，建立中职教育与就业市场的有效衔接机制。

农村中等职业学校首先要结合本地区经济发展情况设置专业，增设产业发展急需、就业前景好的专业，以市场需求为职业学校追求，以人才和市场为导向。二是围绕地方经济建设和社会发展战略，以当地自然资源优势为立足点，深入融入产业链特色专业群，与现代农业、现代制造业、现代服务业、战略性新兴产业相衔接建设一批特色专业，把学生就业问题与当地经济建设和发展结合起来。

第三，建立对中等职业教育多元投入体系。

中等职业教育也是一种准公共产品，社会和国家是中等职业教育的主要受益者。因此，政府应担任中等职业教育的投资主体，社会、企业和个人应共同参与。政府加强农村中等职业教育免费政策的实施，对低收入农民家庭学生免收中等职业教育学费；对成绩突出的特殊困难学生给予生活补助；对初中毕业未入学的学生,落实农村中等职业教育义务,将中等职业义务教育全部纳入中等职业教育范围,不得终身失学。政府可以将企业承担的职业学校实习经费视为企业的自然损失,免税,鼓励企业举办职业教育;鼓励知名企业、社会团体,通过政府或社会中介机构支持和捐赠农村中等职业教育;发行职业教育彩票,拓宽农村职业教育经费筹措渠道。同时,国家还应实施减免教育费附加等优惠政策,调动大中型企业和团体接受职业教育的积极性,或采取与职业学校联合办学的形式。

第四,将农村成人教育与继续教育纳入中职教育范畴。

从职业教育分类的角度看,可以将农村中等职业教育的范围扩大到农村成人教育和职业培训,或者在国家尚未实施九年义务教育之前,部分农民工子女不得不辍学参加生产活动,小学毕业后未进入初中、初中毕业未进入高中(含中等职业学校)的学生,约有一半直接加入社会劳动行列。经过九年义务教育,小学辍学人数明显减少。不过,初中毕业生不上学的人数仍在1 000万左右。因此,职业教育发展滞后,积累了大量未受过职业教育的低技能劳动力。为了获得这种教育,一些农村劳动者必须参加非正式的技能资格证书培训。如果将这部分学生分批纳入农村中等职业教育范围,不仅可以实现职业教育资源的集约利用,有效整合社会学校资源,还可以扩大学生规模,解决职业学校生源不足的问题,大大提高农村劳动力的技能素质。

5.2 新时代职业教育助推乡村振兴战略的精准资助研究

5.2.1 新时代职业教育助推乡村振兴战略的精准资助的现状分析

(1) 湖南省教育资本投资的现状分析

教育规划是城市化建设规划的重要组成部分,应同时进行。教育投资是知识发展和教育发展的经济基础,它是社会进步的重要因素,关系到现代化建设的成败。从长远来看,教育投资是最有效的投资。从表5.4中可以看出,一是湖南省专任教师人数在2007年有586 824人,到2017年增长到610 532人,其中普通高等学校的专任教师人数增加了15 498人,普通中等学校专任教师减少了3 627人,普通中学专任教师减少了4 056人,小学专任教师人数增加了15 893人。二是湖南省在校学生的数量不断上升,从2007年在校学生数量971.30万人上升到2017年最高人数1 051.89万人,这体现出了我国开放人口政策的效果。三是我国大学生在校数量由2007年的130.9万人增长到2017年的238.8万人,说明湖南省越来越重视高等教育的发展。

表 5.4　湖南省 2007—2017 年教育投入汇总表

年份	专任教师数/人				在校学生数/万人				在校大学生数/万人
	普通高等学校	普通中等学校	普通中学	小学	普通本专科	普通中等学校	普通中学	小学	
2007	54 751	30 628	251 451	249 994	89.05	83.10	354.31	444.84	130.9
2008	57 651	30 040	246 257	250 229	94.86	76.35	333.92	458.44	138.6
2009	58 846	29 514	243 831	250 365	101.38	80.87	320.78	469.15	146.9
2010	59 557	28 004	240 494	250 039	104.43	76.48	316.82	479.16	147.3
2011	61 156	27 977	268 602	222 630	106.79	77.88	317.72	490.32	161.9
2012	62 541	27 293	238 277	246 859	108.05	73.42	313.77	473.79	162.7
2013	63 869	24 827	236 461	246 273	110.08	65.07	318.39	467.81	210.6
2014	64 919	25 106	238 543	248 118	113.50	64.48	326.34	473.84	214.5
2015	66 615	26 047	238 254	226 087	117.98	64.80	329.85	488.86	221.4
2016	68 726	25 620	241 585	253 718	122.47	66.09	335.96	501.81	225.1
2017	70 249	27 001	247 395	265 887	127.32	68.65	344.26	511.66	238.8

数据来源：湖南统计年鉴

（2）我国教育资本投资的现状分析

知识和科学技术已成为推动经济快速发展的巨大车轮。中国坚持教育优先，建设人才强国。从教育投资规模上，教育投资不断增多，2016 年达到 3 888.3 亿元，全国财政性教育经费占国内生产总值的比重超过 4%，是我国教育发展进程中具有里程碑意义的成就。我国教育达到了《教育法》规定的"三个增长"，即与当年财政收入相比，生均预算内教育支出和生均预算内公共支出均实现了同比增长。从教育投资主体看，教育部发布《国家中长期教育改革和发展规划纲要（2010—2020 年）》，明确指出各级政府要积极鼓励产业、企业等社会力量投资教育，促进教育经费多元化，充分调动全社会办学积极性。目前，我国以政府投资为主体，民办教育投资为重要补充，其中家庭教育投资和民办教育赞助投资发展势头良好。从教育投入水平看，义务教育投入逐年增加。2016 年度义务教育投资占教育总投资的比重达到 44.92%，表明政府高度重视基础教育发展，从根本上提高了劳动者素质。高等教育投资比例位居第二，达到 26.04%，表明政府高度重视高素质人才的培养。我国教育事业虽然发展良好，但也存在一些问题。

第一，教育投入规模较小。

中国要走科技创新和人才强国之路,首先要大力发展教育,培养人才,为国家的长远发展打好基础,为科技创新打下基础。如图5.1所示,1993年至2016年,我国教育经费和全国财政性教育经费逐年增加。2000年教育经费约为3 849亿元,全国财政性教育经费约为2 563亿元,2016年教育经费是2000年的10倍,全国财政性教育经费约为2000年的12倍。这表明中国对教育的重视程度越来越高,也为中国走人才强国之路提供了保障。从图5.1可以看出,全国财政性教育投入是教育总投入的主要组成部分,2012—2016年全国财政性教育投入占教育总投入的比重保持在80%以上。

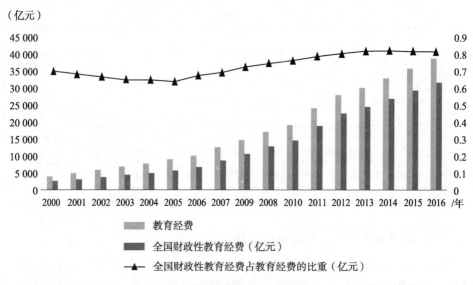

图5.1　教育投入发展趋势

与发达国家相比,我国教育投入仍然不足。表5.5是中国与发达国家教育经费投入占GDP比重的比较表。从表5.5中可以看出,除日本外,1990年至2014年,发达国家的国家财政教育投资占国内生产总值的比重均超过4%,而美国则一直保持在5%以上。1990年,我国财政教育投入仅占国内生产总值的2.7%。直到2014年,中国才突破了4%。尽管2014年以来,我国财政教育投入比重一直保持在4%以上,但不容忽视的是,我国教育支出逐年增加。1990年,全国教育投入占国内生产总值的2.7%。2005年,中国教育投资占国内生产总值的比重为2.8%,2010年为3.6%,2014年为4.1%。与发达国家相比,我国教育投资水平仍然不足。赵楠和贾伟(2018)利用世界银行WDI数据库分析了87个国家人均GDP与公共财政教育支出占GDP比重的关系,研究发现,人均收入水平越高、国家财政对教育投资也越高。

表 5.5　中国与发达国家教育经费投入占 GDP 比重　　　　单位/%

国家	1990	1995	2000	2005	2010	2014
美国	5	/	5.4	5.3	5.6	5.4
英国	4.4	5.1	4.5	5.4	6.3	5.63
法国	4.6	5.9	5.7	5.7	5.9	5.89
日本	5.5	3.5	3.6	3.5	3.8	3.42
德国	/	4.5	/	4.4	5.1	4.57
中国	2.7	2.4	2.6	2.8	3.6	4.1

数据来源：世界银行 WDI 数据库

第二，城乡教育投入结构不合理。

教育经费主要由政府教育投入和民间教育投入构成。经统计分析，这两类教育投资在城乡的分布并不均衡。教育投入直接影响到学校建设、教师招聘等教育条件的质量。教育投入的差异将导致城乡居民劳动能力的积累和居民收入水平的差距。根据《中国教育统计年鉴》的统计，农村各级教育阶段在校人数低于城镇。在农村，除幼儿园阶段的学生人数逐年增加外，其他教育阶段的学生人数逐年减少。城乡各教育阶段在校学生人数如表 5.6 所示。

表 5.6　城乡各教育阶段在校学生人数　　　　单位/万人

年份	普通高中		普通初中		普通小学		幼儿园	
	城镇	农村	城镇	农村	城镇	农村	城镇	农村
2007	2 313.1	209.3	3 483.6	2 252.6	4 313.3	6 250.7	1 315.7	1 033.1
2008	2 284.2	192.1	3 514.5	2 070.4	4 406.6	5 924.9	1 407.6	1 067.4
2009	2 260.1	174.2	3 502.3	1 938.7	4 415.9	5 655.5	1 531.8	1 126.0
2010	2 264.4	162.9	3 492.8	1 786.6	4 590.5	5 350.2	1 762.6	1 214.0
2011	2 351.5	103.4	3 903.8	1 163.0	5 861.9	4 065.2	2 430.7	993.8
2012	2 383.7	83.4	3 789.0	974.1	6 043.4	3 625.5	2 646.0	1 039.8
2013	2 354.4	81.5	3 625.8	814.5	6 143.5	3 217.0	2 815.0	1 079.5
2014	2 321.9	78.6	3 636.8	748.5	6 401.2	3 049.9	2 960.9	1 089.9
2015	2 297.4	77.0	3 609.5	702.5	6 726.3	2 965.9	3 151.2	1 113.6
2016	2 297.0	75.7	3 662.3	667.0	7 021.3	2 891.7	3 296.3	1 117.5

数据来源：《中国教育统计年鉴》

农村的学生人数少于城市。有没有必要投资于教育？从国家总体发展趋势看，习近平指出，在现代化进程中，城镇比重上升，农村比重下降，这是客观规律。然而，中国是一个拥有近 14 亿人口的国家，无论城市化进程如何，城乡都将长期共存。城市发展的繁荣和农村的黯淡，不符合社会的本质要求。农村的发展也关系到整个国家的发展。如果农村发展跟不上，就会引起社会动荡。因此，提出坚持农村优先发展，建立城乡基本公共服务均等化的体制和机制。人才的振兴是农村发展的基础，既要充分激发现有人才的活力，又要吸引更多的城市人才进入农村创新创业。农村教育的发展为培养人才、吸引农村流动人口回流提供了有利条件，不仅有利于减轻流动家庭的教育负担，也有利于吸引人才、促进农村发展。

从城乡教育投入的现状来看，根据《中国教育支出统计年鉴》，农村地区在校学生数低于城市地区，长期以来，农村地区的平均教育支出低于城市地区，说明政府的教育投入存在城市偏向，农村地区的教育投入相对较小。2007年以前的《中国教育经费统计年鉴》没有公布幼儿园和高中阶段的相关数据，因此这里只分析了2007—2016年的数据。表5.7和表5.8显示了幼儿园、小学、初中和高中生的平均公共预算教育经费，客观地显示了政府对城乡教育的投入。从纵向比较来看，2007年至2016年，幼儿园、小学、初中和高中生的平均公共预算教育经费呈上升趋势。除幼儿园数据不足外，其他教育阶段均保持较快增长。2016年，全国小学生、初中生和高中生公共预算教育支出平均为2007年的4.34倍、4.99倍和4.55倍，农村中小学生、初中生和高中生的公共预算教育支出是2007年的4.45倍、5.13倍和4.89倍，资金增长速度快于全国，表明国家逐步重视教育投入，特别是农村教育投入。

表5.7　2007—2016年幼儿园和普通小学生均公共预算教育经费　　　　单位：元

年份	幼儿园			普通小学		
	全国	农村	比值	全国	农村	比值
2007	17 716	—	—	2 231.1	2 099.7	1.06
2008	2 141.6	—	—	2 788.6	2 640.8	1.06
2009	2 239.6	—	—	3 425.2	3 236.3	1.06
2010	1 869.9	—	—	4 098.3	3 876.2	1.06
2011	2 488.3	1 409.1	1.77	5 063.6	4 847.8	1.04
2012	3 911.1	2 730.2	1.43	6 280.3	6 156.3	1.02
2013	4 042.2	2 758.3	1.47	7 026.4	6 973.7	1.01
2014	3 914.8	2 855.7	1.37	7 800.5	7 518.5	1.04
2015	4 813.7	3 620.0	1.33	8 928.4	8 652.6	1.03
2016	5 627.3	4 230.2	1.33	9 686.8	9 347.8	1.04

数据来源：《中国教育经费统计年鉴（2007—2016）》

表 5.8　2007—2016 年普通初中和普通高中生均公共预算教育经费　　单位：元

年份	普通初中			普通高中		
	全国	农村	比值	全国	农村	比值
2007	2 731.6	2 465.5	1.11	2 771.3	2 115.2	1.31
2008	3 645.5	3 390.1	1.08	3 338.4	2 648.1	1.26
2009	4 538.9	4 267.7	1.06	3 920.3	3 078.1	1.27
2010	5 415.3	5 061.3	1.07	4 781.8	3 821.4	1.25
2011	6 742.6	6 376.4	1.06	6 230.9	5 032.6	1.24
2012	8 490.4	8 237.3	1.03	8 105.9	6 694.1	1.21
2013	9 544.9	9 465.0	1.01	8 747.5	7 704.9	1.14
2014	10 607.3	9 933.8	1.07	9 297.0	7 858.2	1.18
2015	12 339.8	11 549.4	1.07	11 092.6	9 177.7	1.21
2016	13 643.5	12 644.5	1.08	12 600.5	10 343.6	1.22

数据来源：《中国教育经费统计年鉴（2007—2016）》

从横向比较的角度看，国家数据包括农村数据，国家和农村生均公共预算教育经费各阶段比例均大于1。由此可以推断，城市生均公共预算教育经费高于国家水平，城市生均公共预算教育经费比例较大。从2007年到2013年，全国和农村学生的平均公共预算教育经费差距正在缩小。虽然近年来进城务工程度略有上升，但可以看出，政府逐渐重视城乡教育投资不平等问题，城乡教育资金缺口有所缓解。小学和初中的差距比较小，主要是政府加大了对农村小学和初中的投入，保证了所有人都能接受九年义务教育，而国家和农村生均公共预算教育经费在幼儿园和高中阶段还存在较大差距，这是政府今后支持农村教育发展和加大农村教育投入的重要方向。

虽然职业教育和普通教育的类型不同，但它们同样重要。随着我国进入新的发展阶段，社会各界对技术人才的需求日益增长，职业教育的重要性日益凸显。农村职业教育主要是指中等职业教育，是普及高中教育、构建中国特色职业教育体系的基础。如表5.9所示，中等职业学校学生的平均公共财政预算相对较低，总体财政支持不足。发展规模小，在校学生最少。虽然地方政府继续加大对中等职业教育的投入，农村职业教育也得到了一定程度的发展，但农村职业教育领域的发展规模仍然落后，这就要求政府继续加大对农村职业教育的投入。

表 5.9　2016 年中等职业教育与其他各级各类教育对比表

项目	普通高等学校	中等职业学校	普通高中	普通初中	普通小学
生均公共财政预算教育事业费用（元）	18 748	12 228	12 315	13 416	9 558
学校数（万所）	0.288	1.09	1.34	5.21	17.76
在校人数（万人）	3 699	1 599.01	2 366.65	4 329.37	9 913.01

数据来源：《中国教育经费统计年鉴（2017）》和《中国教育支出统计年鉴（2017）》

公共预算教育经费长期分配不平衡、农村职业教育发展滞后的主要原因是政府对效率的直接追求。在社会主义发展初期，中国实行"效率第一，兼顾公平"的方针。城市教育回报率高于农村，政府对"效率"的直接追求导致教育政策中城市偏向的存在，将教育经费更多地分配给城市，而较少向农村地区分配。张学民、黄丹（2007）指出，城乡经济发展不平衡是造成城乡教育不平等的最根本原因。然而，在现实生活中，政府公共政策的不同取向往往加剧现实中的不平等，导致教育资源分配不公。教育投入不足制约了农村教育的发展和农村教育水平的提高，导致未来农村居民收入水平偏低。鲁炜（2015）研究了城乡收入差距、教育不平等与政府教育投资的关系，发现如果政府实施带有农村偏向的教育投资政策，可以有效改善城乡教育不平等和城乡收入差距。近年来，政府出台了《关于深化农村义务教育经费保障机制改革的通知》《关于进一步调整优化结构提高教育经费使用效率的意见》等一系列文件，提出了提高农村义务教育阶段中小学公共资金保障水平，建立校舍维护改造长效机制，统筹城乡教育发展，优化教育资源配置等政策。但是，城乡政府对教育的投入还存在差距。

私人教育投资是与政府教育投资同等重要的问题。民办教育投资主要来源于家庭教育投资、民办教育赞助投资和社会捐赠投资。随着教育事业的不断发展，私人教育投资逐渐成为政府教育投资的有益补充，具有较高的效率和回报率。其中，家庭一直是许多投资主体不可或缺的存在。越来越多的国内外学者认为，家庭教育投入对儿童的教育效果有着非常显著的积极影响。由于政府和社会对教育投入的普遍性，每个受教育者都有自己独特的需求，如兴趣爱好等，满足这种教育需要家庭教育资金的支持。与政府对教育的投入相比，家庭对教育的投入能够为个人提供更准确的教育需求投入，提高资金配置效率。

从图 5.2 可以看出，城乡家庭教育投资逐年增加，城乡家庭教育投资差距逐步缩小。1993 年，城镇家庭学生平均教育投入为 95.4 元，农村学生平均教育投入为 58.4 元。2016 年，城镇家庭学生平均教育投入 1 368.9 元，农村家庭学生平均教育投入 1 070.3 元。从城乡学生家庭教育投入的比例来看，总体发展呈倒 U 形，二者之间的差距在 2002 年达到 2.352 的最大值后逐渐缩小，如图 5.2 所示。

虽然城乡之间的家庭教育投资差距逐渐缩小，但是城镇地区的家庭教育投资一直高于乡村地区。城乡家庭对子女的教育期望值都较高，这是城乡家庭加大教育投入的动力。同时，家庭教育投入与城乡家庭收入水平和父母受教育程度密切相关。家庭收入水平对子女的教育投入水平有客观影响。收入水平越高，家庭对子女教育的投资能力越高；收入水平越低，家庭对子女教育的投资能力越低。虽然农村居民已经意识到教育具有较高的回报率，但由于收入水平较低，限制了农村家庭对子女的教育投资水平。从图 5.3 可以看出，农村家庭承担着较重的教育负担。2013 年以来，城乡家庭教育负担差距明显拉大。2016 年，城镇家庭教育负担率保持在 4% 左右，农村家庭教育负担率达到 8.66%。家庭收入的减少不会降低家庭负担的教育成本，家庭收入越低，教育负担率越高。这说明农村居民收入水平较低，给农村家庭带来了较大的经济负担。家庭教育投资水平直接影响到儿童的教育水平和未来的收入水平。儿童的收入水平也会影响下一代儿童的教育投资，导致教育投资的代际传导。

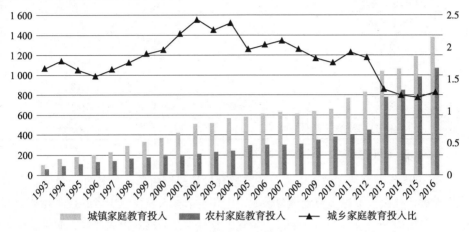

图 5.2　城乡生均家庭教育投入情况

数据来源：《中国住户调查统计年鉴（1994—2017）》

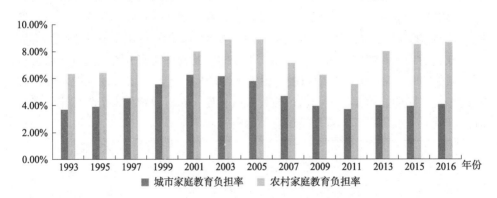

图 5.3　城乡家庭教育负担情况

数据来源：《中国统计年鉴（1993—2016）》相关数据计算得出

家庭教育投入除了有家庭收入水平的因素外，还与父母的文化程度有关。每位父母对自己的子女都有较大的期望，还希望子女的教育水平能够超过自己。经过大量验证分析后得出，文化程度较高的父母更能培养出具有较高能力的子女。主要原因是具有较高学历水平的父母有较多的家庭收入，对子女的教育投入越多。如表 5.10 所示，27.4% 的城镇居民具有大专以上学历，初中、高中学历比例相对均衡；小学学历人口比例仅为 9.4%；无学历人口比例最低，仅为 1.1%。

农村居民受教育水平主要集中在义务教育阶段。农村高中学历人口仅占10.8%，而农村大学以上学历人口最少，仅占1.4%。城乡居民受教育水平差距较大，家庭受教育程度不同也导致对儿童教育投入不同。

表5.10 2016年城乡居民文化程度占比比较　　　　单位/%

户主文化程度	城镇	农村
未上过学	1.1	3.3
小学	9.4	29.9
初中	34.6	54.6
高中	27.5	10.8
大学专科	15.7	1.2
大学本科及以上	11.7	0.2

数据来源：《中国住户调查统计年鉴（2017）》

自1985年教育体制改革以来，我国教育投资机制由单一的教育经费来源向多元化发展，社会资本也参与到教育领域，主要包括私人教育组织者的投资和社会捐赠。社会组织和公民个人的办学投资是我国教育投资的重要组成部分，而且投资规模也逐年增大，其发展不可小觑。目前，财政教育投入占国内生产总值的比重刚刚达到4%，更需要加大社会资金对教育的投入，促进我国教育全面均衡发展。

社会资本是逐利的，虽然它们有助于完善我国的教育投资体制，但由于其自身的特点，使得我国的民办教育投资有限。城乡教育投资回报率直接影响社会资金对教育的投入。如图5.4所示，私立学校的资助者将大部分资金投资于城市教育。虽然2007年至2016年农村教育投入不断增加，近年来城乡教育投入与2010年前相比差距明显缩小，但与城市教育投入相比，农村教育投入仍然偏小。民办教育经费投入的不平等，将加剧城乡教育资源的不平等。

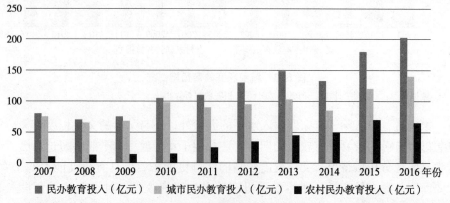

图5.4　城乡民办教育经费投入情况

数据来源：《中国教育经费统计年鉴（2007—2016）》

西方发达国家的民办教育以慈善捐赠为主,但我国民办教育的发展与西方国家有很大不同,主要原因是国家教育供给不足,居民需求结构失衡。我国民办教育的发展几乎是在"无基金、无校舍、无教师"的背景下展开的。在巨大的教育需求和市场经济改革的推动下,我国民办教育自发展以来就有着强烈的投资痕迹。毫无疑问,投资是为了盈利。因此,许多私立学校希望获得一定的经济回报。显然,教育投资回报率是影响民办教育发展的重要因素。加大对城市民办教育的投入,有利于民办学校的发展,使投资者获得更多的收入。

社会捐赠投资占教育投资总额的比重相对较小,城乡投资分配差距较大。如图5.5所示,从1995年到1997年,农村教育的捐款高于城市教育。1997年以后,农村教育捐赠逐步减少,城市教育投资逐步增加。对城市的教育捐赠逐渐超过对农村的教育捐赠,城乡社会捐赠投入比例呈现波动性变化。2016年,城市捐赠的教育投入是农村捐赠的6.3倍。

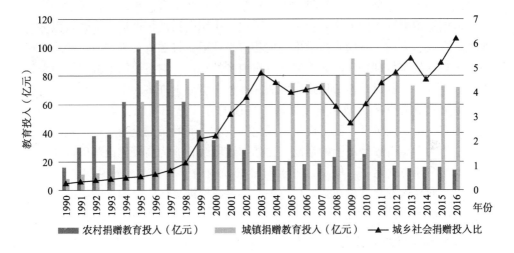

图5.5　城乡社会捐赠教育投入(亿元)

数据来源:《中国教育经费统计年鉴(1990—2016)》

城乡社会捐赠差距拉大的主要原因是经济发展滞后、教育领域发展缓慢、学校匮乏、人民生活水平低下。当时,人们认识到教育在促进经济方面发挥了重要作用。由于国家财政资金有限,政府首先加大了对初等教育领域的投入,全面提高劳动者的教育水平。人们也意识到知识的重要性和各级各类教育需求的日益增长,使社会资本大部分逐步投向高等教育。高等教育机构主要分布在城市。因此,随着社会捐赠由初等教育向高等教育转移,农村投入逐步减少,城乡社会捐赠收入差距扩大。

5.2.2　新时代职业教育助推乡村振兴战略的精准资助的内涵研究

(1) 精准资助体系的内涵分析

一般来说,"助学金制度"就是说明"助学金"是为家庭贫困学生提供物质和精神上的帮助,从而达到缓解贫困学生阅读困难这两方面的目的。"制度"是一个综合以上措施的制度,帮助这些学生接受全面教育。可见,所谓的"资助体系"不是一个简单的系统工程,而是各种形式的帮扶集合。针对我国高校在校生,根据当前的具体情况,实行以下几种形式的资助。"奖"——对家庭贫困而且学习素质高的学生发放奖学金;"助"——对家庭贫困的学生发放助学金;"勤"——提供一些学生勤工俭学的岗位,增强自身独立性;"减"——调查了解学生家庭的贫困原因,根据具体情况对该学生的学习费用等方面进行减免政策;"贷"——学生可以向有关部门,机构等贷款来完成学业,并在毕业之后通过自己的劳动还清贷款,贷款机构可以对学生进行减免利息来提供帮助。

根据上述财政援助形式,我们可以看出,中国的财政援助形式大致可以分为两种:有偿、无偿。有偿是指学生完成相应学业后,按照有关规定支付给贷款机构一定数额的贷款利息。而无偿并不具有前者的特征,它是由国家或机构免费资助的。还有另一种财政援助形式的方法,在整合世界上许多大学的资助时,可以将资助形式分为直接资助和间接资助。直接的方式是把费用交给资助者——学生,如奖学金、助学金、勤工俭学、减免和贷款;而间接则是指通过一定的途径让所有的大学生得到经济上的帮助。比如,政府或企业为高校建设基础设施是间接资助的明显方式之一。但是,由于间接资助的内容(税源、转移过程等)并不简单,而且大部分高校在教育预算中,不存在资助这一资金的可能。因此,很难明确其研究方向。

(2) 精准资助体系的构建目标

第一,进一步完善公平、多元、规范、高效的国家职业教育经费政策,对于国家的发展具有重要作用。

社会公平是社会主义和谐社会的重要特征,教育公平反映了社会公平。平等享有受教育的权利和机会,解决弱势群体的就学和就业问题,是人民群众非常在意的问题。改革开放以来,我国一直处于"穷国办大教育"的现实状况。党和政府重视教育优先发展,把努力促进教育公平作为基础教育的政策取向。体现教育公平最重要的是关注困难群体,解决他们上不起学的问题。农村免费义务教育的实施,使每一个农村儿童都能完成九年义务教育。随着职业教育规模的不断扩大,90%以上的学生来自农村、民族地区、贫困地区和城市经济困难家庭。由于他们收入普遍较低,支付教育费用的能力相对较弱。接受职业教育的人群特点决定了职业教育不仅是一个教育问题,更是一个重要的民生问题。

第二，职业教育补助政策是一项重大的民生工程。

为实现教育公平，确保每一个学生都能接受到职业教育，并顺利完成学业，2007年以来，我国逐步建立健全了职业教育经费政策体系，共资助907亿元，资助6 443万人。2009年起实施职业教育免学费政策，总投资514亿元，惠及3 460万人。这是一项重大的民生工程，不仅为每一个适龄或非适龄贫困学生接受职业教育铺平了道路，也为学者提供了一条谋生之路，使"教育一人、就业一人、脱贫一家"成为可能，极大促进了社会公平。

第三，各种筹资方式为每个人的生活提供了基本保障。

职业教育经费以国家助学为主，渠道多种多样。2006年，财政部、教育部印发了《关于完善中等职业教育贫困家庭学生资助体系的若干意见》和《国家中等职业教育资助管理办法》两个文件，初步阐述了建立中等职业教育贫困家庭学生资助体系的基本框架，全面阐述了中等职业教育资助体系的特点：公共财政为主体，中央和地方政府共同担当，社会各界积极参与，多种筹资方式同时发展。一是国家财政是资金的主要渠道。二是地方财政也要担任资助渠道。根据财力和生源情况，东部、中部和西部地区有不同的比例分布。三是采取工学结合，让学生带薪实习作为对学生的补助，充分体现了职业教育"校企合作"的开放性和实践性特点。四是落实学校奖学金办法。根据规定，学校应为学生提供不少于5%的商业费用作为奖学金或学费减免。五是鼓励地方政府、工业企业和社会组织设立中等职业助学金和奖学金。六是金融机构向中职学生贷款。七是在职业学校实行减收学费制度。八是与基金会携手合作，学生资助学生，资助学生资助其他学生。总之，从国家助学金到带薪实习、减免学费、补贴、奖励、贷款、减免等方式，中等职业教育助学体系初步建立。同时，2007年5月，国务院发布了《关于建立健全高校、高职、中职家庭经济困难学生资助政策体系的意见》，建立以"奖、助、贷、减、免"为内容的高等职业教育补助制度，将国家助学金覆盖范围扩大到在校学生总数的20%，平均补助标准为每年2 000元。在此基础上，根据形势的变化和事业的发展，职业教育经费政策经历了一系列的调整和完善，真正为大家的生活提供了最基本的保障。

第四，"区域合作"为每个人的生活提供了更多的机会。

为促进区域和城乡协调发展，中国通过政策优惠、投资支持、对口支援等多种形式，加大了对农村、少数民族地区和贫困地区职业教育的支持力度。一方面，在资金和项目上向西部进行转移。另一方面，要加强东西地区办学合作。这些政策和合作不仅将促进教育公平，而且将为每个人的人生发展创造更多的机遇。今后还将加大支持力度，完善相关的政策。

(3) 精准资助体系的构建原理

第一，物质决定意识，资助体系构建需要充足的资金保证。

物质决定意识，意识是物质的反映。资金体系的建设需要物质基础作为保障，没有经济基础作为保障，那么资金体系的建设就无法进行；没有金钱和物质，就无法资助需要的大学生。所谓经济基础决定上层建筑，资金体系建设的主要环节之一是资金来源。国家财政拨付的专项资金、学校设立的勤工俭学岗位和奖学金、社会捐赠、学校财政收入等，都是经费体系的重要组成部分。在我国，大学生资助制度经历了一系列的发展和改进：从最早的"人民助学"制度，到既有奖学金制度又有助学制度并存的新型大学生资助模式，再到初步建立以勤工俭学、奖学金为基础的多元化大学生助学贷款、特殊困难补助和学费减免等新的资助制度出台前，学生资助制度发挥了重要作用，具有不可替代的历史意义。随着高等教育改革的逐年发展，特别是1999年高校扩招以来，大学生的学费从每学年几百元提高到了现在的5 000及以上的水平。用数字比较，统计大学生必要的学习和生活消费，将这些费用列为资助体系并给予资助，以保证每个孩子都能上学和完成学业。

第二，事物是变化发展的，与时俱进完善资助体系的构建。

与时俱进，突出了思想路线的创新。认识的最终目的和最高价值是发现和掌握真理。与时俱进的中心思想是在实事求是的基础上，从发展的角度看问题。真理不是一成不变的。它之所以叫真理，是因为它符合时代和上层建筑的要求。如果真理跟不上事物的发展变化，就会阻碍社会的发展，不再是真理。经费体系建设也与高等教育的发展息息相关。我们对贫困生资助体系建设的研究需要科学理论的指导。这一理论必须与时俱进，是真理的延伸。在真理的指引下，全面建设新的高校面貌。

5.2.3 新时代职业教育助推乡村振兴战略的精准资助的内容

随着知识经济时代的到来，世界经济的增长主要依靠知识的生产和应用。经济增长方式由以资源和劳动为基础的粗放型增长转变为以知识和技术为基础的集约型增长，劳动者由体力劳动转变为智力劳动。随着经济的发展，人的重要性日益凸显，这与马克思以人为本的观念是一致的。

（1）教育投入对劳动力价值提升的作用

从事一定的生产工作时，劳动者必须具备相应的劳动能力。当缺乏所需的劳动能力时，可以通过教育和培训来提高相应的工作能力，即"教育会增加工作劳动能力"。劳动力主要是指人的劳动能力。人的能力要经过后天的努力和培养，从出生后的整个教育阶段到就业初期，小学、中学、大学的教育过程都属于社会经济意义上的生产力过程。随着经济和科学技术的发展，人类劳动能力的提高主要是指人类科学知识和生产技术的提高。劳动力有其特殊性。它除了创造自身的价值外，还将创造新的价值。马克思指出："劳动能力是生产性的，因为它的价值和创造的价值是不同的。"劳动力具有独一无二的特性。首先，对劳动者进行教育和培训能够提高劳动者的知识和技能，在实际操作中将知识与技能转化到劳动生产中去，不断满足于多变的市场对劳动力的需求。其次，教育投入是发展教育的基础，所以马克思提出"比社会平均劳动较高级较复杂的劳动，是这样一种劳动力的表现，这种劳动力比普通劳动力需要较高的教育费用，它的生产要花费较多的劳动时间，因此它具有更高的价值"。对教育的投入能够提高劳动者的价值，劳动者通过不断的学习，将学到的知识转化为实际操作能力，从而促进劳动者的劳动能力。

（2）劳动力价值提升对居民收入的作用

知识经济是现代发展阶段之一，教育与研究开发是知识经济的主要活动内容。随着现代经济的发展，经济增长方式由粗放型向集约型转化，知识经济从根本上转变为经济增长方式，劳动者由一般型劳动力转化为专业型劳动力，提高劳动者在求职时的竞争力以及劳动者的创新意识，有利于经济的发展。知识经济的兴起，使得人们意识到劳动价值的重要性。马克思指出劳动力价值及工资，但每个人的工资存在差异；继而指出劳动者工资存在差异的原因：劳动者的工资与他的劳动复杂程度有关，劳动越复杂、越专业，工资越高。在劳动力市场上，工资与劳动力和资本进行等价交换，用人单位花一部分的钱购买劳动力，来创造更高的效益。所以说，较高级别的劳动者所产生的劳动价值高，劳动报酬高。

马克思认为，就业是劳动者获得劳动报酬的方式，即劳动者产生的劳动价值进入生产领域，劳动价值由工资来体现，随着现代经济的发展，市场对简单劳动的需求日益减少，简单劳动从事的职业较为简单，竞争压力大、工资低、发展前景不大。复杂劳动适应现代市场的需求，对劳动力的需求大，更容易找到工作。中国是社会主义国家，在社会主义市场经济条件下，劳动者的报酬一般按多劳多得的原则分配。劳动者的工资存在差异最主要的原因是劳动者的劳动能力水平的高低。劳动者受教育的程度越高，对教育投资越高，所以在就业后获得的劳动报酬越高；缩小劳动报酬的差距主要是提高劳动者的平均收入，需要提高劳动者的智力水平、劳动能力。

（3）教育投入对城乡收入差距的作用

人的劳动能力是通过教育与社会实践获得的，教育能够将简单劳动转化为复杂劳动，改变劳动性质，提高劳动价值。实际上，高级的劳动需要更多的教育投入，但其所产生的劳动价值高，产生的劳动报酬要远远高于教育投资，所以说教育投入会增加个人收入。从教育投入与城乡收入差距的关系来说，教育投入不均衡会导致城乡收入不平衡，会拉大城乡收入差距。投入的教育资金越多，个人的劳动价值大，获得的劳动报酬多，所以说劳动教育投入的规模会影响个体的收入水平,从而影响城乡收入差距。在教育投入总量有限的情况下,城乡教育的投入会影响城乡学校建设、师资团队质量等等,教育经费分配不均会导致城乡教育水平的不均,导致劳动水平存在差距,进一步拉大城乡差距。

第一,影响城乡居民劳动力价值水平。

就个体而言,接受教育的过程就是增加自身知识与专业技能、提高劳动水平的过程。城乡经济发展影响政府与家庭对教育的投入,导致城市之间的教育差距较大,教育资源在城乡之间分配不均衡,导致在农村的孩子的劳动水平较低。另外,城乡经济发展会影响城乡家庭收入,家庭收入会决定家庭对孩子教育投入。农村的家庭收入较低,导致对孩子的教育投入较低,孩子形成一种简单的劳动能力,进入社会后,获得基本的保障工资,无法进行更深的教育投入;而城市的孩子教育投入大,劳动能力强,获得劳动报酬高,仍会继续进行教育培训,导致的结果就是城乡收入差距拉大。

第二,阻碍劳动力在城乡之间的流动。

许多理论指出:劳动力流动有利于缩小城乡收入差距。但是教育投入分配不均匀会减少城乡劳动力流动。自1978年以来,中国经济发展主要是农村劳动力向城市转移的结果,随着经济的发展,"人口红利"已经不适合现代市场的需要,现在更加重视劳动者的质量,高度发展技术密集型、资本密集型企业,对高质量的劳动力需求越来越多,所以高级知识分子更容易找到工作,获得高收入;而较低劳动力水平的人,只能从事简单的工作,劳动报酬是复杂劳动者的一半左右。城乡的教育投入分配不均,会导致农村的劳动力无法满足大城市需要,抑制人口流动,从而城乡居民差距拉大。

5.3 新时代职业教育助推乡村振兴战略的精准教学研究

5.3.1 新时代职业教育助推乡村振兴战略的精准教学的现状分析

目前,传递—接受的教学模式仍然被湖南省职业教育院校所广泛采用。这种教学模式的最大特点是学生通过看老师的板书、听老师的讲解、记下老师讲的教学重点,来学习知识,从而达到教学目的。在传递—接受的教学模式中,自我发现、自我学习、自我探究的学习方法依然存在,并没有被废弃。学生同样也需要发挥自己的主动性,积极地思考、动脑,在教师的启发和引导下,建立起新知识与旧知识的内在联系。但是这种主动性与学生在自主探究和自主学习的环境中所形成的积极性、主动性存在一定的差距。前者虽然能在短时间内达到对知识和技能的理解和掌握,但很难培养创新的能力和思维。而在自主探究和自主学习的环境中所形成的积极性、主动性不但可以加深学生对知识和技能的理解,而且有利于培养学生的创新思维,提高学生的创新能力。

5.3.2 新时代职业教育助推乡村振兴战略的精准教学的内涵研究

(1) 教学体系的定义及要素分析

教学系统的概念主要有以下三种。一是结构论。1995 年，张伟江指出，教学体系是一个完整的、发展中的综合结构，是高校的教学观念、教学管理、师资队伍、教学环境等形成的。二是过程论。1998 年，刘长江等人指出，教学是一个由教师、学生、课程等要素组成的活动过程。三是整体论。2002 年，伍贻兆指出，教学体系涉及教育思想、教师队伍、教学内容、课程体系、教学方法、教学管理等各个方面，是由多个要素所构成的统一整体。教学系统是由教学活动相互影响、相互制约的各个要素构成的整体。教师根据一定的教学理念和教学环境，通过教学对学生施加相应的影响。具体来说，教学系统主要包括八个要素：教学理念、教育者、学习者、课程设置、教学组织形式、教学方法、教学环境、教学评价。我们也可以用拉斯威尔的"五个 W"来概括。因此，教学过程至少涉及以下几个因素：谁（教师）、说什么（教学内容）、用什么（教学条件、教学组织形式、教学方法）、说谁（教学对象）、产生什么效果（教学评价）。因此，教学系统是由上述要素构成的，实现特定教学目标的有机整体，具有一定的结构性、互动性和整体功能。

(2) 教学体系的系统性特点分析

第一，教学体系是一个人造系统。

首先，教学系统是客观存在的。它是由多个具体的元素组成的，而且在不同方面发挥着不同的功能。其次，教学体系是可以改变的。其一，元素的可改变性。这种变化可以分为两种："一是元素的数量和性质不变，调整元素的比例和结构；二是保证元素比例构型不变，改变其类型和质量。"其二，教学过程和教学管理过程都是可控过程，这是教育科学自身的特征决定的。教学体系内各要素间的关系并不是互不相干的平行关系，而是建立在教学规律和管理科学原则基础上的相互制约的层次从属关系。其三，教学体系通过"构"的过程，通过人为的努力，理顺教学体系各要素之间的关系，使体系向预期的方向发展，也就是通过对体系要素和结构的改变，使体系发挥不同的功能。

第二，教学体系是一个"灰色系统"。

灰色系统（Grey System）的概念是 1982 年邓聚龙教授提出来的。所谓灰色系统是指信息不完全的系统。不完全信息可以归纳为 4 种：一是元素（参数）信息不完全，如对思想素质的评估，就不能仅仅以党团员人数作为唯一的标准；二是结构信息不完全，如对工作成绩的评估，少数单位可量化，多数单位的不可量化；三是"内""外"关系信息不完全，如对理论研究成果的评估，成果数目知道，但其政治、经济、军事、文化、社会等综合效益如何衡量就很难确定；

四是运行的行为信息不完全,如对同一评估要素,不同单位可能会从不同的角度理解,进而得出不同的结论。尽管教学体系是一个灰色系统,但并非我们对教学体系就无所作为,毕竟有些要素是已知的,有些要素是可控的。以高职教育的培养目标为例,通过对高职岗位的分析,确定其知识、素质、能力需求,在此基础上调整课程内容结构,促进培养的人才与岗位相衔接。这样,教学过程就由"黑"变"灰"。又如,把"常模参照"改变为"标准参照",通过对工作任务的完成来测定教师岗位能力的高低,从而实现教学体系局部的由"灰"到"白"的转变。

第三,教学体系是一个多样性系统。

一是时间的多样性。随着社会的不断进步,信息技术的发展成为其基础并引起了教学方法、手段的巨大变革。现代化教学手段解决了扩大教学对象、提高教学效率的问题,同时还能培养学生的个性。个性化软件的开发,为人与机器对话的个性化学习提供了物质基础,也代表着网上交互式教学方式的创立。信息技术从根本上改变了学生的学习方式及教师的工作方式,使学习时间变得不再固定。

二是空间的多样性。从历史角度看,教学组织形式从原始的个别教学到班级授课制再到现代的个别教学,这是教学组织形式发展的主线。教学组织形式从历史的角度上看是一个不断发展的过程,由个别教学到集体班级授课再到现代的个别教学。现代化的个别教学依靠现代教育技术和视听手段,在时间空间上为外界不断传递信息的教育。而传统的教学方法,在班级授课制下过分强调统一与集体,因而忽视了学生的个别差异,学生在天赋、智力、个人能力等方面存在着诸多的不同,是千差万别的。因此,作为高职教育,更应该以学生实际情况出发,因材施教,采用个别化的教学方法,同时也对教学空间的多样化提出了较高的要求。

三是师生交流的多样性。高职教学以学生自主学习与发展为主,突破师生交流的单向性,实现师生互动的多样性。教师不仅仅是传授知识的"经师",更是育人的"人师",是学生的尊敬的长者,合作的好伙伴、交心的好挚友,应为学生创造和谐民主的舒适学习气氛,在此教学氛围中,学生与老师进行多边互动。多边互动也不仅仅出现于教室、讲台等传统教学场所,网络平台也是一个不错的选择,它能使师生交流在时空上得到空前的扩展。

(3) 教学体系的构建原则分析

第一,整体性原则。

教学体系整体性原则要求我们从系统观的角度出发,分析各要素是如何构成教学系统的,并厘清各要素之间的关系。在整体把握这些要素关系的基础上,构建出最佳的教学结构并使其功能实现最佳发挥。

第二,相关性原则。

所谓系统的整体功能，不是简单地将各要素加起来，而是在厘清各要素及其之间的关系之后有结构地联系起来。教育将作为社会系统中的一个子系统而存在，就能把握教育系统整体的、有机的、发展的特性，就能发现教育的真正本质。因此，不仅要将教学活动作为一个系统来研究，而且要把教学体系与其外部的环境相联系，即用联系的观点看待教学体系，这就是教学体系的相关性。

第三，发展性原则。

职业教育与基础教育不相同，随着社会和技术的快速发展，职业岗位在不断地变化，其教育的内容也相应地变化，因而职业教育必须跟随行业的脚步，及时掌握行业信息，调整与区域经济或社会发展不相适应的专业结构、课程方案和教学方法，使整个课程体系呈现出具有动态发展的态势。而行动导向教学体系是根据目前我国高等职业教育发展要求而作出的一种选择，随着形势的发展，教学体系也和其他系统一样，具有发展性的特点。

5.3.3 新时代职业教育助推乡村振兴战略的精准教学的内容

精准教学方案是为了提高教学的质量，激发学生对于学习的乐趣，根据学生们的特征与学习的行为采取的具有针对性的教学方式。通过了解学生在课堂上的行为方式与课程中得到的基本信息、学习数据，采取针对性地教学，提高教学质量，让学生在课程教授中既能够学习也能够收获到快乐。由此可见对于学生针对性的精准教学，主要是根据学生的特征与行为来制定的。所以在教学方案中要根据学生特征与行为采取有针对性的精准教学方法。

精准教学方案能够提高学生对于学习的积极性，促进学生对学习的动力，从而使学生的教学效果提高，其主要依据是学生的特征与行为的表示。学生的特征及行为表示是对于个性化和针对性教学方案制定的前提，在教学过程中所产生学生的有关数据和大数据的分析，能够为教学方案提供有效的支持。综上所述，教学并不是一种具体的方法，而是对于学生个性化追求的一种决策函数，对于学生的个性特征和行为制定针对性的方案，而不是与大众一致，突出了新型精确教学方案的独特性与针对性。

我们要以发展的眼光去看待教育，使得时序性和情景性在教育中的特征积极凸显出来决定对于教育数据的理论的动态性。在教学过程中，学生的行为特征与行为方式在不同的阶段下会有不同的表现。表现一，前期学习优秀，后期对于考试成绩骄傲自满产生懈怠，自以为成绩优秀、知识储备丰富、技能水平高，对于后期的学习表现出一种懒散的状态。表现二，前期成绩一般，后期对于学习薄弱区域加强学习，在学习上表现出一种积极向上的状态。精准教学方案对于不同的情况应该做出相应的调整，使不同的学生在学习过程中互相学习、互相影响、共同发展。在教学过程中不应急于求成，因为学习并非一朝一夕之事，应该在今后一定的时间内才会产生后期的影响。在后期的影响过程中，应该对教学的多个阶段进行相应的调整,而并非一成不变。在现代大数据时代,对于精准教学的研究应该是全面发展的。对于长期的精准教学方案,应该要多考虑动态精准教学,对于精准教学方案的问题要及时调整、及时跟进信息变化。

5.4 新时代职业教育助推乡村振兴战略的精准就业研究

5.4.1 新时代职业教育助推乡村振兴战略的精准就业的现状分析

(1) 发展历程

就业是最大的民生。湖南是人口大省,劳动力资源丰富,新中国成立70年来,省委、省政府始终坚持将就业问题放在经济社会发展的突出位置,出台积极的就业政策,完善就业服务体系,全省就业领域取得了显著成绩,工资收入稳步增长,生活水平显著提高,广大人民群众的获得感和幸福感不断增强。2009年7月31日,湖南省第十一届人民代表大会常务委员会第九次会议审议通过了《湖南省实施〈中华人民共和国就业促进法〉办法》,将行之有效的积极就业政策法制化,建立了湖南省促进就业的长效机制。

第一,就业规模持续扩大,城镇就业人员比重大幅提升。

70年来,湖南省委、省政府坚持推动经济增长与扩大就业协调发展,在大力发展经济的同时,深入实施就业优先战略,稳定和扩大就业,就业规模持续扩大。2018年,全省就业人员为3 738.58万人,较1978年增加1 458.53万人,增长64.0%;较1950年增加2 630.82万人,年均增长1.8%。新中国成立之初,湖南城镇化率较低,城镇就业人员仅79.60万人,占比7.2%。经过70年的发展,特别是改革开放以来,伴随着工业化和城镇化水平的提高,大量农村富余劳动力向城镇转移,城镇就业人员比重大幅提升。2018年全省城镇就业人员1 863.85万人,比1950年增加1 784.25万人,年均增长4.7%;占全部就业人员比重由1950年的7.2%上升至2018年的49.9%,提高42.7个百分点。

第二,就业渠道多元化,非公有制经济成吸纳就业主力军。

改革开放以来,随着经济体制改革的不断深化,城镇集体经济和个体经营得到迅速恢复和发展,外商独资、中外合资、股份制、私营企业等经济实体从无到有,劳动者的就业观念发生根本改变,单一的公有制经济和"统包统配"的就业制度被彻底打破。1992年,全省城镇就业人员619.67万人,其中,国有经济单位447.88万人,占72.3%,比1978年下降5.2个百分点;集体经济单位130.43万人,占21.1%,下降1.3个百分点;其他各种经济类型单位1.43万人,占0.2%,提高0.2个百分点;城镇个体和私营企业就业人员39.93万人,占6.4%,提高6.3个百分点。1992年10月,党的十四大正式提出建立社会主义市场经济体制的目标。此后,非公有制经济迅猛发展,以公有制为主体,各种经济成分并存的多元化新就业格局进一步形成,非公有制经济逐步成为吸纳就业的主要渠道,各种非公有制经济就业比重迅速上升。到2012年,全省1 475.17万城镇就业人员中,国有、集体单位就业人员所占比重仅为21.1%,比1992年下降72.3个百分点;其他各种经济类型单位就业人员257.45万人,占17.4%,提高17.2个百分点;城镇私营和个体就业人员907.68万人,占61.5%,提高55.1个百分点。

"十二五"以来,湖南省委、省政府高度重视非公有制经济发展,先后出台了一系列鼓励、支持、引导非公有制经济发展的政策措施,着力优化非公有制经济发展环境,着力推动非公有制企业转型升级,非公有制经济面临前所未有的良好政策环境和社会氛围。2018年,全省城镇国有和集体经济就业人员245.39万人,占13.2%;其他各种经济类型就业人员300.89万人,占16.1%;城镇私营和个体经济1317.57万人,占70.7%,非公有制经济吸纳就业主力军作用更加凸显,如图5.6所示。

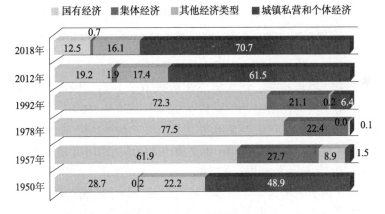

图5.6 历年不同经济类型城镇就业人员占比情况

第三,就业结构不断优化,第二、第三产业吸纳就业能力显著增强。

中华人民共和国成立之初,湖南省以农业经济发展为主,第一产业增加值占地区生产总值比重接近70%,第二、第三产业的发展基础非常薄弱。随着经济发展重心的调整,经过70年的努力,全省产业结构逐步发展成以农业为基础,第二、第三产业共同带动经济发展的格局。与此同时,就业结构也随之发生改变。1950年,第一产业就业人员占比达88.5%,第二、第三产业占比仅分别为5.0%、6.5%,就业结构严重偏向第一产业。随后70年间,伴随经济重心和产业结构的调整,全省第二、第三产业就业人员占比呈交替增长趋势,而第一产业就业人员则不断下降。截至 2018 年年底,第二、第三产业的就业人员占比分别达到了 22.4%、38.5%,较 1950 年分别提高 17.4 和 32 个百分点;第一产业就业人员占比降至 39.1%,降低 49.4 个百分点。这表明 70 年来,湖南省就业结构不断优化,第二、第三产业吸纳就业能力显著增强,产业经济健康发展,如图 5.7 所示。

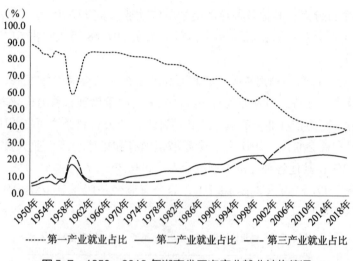

图 5.7　1950—2018 年湖南省三次产业就业结构情况

第四,工资收入稳步增长,生活水平显著提高。

一是职工工资稳步增长,居民可支配收入节节升高。1978—2018 年,全省城镇职工年平均工资同比增速基本保持在 10%~20%。1987 年城镇居民人均可支配收入突破"千元",2006 年突破"万元",2018 年达到 36 699 元。1994 年农村人均纯收入突破"千元",2014 年突破"万元",2018 年达到 14 092 元,比 1950 年增长 260.59 倍,年均增长 8.5%。

二是消费支出不断增长,生活水平持续改善。新中国成立之初,全国处于计划经济时代,物资匮乏,人们的消费支出主要用于解决温饱问题,生活水平整体偏低。1950 年城镇居民人均消费支出 117.08 元,其中用于食品消费支出 75.51 元,恩格尔系数为 64.5%。农村居民人均消费支出 55 元,其中用于食品消费支出 41.25 元,恩格尔系数为 75.0%。改革开放后,随着收入的稳步增长和物质的逐年丰富,人民的生活水平持续改善。1978 年,城镇居民人均消费支出 289.56 元,农村人均消费支出 140.07 元,恩格尔系数分别为 57.4% 和 70.0%。2018 年城镇居民人均消费支出 25 064 元,农村人均消费支出 12 721 元,恩格尔系数分别为 27.3% 和 29.2%,比 1950 年分别降低 37.2 个和 45.8 个百分点,比 1978 年分别降低 30.1 个和 40.8 个百分点。城乡居民生活经历了由生存型向温饱型、追求质量型和发展型的转变,如图 5.8 和图 5.9 所示。

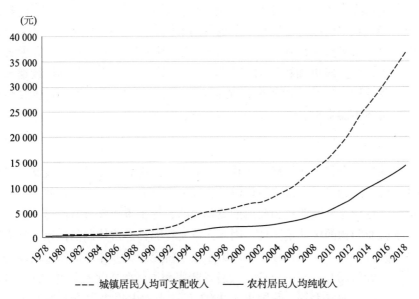

图 5.8　1978—2018 年居民人均可支配收入情况

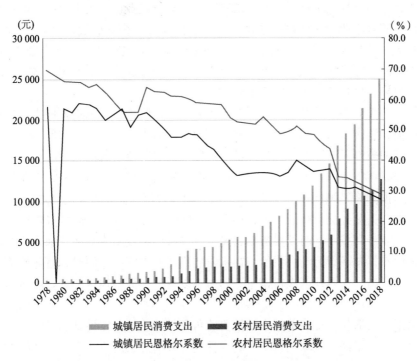

图 5.9　1978—2018 年湖南省居民消费支出和恩格尔系数情况

就业是民生之本，收入分配是民生之源。新中国成立70年来，湖南省的就业工作取得了长足的进步，工资水平也得到了极大的提高。作为人口大省，湖南当前面临着人口老龄化加快、"人口红利"逐渐减少、经济下行压力加大等挑战。下一步，要实施更加积极的"稳就业"政策，促进就业总量持续增长，不断优化就业结构、提升就业质量，保证工资水平平稳增长，为全面建成小康社会、建设富饶美丽幸福新湖南奠定坚实基础。

(2) 发展趋势

通过回顾湖南省就业发展的历程，全面分析湖南省就业发展的现状，结合经济和社会发展的趋势看，未来一段时期，湖南省就业将向以下方面发展：

第一，比较充分就业成为政府的重要战略目标，重要性日益凸显。

由于就业问题的极端重要性，因此无论实行哪种经济体制的国家，都为自己提出了充分就业这一发展目标，许多国家甚至将充分就业作为国家宏观经济政策四大目标（经济增长、充分就业、低通货膨胀和国际收支平衡）中的首要目标，如美国、英国、加拿大等。我国也于2002年在十六大报告中将增加就业列入了宏观调控四大目标（经济增长、增加就业、稳定物价和保持国际收支平衡）之中，将就业问题提到了前所未有的战略高度，充分就业已成为中央政府的重要战略目标。随着就业问题的进一步凸显，"增长优先"模式将逐步转向"就业优先"模式。治理失业和扩大就业，首先必须成为政府经济政策的一个独立目标，而不能被淹没在经济增长目标之中。进而，它又应该成为政府制定经济政策的一个优先目标，排在政策优先顺序的首位。

第二，失业率将持续攀升，未来十年湖南省面临着较大的就业压力。

目前，湖南省每年约有100万城镇新增劳动力需要就业，还有近100万因国有企业关闭破产、节能减排和淘汰落后产能等需要分流安置的人员和城镇登记失业人员需要再就业。在未来一段时期内，湖南省失业率将持续攀升，就业形势仍然严峻。据测算，2011年至2020年期间，湖南省年均需要就业的新增劳动力60万人左右，失业人员100万余人，还有近1 000万农村剩余劳动力需要转移就业和稳定就业。而按照同时期经济增长速度、经济结构调整变化所带来的新增就业岗位情况看，湖南省劳动力供给与需求矛盾仍然非常突出。同时，就业的结构性矛盾仍然突出，湘西地区农村富余劳动力难以转移和湘南地区部分企业招不到人现象并存。

第三，灵活就业扮演着越来越重要的角色，就业的稳定性日趋降低。

灵活就业是经济全球化背景下的一种具有普遍意义的就业现象，其产生与第三产业的发展密不可分。传统意义上的正规就业是以制造为主体的时代的产物。市场经济的发展使得第三产业越来越发达，与之日趋多元化、个性化的产品和服务需求相适应的机制灵活、富于弹性的灵活就业形式也应运而生。灵活就业种类庞杂，包容性强，就业门槛一般相对较低，适合我国下岗失业人员再就业的需要，因此在我国迅速发展了起来。特别是 1996 年以后，我国的就业创造由双驱动变为了单驱动，主要是灵活就业来驱动，灵活就业人员所占比重越来越大。1996—2001 年，湖南省正规就业人数减少 198.9 万人，灵活就业人数增加 89.9 万人，尚不到正规就业减少人数的一半。而同期全国正规就业人数减少 4 053.5 万人，灵活就业人数增加 8 128.5 万人，是正规就业减少人数的两倍，这说明湖南省的灵活就业还有很大的发展空间。相对于市场经济发达国家，我国灵活就业人员占城镇从业人员的比重还比较低，2003 年为 18% 左右，而湖南省 2004 年才约为 10%，而市场经济发达国家一般为 50% 左右。产业结构的调整和知识经济的兴起，又为灵活就业提供了更为广阔的发展空间。伴随着灵活就业的不断发展，就业的稳定性必然日趋降低。

第四，劳动者在寻求和获得就业机会的同时，更加注重体面劳动。

体面劳动是国际劳工组织为应对经济全球化而对劳动和社会领域各方面问题采取的一项战略措施，主张通过促进就业、加强社会保障、维护劳动者基本权益，以及开展政府、企业组织和工会三方的协商对话等方法，保证广大劳动者在"自由、公正、安全和具备人格尊严的条件下，获得体面的、有适当报酬的、生产性的工作机会。"体面劳动不是指工作的高低贵贱之分，而是指无论任何人，只要有工作，就应该享有诸如接受培训、社会保障、获得与其工作付出相适应的报酬等权利。实现体面劳动是世界各国劳动者的普遍愿望。在我国，法律意识和权利意识不断得到普及，劳动者对就业不再仅仅满足于获得一个岗位，而是更多地注重就业环境的改善。2004 年年初和 2010 年年初珠三角地区发生的"民工荒"就充分说明了这一点，这是社会进步的体现。同时，实现体面劳动也是与世贸组织的基本要求相一致的，是我国劳动就业制度与国际接轨的必然途径。因此，体面劳动将是今后就业发展的一个重要趋势。

5.4.2　新时代职业教育助推乡村振兴战略的精准就业的内涵研究

（1）精准就业体系的构建原则

第一，针对性原则。

从一个角度看，乡村就业者属于弱势群体，在其求职过程中往往会遇到许多阻碍，处于劣势地位。其中一个原因便是：乡村工作者由于条件的欠缺，导致工作技能以及就业经验的不足，而这些便使得乡村工作者被就业市场所淘汰，因而无奈返乡创业，因此他们最需要就业帮助。从另一个角度来看，乡村就业者的创业问题也是一大难题；许多在外长期工作的那些富有经验和资金的乡村就业者，则更加渴望得到政府的政策帮助，然而由于现在政策并不完善，真正实现成功创业的案例并不多。其中，最大的阻碍便是创业前期融资难。因此，政府构建出台的政策应满足就业者的需要,体现其切身利益。政府应一方面为其出台便于其创业的政策文件,因地制宜地设置就业服务内容,比如:针对性地开展培训、及时发布就业信息等一系列便于其就业的措施,帮助其提高对就业的了解,减少盲目就业,不断解决就业难题,畅通就业渠道。另一方面,政府应扩大再就业服务体系,将返乡创业服务纳入其中,整合创业资源,为创业者提供专业服务,为乡村就业者再就业提供充足的服务。

第二,多层次性原则。

客观来说,就业服务体系是一种多位一体的供给系统,它由主体、内容、方法等多重因素构成。其中,就业服务体系由以下主体构成:主导者——各级政府人力资源管理部门或者人才服务机构,辅助者——专业人才流动服务机构,补充者——民办人才组织,以及广泛参与的全国各大中小型企业。这些机构不仅需要构成多层次的服务主体,从而整合各类资源为就业者提供服务;并且在内容上,就业服务体系需涵盖各式各样的服务项目,来满足乡村就业者的各种就业需求,从而提高就业服务的效率。

第三,实效性原则。

为了帮助乡村就业者再就业,并提高返乡创业的积极性和自觉性,关键就在于服务体系的落实与完善。因为即使乡村就业者再就业服务体系足够完善、足够有针对性,但是在实施阶段出现问题,等于前功尽弃。而就业者再就业服务体系的推进与落实,其一,需要政府发挥引导作用,统筹协调各类资源,兼顾各地的优劣,将资源整合;其二,需要鼓励各地的企业事业单位、社区服务中心和劳务机构等积极参与,共同落实体系。

(2) 精准就业体系的构建目标

从贯彻落实科学发展观、统筹兼顾、以人为本、有利于量化考核和比较的角度出发,参考原劳动和社会保障部专项课题研究小组研究成果与思路,结合湖南省本地情况,提出以下具体目标:通过贯彻落实"就业优先"战略,从而达到更加积极有效的就业政策,推动就业规模持续扩大,就业结构不断优化,劳动者素质得到显著提高,就业权利得到有效保障,失业风险能够有效控制,就业局势基本稳定。到 2020 年,湖南省达到较为充分就业的目标。彼时,城乡劳动者都能得到普遍的教育培训和就业机会,社会就业总量和结构比较平衡、就业环境比较完善、就业保障比较健全、就业质量比较良好。

第一,人力资源能够得到充分发挥和运用。

就业岗位和有效劳动资源能够大体平衡,绝大部分劳动者能够实现就业。届时,湖南省每年新增就业人口能够保持在 60 万左右,总体规模基本能够消化新增劳动力,从业人数将由 2009 年的 3 935.21 万人提高至 4 143 万人左右。城乡统筹就业和服务业就业水平将大幅提高:城镇就业人数将由如今的 1 175.27 万人提高至 1 740 万人,农村富余劳动力能够每年转移 100 万人;城乡就业结构比例由 2009 年的 29.9∶70.1 变为 42∶58;第一、第二、第三产业就业比重由 2009 年的 43∶22.8∶34.2 变为 23.9∶24.9∶51.2。劳动者素质大幅提高,面向全体劳动者的职业技能培训制度将不断完善,基本达到人人有知识、个个有技能。新进入劳动市场的劳动者都经过中等级以上教育或者职业资格培训,持有职业技能资格证书的劳动比例达到80%以上。

第二,市场就业体制比较完善。

就业渠道通畅,劳动者自主择业、自由流动、自主创业的外部环境良好。以《中华人民共和国劳动法》为核心、《中华人民共和国就业促进法》《中华人民共和国社会保险法》等法律为核心的保障劳动者权益法律体系已健全完善,因此政府、用人主体、劳动者以及社会中介组织能够依法调整用人关系;统一开放的人力资源市场机制将发挥其主导作用,城乡就业的分区将逐步消除,与此同时,劳动力价格将在劳动力配置中发挥基础作用;在法律系统的保护下,劳动力的自由流通将逐步成为现实;劳动者自主择业和自主创业的外部条件良好,覆盖城乡的服务体系更加完善;在政府财政的支持下,公共就业培训服务能够满足劳动者对于就业的基本需求。

第三,失业率调控在社会可承受范围之内。

有能力和就业愿望的劳动者都能够享有平等的就业权利,失业率和平均失业周期都能够控制在社会可承受范围之内。到 2020 年,城镇失业率能够控制在 5%以下,城镇登记失业率能够控制在 4%左右,社会平均失业周期控制在半年时间左右;失业人员能够得到失业保险的保障并通过就业服务组织能够进入相应就业准备活动中,失业半年以上人员能够得到有效帮助;就业困难的群体能够做到随时出现随时解决,从而形成就业援助的长期有效化。

第四,就业权益得到有效维护。

劳动者的劳动报酬、休假、劳动保护等权利能够更好实现,劳动条件加以改善,劳动关系更加和谐;能够形成更好的工资增长机制,劳动收入水平能够大幅增长,中等劳动收入水平的劳动者能够占据我国劳动收入主体,劳动者最低收入水平能够满足家庭的基本生活需求;社会保障覆盖所有的劳动者,就业安全性能能够得到明显提高;劳资关系能够形成合理的调节机制,劳动争议能够及时有效的解决。

5.4.3 新时代职业教育助推乡村振兴战略的精准就业的内容

(1) 基础型就业服务体系

从广义上来说,促进劳动者求职就业和用人单位招聘是就业服务机构工作之根本;主要是通过向劳动者提供各方面的就业帮助与指导,在劳动者与用人单位之间搭建起有效的桥梁,增加劳动者求职成功的概率。基础型就业服务体系正是

出于实现就业者再就业这个基本目标而定义的,具体内容如下:

第一,就业信息服务。

如何在竞争激烈的劳动力就业市场中获得就业机会,就业信息是关键。在信息经济时代,谁能够又好又快又多地拥有信息并将其合理开发运用,谁就能占领市场的高地。而就业服务机构无论是在拥有信息的数量上还是信息开发运用上都有其绝对的优势,这是毋庸置疑的。而且,根据实地调研的数据结果显示,就业者仍旧是依靠传统的关系资本"亲缘"与"地缘"方式来取得就业信息。因此,就业者急需有关就业信息直接的或辅助性的相关服务。

构建综合性信息就业服务平台。调研发现,一方面,就业者不知去哪里如何寻求就业服务;另一方面,现有的就业服务很少有人问津。信息服务是推动市场经济更加完善的关键步骤,而创建综合性信息服务平台则是落实信息服务的关键步骤。一则综合性的信息服务平台应当提供劳动力就业相关的法律法规的咨询服务,为就业者提供全面的法律援助服务。二则应当主动担负起及时宣传与就业者利益相关的政策的义务,为就业者的就业方向提供参考。三则应当提供宏观就业形势预判信息服务,指导就业者正确规划职业生涯。

用工岗位需求与求职专业性就业信息服务。综合性的信息服务对促进就业者成功再就业起到辅助作用,而真正能够直接促进就业者顺利再就业的是用工岗位需求与求职专业性的就业信息服务。一般而言,由于就业者能力素质有限,针对一些虚假的或重复的就业信息难以判断。这就需要专业性的信息平台供就业者使用,以减少不必要的时间成本,促成再就业的顺利实现。一则可以建立权威的专业性的网络信息平台,以整合全国各地区各乡镇的用工岗位需求信息资源,包括各地岗位类别信息、岗位薪酬信息、岗位需求数量以及各类招聘会预告信息等等。当然,获取网络信息最重要的是使用者要具备基本的计算机运用技巧。因此,面对我们的服务对象——就业者,要向其推广关于计算机基础应用知识的培训。二则可以利用传统媒介,如报纸杂志、电视节目等,适时为就业者提供信息服务,满足一些不会或无法从网络渠道获取信息的就业者的需求,包括定时定期举办就业招聘会,定时定点发放招聘信息材料等。总而言之,要充分结合就业者的特点,实现就业信息覆盖至每一位。

第二,职业介绍服务。

职业介绍服务是基础型就业服务体系中不可或缺,亦是举足轻重的一项。因为它对就业者顺利再就业起到直接促进作用,其存在的价值就是将就业者与各地所需岗位直接匹配。伴随着信息化时代网络技术的普及,自助式的网上求职逐渐受到大多数求职者的青睐,成为目前主流的求职手段。然而,仍有一部分群体即就业者并不能适应这种变化,于是成为就业困难人群。所以,就业服务机构还是要保留登记式的职业介绍形式,以增加能够享受就业服务的覆盖人群。一方面,有效的职业介绍服务能够直接降低就业者的求职成本,顺利实现再就业。另一方面，就业服务机构还应当积极拓展职业介绍服务的辅助性服务，如岗位信息介绍、岗位行业信息、岗位职业发展，等等。这不仅能够保证求职者对岗位基本信息的了解需求，同时也加深了其对所在岗位的相关认知，从而能够更快适应新的工作，新的工作也更加稳定。总而言之，职业介绍服务是否能够得到不断拓展与完善，直接关系着就业者回乡再就业问题。因为就业者大多知识水平有限，缺乏相关就业技能，其就业竞争能力是可想而知的。所以，职业介绍服务及其拓展对于就业者再就业的实现有着重大的实际价值。

第三，就业培训服务。

为促进就业者就业的实现，可以通过教育和培训来提高其就业能力，从而增加其实现再就业的概率。结合就业者的自身特点，重点从自我保护意识培训与就业技能培训这两方面展开论述。

自我保护意识培训。自我保护意识培训旨在唤醒就业者运用法律意识以及对个人就业权益的保护意识的培训。就业者正是缺乏这种自我保护意识，因此经常发生就业权益被忽视，被侵害；如被拒绝签订劳动合同，被要求无偿加班，等等。但是这些在有关法律条文中已经明确规定了用人单位应有的行为，包括《劳动合同法》《劳动法》等。依据《劳动合同法》对劳动合同的限定，用人单位从聘用劳动者当日开始的一个月内，务必签订劳动合同，否则需要支付劳动者双倍的报酬。而在《劳动法》中对工作时间也给出了明确限定，一旦用人单位超出了法定规定的工作时长，要按加班标准支付劳动者薪酬。但现实中就业者往往没有享受到这些应有的待遇，一则用人单位压榨就业者以节约成本，实现利益最大化；二则就业者处在弱势地位，缺乏权益保护的意识。因此，强化对就业者的法律知识教育活动与自我保护意识培训势在必行。

就业技能培训。伴随经济改革不断深化，产业结构不断调整优化，劳动力市场对劳动者的职业技能要求逐渐提高，这势必导致缺乏专业技术能力的就业者面临失业威胁。针对就业者自身劳动素质的特点，从一个角度讲，就业服务机构一方面可以就其以往从事的岗位进行技能专业化提升培训，增加其人力资本含量；另一方面着手辅助性就业技能的培训，特别是计算机的使用培训，对就业者的就业大有裨益。从另外一个角度讲，用人单位也有义务承担就业者就业技能的培训，当然政府要加强对这些义务提供培训服务的用人单位的资源补助以及相关优惠政策。

（2）创新型就业服务体系

第一，信息咨询服务。

如何快速获取市场信息并将其进行有效分析处理是就业者回乡创业的关键，甚至直接影响创业的成功与否。但从实地调查数据中我们发现，就业者获取信息的渠道十分狭窄，大多数还停留在依赖传统媒介上，如财经类电视节目、相关报纸杂志等。而且，通过网络获得创业信息的就业者毕竟还是占少数部分，网络还没有成为就业者获取信息的主流手段。因此就业者了解的创业相关信息往往是不够及时或不够全面的，这不但会影响就业者对创业机会的判断力，还会严重挫败就业者创业的积极性和主动性。由此可见，就业者的创业活动急需有效的信息相关服务，大体可划分为两类：创业咨询服务与创业信息服务。

在创业咨询服务方面，首先可以依据就业者创业项目的规模差异来提供不同级别的咨询服务，如县级创业项目咨询服务、乡级创业项目咨询服务和村级创业项目咨询服务。其次，就业服务机构要培养一批专业化就业者创业服务团队，以针对各级别项目建立创业扶持小组。然后要在就业服务机构设置专门的创业服务窗口，以便就业者前来咨询；并在大厅设置创业信息专栏，便于就业者自助自给服务。最后，创业服务并不是静态的对内服务，就业服务机构要加强把握对外市场的信息更迭，及时获取市场动态，最终实现覆盖县、乡、村三位一体的创业服务体系。而在创业信息服务方面，最重要的就是要搭建创业信息服务的网络平台，形成由创业初期的项目遴选、中期的资源整合至后期的市场开发的一站式服务。

第二，金融服务。

资金链是就业者创业进程中共同存在的一项薄弱环节。一是贷款难。首先，金融机构面向就业者设计的信贷产品的种类、数量都很少，而且基本上没有抵押或是担保是不可能贷款成功的；其次，对于就业者而言，他们可以用来抵押的资产可谓凤毛麟角，这与其高贷款需求形成了强烈的反差。此外，因为有些农村地区逃避银行债务行为经常出现，诚信环境令人担忧，这些直接升级了就业者贷款的难度。二是融资贵。贷款对于金融机构而言本身就意味着高风险、高成本，因此贷款产生的额外费用自然居高不下，仅有极少数就业者能够承受。三是融资渠道少。选择正规的金融机构贷款成功概率往往不高，致使就业者不得不以身犯险，选择低门槛的高利贷。因此，这就使得就业者特别渴望就业服务机构能够提供针对性的创业金融服务。

金融知识方面的服务。就业服务机构应定期或不定期开展金融知识宣传活动，不断增加就业者有关金融方面的知识容量，尤其是与其创业融资直接相关的知识，如金融优惠政策、金融信贷知识以及贷款申请流程等。对于宣传的方式，可以针对就业者的特点灵活多变，如设置定点区域宣传、集中专题知识讲座或特殊情况个别指导，等等。具体可从银行大厅内各种自助服务机的功能使用开始，包括近几年兴起的手机银行、微信银行、支付宝银行等软件的使用。掌握了这类基础的金融知识，对于创业过程中的资金结算问题大有裨益。此外，还要做好法律常识的宣传教育工作，特别是消费者权益保护法，一方面要避免就业者被欺诈，另一方面要杜绝就业者误入歧途非法集资。

金融业务方面的服务。就业服务机构可以通过与第三方金融机构合作的方式，为就业者提供一站式金融业务服务，包括储蓄、信贷、结算、融资投资、代发工资，等等。尤其是信贷服务，最好能够为就业者开设专项的服务窗口，专人专务；并建立特殊的绿色通道，争取实现随到随贷、随用随贷。一方面要注重就业者创业融资渠道的选择，另一方面还要指导就业者选择恰当的投资渠道。前者要依据就业者自身的资产实力和资金情况等，后者主要是为了增加其投资的效益。此外，就业服务机构应该做好就业者的金融顾问，为其出谋划策，指导就业者解决返乡创业中遇到的金融方面的难题。

创业培训服务。现阶段，就业者创业进程中都面临企业管理经验不足、市场开发能力欠缺等不利于企业长期发展的问题。而这正是由就业者自身特点所造就的。首先，受到知识水平与管理能力的局限，导致最重要的综合经营管理能力和持久健康发展的源动力成为就业者创业后期的短板。其次，创业后期大多数企业采取家族式管理方式。这种方式对于创业初期的资本原始积累有着至关重要的作用，但在创业后期容易形成管理理念和人才结构的固化，面对瞬息万变的市场难以适应。最后，相较于扶持就业者返乡创业，地方政府或相关部门机构更加重视剩余劳动力的转移输出，致使就业者在创业过程中缺少应有的关注和支持。此外，有调研发现，相比较有过创业辅导经历的企业，没有接受过辅导的企业创业失败概率是其3倍之多。所以，为就业者创业这个大工程提供必需的创业培训服务是相当有意义的。

就业服务机构可以按照返乡创业者的自身需求，有针对性、有层次地为就业者输出创业培训服务。一方面，对于潜在的创业者而言，他们更多的是需要创业意识、市场意识以及风险管控意识等方面的培训，并不断提升其信息获取与机遇识别能力。另一方面，针对正在创业进程中的创业者，可以从企业管理、财务管理、营销管理以及人才管理等各个方面提供综合性管理培训，为企业长远发展不断输送源动力。另外，在培训方式的选择上，要依据就业者的特点，以正式培训为主，非正式培训为辅；特别是要注重专业知识与事实案例相联系，理论指导与市场调研相结合。此外，还可以举办一些成功创业的就业者的实战案例讲座，更能激起创业者的共鸣与积极性。

（3）保障型就业服务体系

健全保障性就业服务，保障就业者合法权益应是缓解"三农"问题的重要内容之一。为了不断巩固就业者权益保障的屏障，针对就业者的保障型就业服务体系内容具体如下：

第一，社会保障服务。

农地保障服务。在农村，就业者拥有的耕地承担着保障与资本共存的角色。其中，农地保障功能主要体现为：其一，不断为就业者供应食物，保障基本的生活条件；其二，由农地生产取得的收入，一定程度上能够保障就业者的养老、医疗、失业等方面。从资本角度而言，在我国农村土地产权制度保障下，农地对于就业者而言有着个人储蓄的意义。而当他们在外务工不顺利、身处困境之时，农村土地是他们的后退之路。然而,当就业者希望流转到更多的农地或者收回曾经流转出去的土地,为能继续从事农业生产或者扩大规模时,面临的现实困境要更艰难。一则资本已经进入农地流转市场,而市场竞争价格是就业者难以承担得起的;二则受到公权力的制约而被迫流转土地的就业者,很难收回其农地。这就导致了希望从事农业生产得以再就业的就业者却没有农地的尴尬境地。这不仅严重挫败了就业者再就业的积极性,也损害了农地失业保障功能。因此,就业服务机构应该为就业者建立安全有效的农地流转交易服务平台。在这个平台上,就业者可以自由地进行农地的流入流出交易,为选择通过农业生产实现再就业的就业者创造方便。而且为了保障就业者的合法利益,要强调农地流转的可逆性,将公权力的影响降到最低。另外,要推动就业者投身于现代化农业的生产发展,并提供相应的服务,如农用机械补贴服务、农业生产技能培训服务,等等。

社会保障代理服务。就业者返乡面临的关键问题之一就是养老、医疗等保险关系无法转回家乡,导致基本的保险保障难以为继。某些地区在给就业者办理退保手续时,仅退还个人账户缴纳的8%储存额,而单位缴纳的部分则被扣留在务工地,就业者无法获得。不仅如此,就业者退保返乡的同时也意味着失去了缴费年限,保险缴费间断将直接关系到返乡后的社会保障问题。即便如此,就业者宁可遭到损失,也退保回家。一旦就业者退保回家,也就失去了社会保障这个基本的保护屏障。而在农村,农民的生活保障最重要的来源就是农地;如果就业者再失去农地,其基本的生活条件就难以保证。因而,部分就业者主动去城镇附近寻求再就业的机会。但对于文化水平不高、职业技能欠缺或者年事已高的这部分就业者而言,他们再就业的机会则十分渺茫。

所以,就业服务机构为保护就业者的社会保障权益,就必须服从广泛覆盖、保障基本、能够持续、可以转换的指导原则。一则积极向就业者宣传有关社会保障的政策信息,使其知彼;二则提高就业者对社会保障制度本身的了解程度,使其知己;三则要简化社会保障事务代理程序,一切以方便就业者社保关系的转移接续为目标。

第二,失业救助服务。

有关失业救助性服务的具体内容在《就业促进法》以及《就业服务与就业管理规定》中都有相应的阐述。《就业服务与就业管理规定》则就具体的救助对象提出了明确限定,其一为就业困难人群,其二则为零就业家庭。尽管城镇居民才是救助服务的主要对象,但失地农民也纳入在内。就业者虽然不在救助范围内,但其明显的就业弱势,在面对其他求职者的竞争中必定难以占据任何优势。因而,就业者人群中也存在着大量的就业困难者,这些求职弱者同样需要针对性的求助服务。一方面,就业服务机构应该针对特别困难仍旧待业的就业人群,提供一定的失业补贴,保证其最基本的生活条件;另一方面,通过组织免费的定向岗位培训班以及基础的就业技能培训会,帮助这些就业者顺利再就业。

第三，权益维护服务。

从我们的实地调研数据来看，就业者自我权益维护意识有了显著的提高。然而，较高的维权意识与实际的维权能力不会成正比。也即就业者需要权威机构为其发声，为维护其就业权益保驾护航。

保护最基本的劳动报酬权。劳动报酬本是劳动者参与劳动的最原始的目的，理所当然成为劳动者拥有的最基本的权利之一。然而，当劳动者具体为就业者时，最基本的劳动报酬权却成为奢侈品。因为不少用人单位经常以各种不正当理由拖欠、克扣甚至侵占就业者的工资。所以，如何维护就业者最基本的劳动报酬权迫在眉睫。首先，应当从规范就业者的劳动报酬支付方式为着手点，建立安全可靠的支付有效机制；其次，就业服务机构应当定时定期开展就业者劳动报酬支付异常情况的排查行动；最后，要不断改进并完善就业者劳动报酬支付机制，不断巩固就业者劳动报酬权的保护屏障。

建立劳动合同检查机制。市场经济条件下，劳动者与用人单位双方签订的劳动合同是确定劳动关系的凭证。它明确规定了双方在合同期内应享有的权利与履行的义务，保证了双方各自的利益。而在买方市场形势下，为追求利益最大化，用人单位大多拒绝与就业者签订劳动合同。离开劳动合同这层壁垒，就业者不仅随时随刻都有被解雇的风险，其他就业权益也很难得到保障。因此，全面实行劳动合同制度对维护就业者就业权益大有裨益。一则，就业服务机构应当加强就业者劳动合同的管理；二则，应当定时定期检查所在地区的所有用工单位是否依法与就业者签订正式的用工合同，违规单位必须严格处理。

完善维权举报及查处制度。当就业者就业权益受到侵害时，应当有权威机构为其发声。这就需要就业服务机构建立起完善的维权举报与查处机制。首先，当接到就业者权益侵害的举报后，要立即核实并及时处理，做到凡举报、必处理，切实维护其就业权益；其次，在就业服务大厅设置相关的法律咨询服务窗口，联合社会上法律相关的公益组织，为就业者提供免费的维权法律咨询帮助；最后，建立专业的劳资关系队伍，不断加大就业权益侵害的监察与执法力度。

加强有关职业安全服务。职业病频发一向以来都是威胁就业者就业安全的关键因素之一。就业者为获得一份工作岗位，往往会忽视职业安全问题。但对用工单位而言，主动加强用工安全工作理应是其承担的义务之一。首先，就业服务机构最先要解决就业者自我保护意识问题，强调职业安全的重要性。同时，通过各种媒介进行职业安全与劳动保护教育培训，切实增加就业者职业安全意识与自我保护能力。其次，针对用工单位来说，就业服务机构要定时定期检查其是否有违法违规行为，尤其是高危行业与特殊岗位是检查重点。最后，要督查用工单位是否履行劳动安全、职业危害方面的岗前培训，并定期组织潜在危害岗位的就业者去医院体检。

6 新时代职业教育助推乡村振兴战略的运行模式研究

乡村振兴战略是新时代的新要求、新路径、新模式。在乡村振兴战略的背景下，应加快职业教育和乡村振兴战略相统一，加快物质思维和文化思维相统一，加快城市发展和乡村发展相统一。同时，要将文化创新意识融入职业教育及乡村振兴战略的全过程和多领域，最终实现乡村的全面振兴。本章根据乡村振兴战略发展所面临的问题，提炼其关键的制约因素，基于新时代职业教育角度，构建了产业融合模式、创新发展模式、人才供给模式、文化传承模式四位一体的模式，致力于提出职业教育助推乡村振兴战略的新视角、新思维、新方法。

6.1 新时代职业教育助推乡村振兴战略的产业融合模式

新时代农业的发展是以乡村振兴战略为动员令的，其意义重大、内涵丰富、方向明确，是推进"五位一体"乡村振兴战略的总布局，通过依托兴旺的产业为基础、培养新型职业人才为途径、大力发展和推进乡村产业的发展和壮大。

6.1.1 产业融合发展模式

深入产业融合发展，延伸产业刺激需求。主要是以通过农业为依托、新型融合主体当引领，利益机制做主干，然后通过多种形式将产业融合发展进行跨界集约化配置和优化组合、有机整合，使产业更加的协调发展、创新，让产业链持续延伸、产业范围拓展和农民增收。

第一，随着大众需求深入发展农业产业链。

针对大众对于农产品加工业、农产品直销、农产品餐饮、农产品物流等一系列农村产品的服务业等大方面的需求，开办了有关于农产品的加工与直销店等，从而形成了农业的生产与农产品营销地产业链的发展。对于农业的生产与农业营销的生产已经成为少数以农业为主的家庭、农村合作社或者是农业化的龙头企业成为他们的主体收入方式，而且在形成的过程中，他们也致力于农业产业链的科技发展，并且与本土农业产品链连接全球农业产品链相结合，逐步扩大了农业产品链的资源、要素以及农产品品牌的合作能力。而且从多方面加强了对农业产品链的控制力、农户对农业产品经营的带动力,从而提高了农业产业链的增值能力。

第二,随大众隐性需求大面积发展农业产业链。

通过对大众隐藏性的服务需求,对农产品的加工、流通企业建设一些具有生态、高效、优质、安全以及高产的农产品的原料基地,从而推进农村人民对于农村其他产业的融合与发展。对于农产品加工与流通企业,要提供数量稳定、质量安全的农产品,只有这样才能加强对农产品安全质量的保证。通过对标大众隐性需求,延伸农业产业链,对于产业链的分工要进行深化,还要丰富农业产业链与现代农业产业体系的内涵。有些超市与大型的零售商通过对大众的隐性需求,结合产业链的发展现状,发展自有品牌,对产业的模式进行创新,大力发展体验经济,深入发掘与凝聚、引导大众的隐性需求,从而促进农业价值链的发展升级,以推动农业产业化为基础,向更高的消费发展转变。

第三,农业产品融合集体发展。

通过以农业产业化的群体和产业区为基础,对农村的第一、第二、第三产业空间进行叠合、联合集群与网络的发展相结合。在农业集体发展中,通常是以一个或者几个龙头企业为核心共同发展。农产品加工、农产品与农资流通、涉农服务产业是农业产业化产业区发展的依托。农业产业化龙头企业与产业链核心企业是农业产业的主导,农业产品的发展优势与特色农业产品的种植(示范)基地(产业带)是农业产品发展的支撑。在农产品发展企业中,农村产品加工、农产品与农资流通、涉农服务产业的精准分工、团结协作、网络互联、集体有机融合的农业产品所产生的社会经济空间,通常集约化程度高,经济效益好,对于农民收入和农业产品原料基地建设具有很好的榜样示范带动作用。

6.1.2 农业质量提高模式

乡村振兴战略产业主要是以农业供给侧结构性改革为支撑。侧结构性改革是对于农业产业发展质量兴起的关键。它可以加快农业的建设,促进农业的现代化发展,提高农业的竞争力和发展创造力。具有针对性的目标主要是以需求与市场导向为发展生产目标,以农业供给质量的提高为发展关键,使农业的生产从低到高逐渐发展实现了大跨越。

第一,农业发展要依靠科技进步坚持增加农业产量,特别是对于粮食产量和农业生产效率要进行重视。要重视粮食产量的问题,民食为天,粮食是国民生计的根本,粮食的安全是全国人民与党、政府要重度关注的问题。在全面深化改革下,我们要对于农业领域进行改革,特别是把科学技术运用于农业的生产领域和流通领域,这样可以提高农业产业的生产效率。总而言之,要遵循习近平总书记强调的推动农业发展的过程中要把质量和效率同等看待，做到增产与增效共同发展，要善于运用科技技术把科技与传统相结合，使农业生产更加科学化、合理化。

第二，坚持将良种良法配套用于农业发展过程中，顾名思义，就是在农业产品种植过程中，通过良种、良法再采取恰当的耕作制度的配套，将农业产品进行推广与应用。在农业产品的发展过程中，我们要善于运用科技，加大对品种的科研投入，培育出优秀的品种，对于农业品种，我们要进行理论的创新也要进行品种的创新。要良种与良法相结合，进行精准化的生产，使农业产品更加的优质、高效。在实践过程中，我们要注意精准化生产的理论与技术相结合。在一些典型案例中，如作物叶龄促控模式理论与作物设施化与工厂化栽培技术和作物群体质量定量化调控技术就是典型的一系列技术相结合。

第三，农机与农艺相结合是农业发展时的标志发展进程，就是利用农业工作的机械化与农业指导技术发展相协调。现代农业的机械化发展是必然趋势，同时也是习近平强调的农业发展的重要途径之一。在提升农业生产效率中，机械化水平的提高发挥着重要作用。农学是一门科学，主要是指生产有利于人们生产和生活的产品供人们健康使用，动植物的科学技术是重要研究点。加强农机与农艺的辩证结合，就是要加强农作物的科学种植和育种、完善土壤营养管理，注重除虫、施肥、防治相结合，科学有序地进行土地灌排，推进深加工，农业机械化发展中的农产品储存、生产和管理。总之，习近平要求我们要进行机械化推动，技术与理论共同发展，同时要不断创新农学理论发展农业技术，引导农业发展。

第四，坚持生产与生态协调，是推进农业科技核心布局过程中的重要原则。近年来，我国粮食产量逐年稳定增长，为人们的生活提供了基本保障。但是，在农业生产和发展过程中，也有发展不全面、有漏洞的一面，如过度消耗水资源，造成水资源浪费。在一些农村地区，大量化肥增产，导致土地过度使用。另一些地区将大量湖泊和湿地规划为农用地，破坏了当地生态平衡与环境，对生态发展和乡村振兴产生了严重影响。习近平总书记在实践的基础上提出，农业的发展、提高科技水平的过程中，要树立生态文明理念，生产发展与生态文明相协调的原则。农业是国家发展关键，但是不能以不科学的发展方式去牺牲环境，特别是在全面建设小康社会的进程中。

6.1.3 农村产业发展模式

农村产业发展空间要进行大力拓展，要对农村产业的第一、第二、第三产业进行融合发展。对于农村产品的丰富性和独特性的特点，要大力发展农产品特色，发展休闲旅游、特色产品旅游等一系列产业，为乡村的发展提供可靠的战略性支柱；大力发展互联网、现代化技术、实现"互联网＋"的电子商务、农业品牌发展形态，在农业产业的发展空间中，要进行新技术、新模式、新理念的发展。

第一，构建"互联网＋"农业信贷平台新模式。

发展"互联网＋"现代农业的发展对我国农业产业发展具有重大发展意义。因此，在发展"互联网＋"现代农业、制定发展战略的过程中，要以大局为出发点，根据我国农业的发展现状，准确定位发展水平，有目的性地发展，制订计划按步骤前进；要坚持协调健康发展，及时发现问题，调整解决问题。由于农业区域发展强劲，不同区域农业生产条件不同，特色农业发展方向不同，根据不同地区的自然资源和农业生产环境，建立区域农业大数据中心。各地区根据当地农业发展特点，设计数据统计项目，建立详细的数据分析模型，对农业数据信息的年度数据、季度数据和月度数据进行时间维度分级管理和综合分析，挖掘优势；及时对数据进行行动管理和分析，为农业生产经营者提供生产依据和决策依据，将产品的生产与运输详细记录，特别是田间到餐桌的完整信息记录，使农产品信息更加透彻、明了，有效的监管可以帮助消费者做出更加合理的消费决策。在此基础上，建立农产品追溯平台，对农产品的生产、流通、销售、监管的无缝衔接。既可以对农产品生产者发挥监管作用，也可以为农业经营者乃至农业监管部门解决问题、保护广大消费者合法权益发挥安全监管作用。因此，"互联网＋"农业信贷平台新机制的建立，促进了整个农业产业链的全面整合、高效健康发展，实现了农业信息数据共享和"互联网＋"农业信贷平台新机制的建立，促进了多智能体的开发和维护，为农业产业的发展提供一个高效、安全、数据准确的网络环境。

第二，利用"互联网＋"现代农业信息系统。

这样既保护消费者的合法权益，又以农业信息化为动力，推进农产品购销体制改革。在信息高速发展的时代，农业发展必须遵循时代市场发展规律，利用现代信息技术。与一般的信息采集和整理不同，农业信息系统对农业生产信息在对农业生产信息整合和分析后，会进行重要的预测、处理和深入的分析工作，为以后的农业发展提供农业智能化生产的生产基础的实现基础。智能化的农业生产可以节约生产环节的人力物力、生产资源的优化配置，还可以对农业生产和生活环境进行保护，实现双赢与可持续发展。现代农业的发展主要有赖于农业科技的不断发展，农业智能化生产水平的不断提高。在我国农业发展的悠久历史中，各地发展水平与方式不尽相同。因此，农业发展应以全国发展的大局为出发点，结合各地区的自身发展条件与现状，推进各地区的农地流转进程，实现适度规模的农业生产管理，为农业智能化生产提供了坚实的基础。

6.2　新时代职业教育助推乡村振兴战略的创新发展模式

6.2.1　科技创新体系模式

习近平强调要把发展现代农业看作是乡村振兴的重要战略，抓重点、补短板、强弱项，村庄要全面振兴，走好发展道路，运用好科学技术。目前，我国农业农村发展最突出的短板主要是农业科技创新水平低、应用不足，人才稀少、农产品技术含量低等一系列问题造成了现如今农村转型升级、发展滞缓的局面，难以在产业上实现乡村振兴，进而影响乡村振兴的整体步伐。因此，要做到：抓重点，强调乡村振兴，关键振兴产业；补短板，强调补齐农业农村发展短板；强弱项，强调强化科技支撑能力。同时，围绕农村技术技能需求优化科技创新布局，加强职业教育的高科技创新能力，使之成为支柱，提高高科技的使用资源配置效率。科技创新体系是职业教育推动乡村技术振兴战略发展、促进技术技能积累创新的重要途径。打造一个创新主体协同互动、创新要素顺畅流动、创新资源高效配置的乡村技术振兴科创新体系，是农村技术技能创新能力建设的基础和保障。

第一，农业科技创新是农业现代化的核心动力。

传统农业向现代农业转变形成农业现代化进程。它是以先进的农业科技创新为前提发展进步的。它的发展优点体现在多方面，主要有：国家粮食安全有保障、可持续发展能力强、农业结构优化、农业生产技术装备齐全、农业质量效益好、规模经营比重高。科学技术是推动社会进步、实现社会现代化的主要力量。农业科技创新是推进农业现代化的强大助力，是现代农业建设的加速器。农业现代化依靠农业科技创新，优化生产要素，促进机械化、改良产品品种等现代生产要素。"配置农业资源，降低农业风险"，既可以提高产品的产量，还可以对生产者产生好的影响，产品的制度和农村社会向现代化方向发展。农业科技创新在农业现代化进程中发挥着重要作用，如农业结构优化升级、保障粮食安全能力、提高技术装备水平和信息化能力等起着重要作用。

第二，农业科技创新是构建现代农业"三大体系"的主导力量。

在党的十九大报告中，习近平初次提到"三大体系"构建现代化农业。农业产业体系分布范围广、行业广泛、涉及产业层次多。它主要依靠农业科技创新对产业进行融合，以科技实力为支撑点，发挥农业产业的生产功能，进而构建现代农业产业体系。农业生产体系依靠农业科技创新带来的新技术、新生产方式，向现代化迈进。在农业科技创新进步的条件下，逐步优化农业管理体制，提高农业集约化水平，还对农业社会化服务进行完善，构建农业现代化的管理体系。

6.2.2 绿色节能体系模式

绿色节能是乡村振兴战略发展中的主导。职业教育发展农村科技，实现农业绿色节能发展，是推进农村现代化的必由之路，也是践行"绿水青山就是金山银山"理念的重要措施。农村技术技能发展的不断创新，科学发展观的不断落实，绿色节能发展的瓶颈突破技术，有利于构建绿色节能的可持续发展体系。既可以用科技解决环境问题，还可以通过对职业教育的观念引导来发展绿色节能发展理念，实现经济可持续发展和生态环境保护的双赢，即职业教育促进农村科技振兴。推进绿色农业，农业农村部、财政部以习近平"绿色农业"理念为指导，落实一号文件部署，对高效农业专项进行绿色循环优化的推广，促进农业绿色发展。各地将把推进绿色农业发展作为重点任务，结合各自的实际农业生产情况，通过农业科技的创新促进农业绿色可持续发展，促进现代农业高效优质发展，同时确保农业生态环境可持续发展的具体安排。

第一，绿色节能发展理念。

新时期中国特色社会主义建设的发展理念即绿色节能发展理念，这是实现五位一体总体布局、以美丽中国的建设为内在要求的发展理念。在世界经济发展的高压下，信息技术是新的发展点，传统的发展方式必将进行改革。农村绿色发展是传统产业转移中黑色发展模式下反思的结果，改观、减少高投入、高能耗经济增长理念，是实现节能减排，应对气候变化严峻情况、极端天气和自然灾害，保护人类生命安全和生产安全的重要举措。农村绿色发展改变了跨越生态边界、几近崩溃的发展模式，它使人与自然之间的关系变得和谐，创造了生态宜居的农村人居生存环境，增强了人们在经济发展过程中的满足感、快乐感、获得感，使人们对美好生活的寄托与向往得以在生活中实现。

第二，农村绿色生态布局。

完善农村基础设施，实现村容村貌整洁、生活条件适宜、操作方便、农民出行方便的目标。根据村落现状，充分使用现有建设用地，通过改造、分拣、改建等方式控制新房建设用地，整合土地资源，避免土地闲置、浪费，提高生态环境的生活舒适性，从而达到建设生态合理村庄的目的。规划要有针对性，因地制宜，要充分结合地形、水资源系统等自然环境，形成村庄布局和周边自然农业生产环境的有机结合，共同促进山林田野空间形态的生长，有利于凸显现代建筑景观与生态景观的有机结合产生的韵律美。

第三，农村绿色农业现代化。

农村绿色发展可以促进农业发展现代化，加速科技创新，生产绿色产品，引导人们改变传统消费方式，转向绿色生活方式和消费方式，通过低碳生活增强人们的体质，提高健康水平。建设乡村人居环境综合监测平台，实时进行监测，加强农村饮用水水源地水质检测和保护，实现农村污染物和污染源的全程监测，引导公众积极参与农村环境网络监管,从自己做起,一起维护绿色人居环境,共同推进农村绿色经济发展。推进农村绿色发展,这样既可以完善监管体系,对农村发展也有了合理规划与发展指标和责任,形成长效约束机制,也可以保障经济发展和生态平衡。

6.3　新时代职业教育助推乡村振兴战略的人才供给模式

6.3.1　职教体制创新模式

职业教育助推乡村振兴战略必须进行职教体制改革创新,加强乡村振兴人才体系供给。乡村振兴制度供给的关键内容就是农业农村各类人才与高素质劳动者的供给,职业教育的发展为乡村产业提供了实用人才与现代化技术资源。不断提高农业生产科技以及装备水平,完善农业生产体系,构建与现代市场经济发展相适应的农业生产体系。

第一,实施三大工程。

其一,强农兴农教育工程。以农业主导产业发展为核心,向广大农民开放与农业生产相关的职业教育,以此来达到引进项目、培训人才、形成产业、富裕百姓的效果。其二,劳务经济教育工程。以促进农村劳动力转移为目标,向广大农民开展引导培训和职业技能培训,使他们能够掌握几项能够适应第二、第三产业发展需要的专业技能,以此来提高其在劳动力市场上的竞争能力,不容易被社会淘汰。其三,农民创业教育工程。对有意向创业并具备一定能力的农民,给他们提供创业指导以提高其成功率,开展的项目有企业基础知识、经营管理能力、市场调查能力和职业道德培训。

第二,推行三种模式。

一是推行校企联合办学模式。即引入市场化机制,学校与企业合作,双方各取所需,学校依据企业提出的标准招生并开展订单式培训教育,企业按标准考核接收合格人员,双方按合同约定结算费用,推进农民职业教育市场化,实现双赢。二是推行"中介机构+培训机构"教育模式。中介机构就市场劳务信息和用工要求,与培训机构联合共同组织农民培训教育,增强教育的针对性。三是开展现代远程教育。通过电视广播、互联网、函授等教育形式对农民开展引导性培训。

6.3.2　专业能力提高模式

人才结构性改革是乡村振兴人才支撑的重要模式,农村职业教育学校特别是县级职教中心坚持面向当地各个产业对劳动者的需求设置相关专业,与乡级和村级农民文化技术学校合作,构建三级农村职业教育与培训网络,按照"一乡一业""一村一品"的发展需要,不断调整专业结构和优化课程体系,为当地现代农业发展、农村劳动力转移和农村城镇化建设培养大量人才。

第一,农业上的突破解决现实和经济需要。

高等教育对农业的研究符合要求,能够解决一些根本上的问题。如著名科学家袁隆平研制的杂交水稻,通过从遗传学角度综合不同品种的优良性状进行杂交,研究出了优良性状不同品种的杂交水稻,使水稻产量跨越式提高,对社会做出了巨大贡献。由此可见,高等教育在农业中占有非常重要的地位。

第二,高等教育对人才非常严格,特别是兴农人才的要求。

科学研究需要对科研产品有充分的认识,科研产品的认识决定了科研人员基础知识的掌握,这直接决定了研究的高度。如果要想有出色的科研成果,就必须有非常扎实的专业基础。除此之外,我们还要有实践精神,在实验中我们能够努力工作。在研究中视野也是非常重要的,研究的另一个基础是研究的视野,需我们对农业有足够的了解,对于农业的生产有着足够的经验。有以上条件和知识的农民很可能创造出巨大的科研成果。

第三,实践出真知。

高等农业教育是立足于实践,对农业实践的认识和实际操作能力是培养的重点,能够探索和发现农业存在的问题。高等教育是以为社会培养有用的人才为目标。实践与专业知识的有机结合,是有用人才建设的重要途径。在农业高等教育中,要着重培养学生的认知和实践能力,加强学生对于农业的有关思想建设,使他们能够对农业有兴趣并且努力学习,身心投入农村农业建设中去。

6.3.3 人才有机衔接模式

党的十九大提出:"完善职业教育培训体系,深化产教结合,校企合作。"要吸引行业企业的深度参与,推进农村职业教育改革发展,加强农村职业学校建设,促进社会各界资源共享和责任分担,全面推进农村人才培养供求侧结构性要素整合,推进人才培养领域"供给侧结构性改革",实现农村教育链条人才链、产业链和创新链的有机衔接,开创国内教育一体化、校企合作的新局面。

第一,相关人员素质有待提高,原来的人员素质不能满足乡村振兴的要求。

乡村振兴现如今是现代社会文明发展的重要组成部分。中国农村地区广泛分布,因此,要充分认识各类优秀人才是农村振兴的重要资源。通过调查发现,我国各地农村人才分布不均匀,主要参与农业建设发展的人才的教育水平普遍偏低,他们不能正确认识农业的发展趋势,很难适应农村振兴发展的要求。在农村建设和发展过程中,越来越多的人才在各种农业生产新技术的应用和运行中出现问题。他们接受能力低,无法掌握现代农业生产技术,阻碍了我国农村振兴的建设和发展。

第二，现有人才数量有限，农村振兴的任务不能很好地分配。

据调查，目前，农村人口大批量地向城市流动，使城市居民越来越多，农村人口越来越少。随着现代社会经济文明的发展，农村地区的农业人才流失越来越严重。在一些偏僻的农村，留守老人儿童越来越多，现如今农村的常住人口是老、弱、残、幼。青年劳动力的走失使我国农村劳动力严重不足，使我国的农业发展进展缓慢，加大了乡村振兴的难度。

第三，人才结构不均衡，阻碍了乡村振兴。

社会经济文明的不断发展会带来更多的效益，同时也会带来很大的困难和影响。目前，我国农村人才结构存在很大差异。老年人居多，人才素质低，使农村各项农业生产活动不能正常开展。一部分人虽然可以为农村建设做出贡献，但却不能适应乡村振兴的更高要求，在更多领域挖掘和培养优秀人才难度更大。

6.4　新时代职业教育助推乡村振兴战略的文化传承模式

根据时代要求，"实施乡村振兴战略""坚持农业农村优先发展"已是我国乡村发展的新型蓝图，也是今后我国乡村发展的总目标。乡村振兴战略离不开乡村文化的引领，通过职业教育结合乡村文化构建乡村振兴战略新模式，以激发乡村发展的内生动力和外在推力。

6.4.1　旅游融合发展模式

文化本身并不能直接产生经济效益。通过职业教育结合乡村文化促进与新型旅游相融合，产生叠加效应。文化是旅游的灵魂，旅游是文化的载体。只有大力发展乡村文化旅游，才能促进乡村文化由精神向物质的转化。

第一，转变发展动力机制。

我国农村文化旅游大多数是由农村居民为了经济或其他因素自主开发而形成的，在这整个过程中，乡村文化旅游难以避免地存在规模较小、缺乏产品特色和可持续性弱等许多问题。在新时代背景下，要充分发挥政府的作用，政府不仅作为主导者，同时也是协调者，应该把乡村文化旅游与美丽乡村建设有机结合起来，统筹规划乡村基础设施建设和乡村旅游项目，因地制宜，就地取材，充分尊重农村居民意愿，不强迫村民，实施乡村旅游景区区域布局和差异化设计，尽全力打造具有地方特色的乡村文化旅游发展品牌。

第二，整合全球旅游理念。

从区域规模这一角度来看，乡村是开展全域旅游最适宜的空间和场所之一。优秀的乡土文化气息和雄厚的农业文化资源是发展乡村旅游的重要基础，是乡村文化旅游与其他旅游最大的区别特征。同时，农村的不可分割性使得农民个体难以为游客提供全面的乡村文化旅游体验。只有农村居民全体参与和共同推动才能形成吸引游客的乡村文化旅游。从整个农村的角度出发，整合农村独特的文化资源，推进农村居民积极参与的民俗村建设，使农村文化旅游焕发出长久的生命力。

第三，注重农业文化的继承与创新。

中华文明上下5 000多年的悠久发展历史孕育了灿烂的农耕文化，为各地发展乡村文化旅游提供了适宜的土壤，提供了优质的旅游资源。优秀的农耕文化是乡村旅游发展的灵魂，是乡村文化旅游最重要的竞争优势之一。积极推进农耕文化的保护、传承和创新，是农村文化旅游可持续发展的内在要求。要充分挖掘农村农耕文化旅游资源，增强全体社会对农耕文化资源的保护意识，积极继承和发展农耕技术、农风民俗、传统风情、饮食服饰、传统民居等优秀农耕文化，将其融入乡村文化旅游的各个方面，不断满足游客想要亲身体验农耕文化的要求。

第四，积极建设生态宜居新村。

农村文化旅游对农村生态环境的好坏具有很强的依赖性，这也就要求各地区在发展农村文化旅游时必须坚持绿水青山是金山银山的理念，注重生态保护，绿色发展。在资源开发和工程建设过程中，运用生态文明建设的理念和方法，以推进厕所革命发展为契机，以建设美丽农村为载体，加大对农村街道、河道治理和生活垃圾、污水处理设施等建设的力度，通过美化、绿化等一系列措施，优化农村生活居住环境，全面提升农村居民的生活质量和游客在当地的旅游体验。

6.4.2 文化传承创新模式

支持民族地区职业院校，着重开发一批能体现乡村特色文化、具有产业化发展前景的乡村传统技艺专业，传承创新民族文化、民族技艺。鼓励乡村文化资源由静态保护转向开发利用，促进乡村文化价值和经济价值相统一，使文化真正成为支撑乡村振兴战略发展的宝贵财富。

第一，确立农民在文化中的主体地位。

党的十九大报告明确提出要"实施乡村振兴战略"。乡村振兴是新时期全面建设中国特色社会主义小康社会的历史任务。乡村振兴不仅要为村民的现代化生活提供物质基础，更要为和谐乡村的重建提供精神营养。"在中央大政方针政策已经明确的情况下，乡村治理需要在土地制度完善、农业服务体系建设、公用设施建设和管理、农民社会保障等方面取得突破。"要实现农民文化发展权，需要将政府由主导向多元参与的格局转变，把乡村建设的核心领导层转变成多元素的核心，并且实现乡村多元化的实施者和落实者都必须是农民，以农民为主体，农民是乡村活动的主体，具体来说，"就是在村民自治制度和文化建设中确立农民的主体地位，以程序和制度规范文化的建设"。当前，我国农村文化建设的主要任务是将制度安排与基层农民的利益相结合,将两者之间的关系协调统一、求同存异,有赖于农村的多元参与机制。"通过以农民为核心,包括媒体、乡村精英、村干部、基层政府等多元主体的共同努力,不仅能弥补基层政府公共文化服务能力不足的问题,而且能更好地实现农民的文化权利,调动农民的积极性。"

第二,培育农民的地方文化认同。

传统优秀的乡土文化是中华民族的优秀传统,是文化的源泉,也是农民们对于乡土感情的载体。乡土文化不是虚无缥缈的雾中之花,它是具有生活性、自然性和乡土性的特点,是绽放在广阔土壤上的鲜花,是农民对于生活的希望。乡土文化建设主要是培养农民的价值认同,由城市向多元化的进展融合。但是在融合过程中,工业的文明与城市文明可能会给当地的人民带来影响。所以我们在进行乡村振兴的时候,应该发展乡土文化,把农民对于土地的认知和文化归属培养起来,使他们在建设中要有强烈的责任感与使命感,将他们对于农村振兴的这种情怀转化为国家的一种认同和对民族的一种认知,要对乡土文化教育进行深入开展,把好的文化教育宣传到学校教育中,让学生从小便对乡土文化产生浓厚的兴趣,在成长过程中,对于乡村的文化能够有很好的认知,从而促进一代代人对于乡土文化的传承与有效发展。

第三,培育乡村地方文化的传承是现如今乡村振兴的重要发展趋势。

在乡村发展过程中,如果想在发展中取得先进的成果,乡村必须自己培育人才,想办法留住人才,吸引人才在乡镇进行创业。但是随着城市化进程的发展,很多的精英人士在农村不断外流,他们逐渐走向城镇,使农村的人才流失较为严重,现如今剩下的只有老、弱、病、残、幼这些没有劳动能力的人留下来。但是他们的教育水平也不足以撑起地方文化传承的任务,这些任务也不只是留守老人、妇女、儿童的任务。这要求我们首先应该做到以下几点。一是保护现有的民间艺人。虽然农村文化发展滞后是目前的主要问题,但是农村文化并不是粗浅的知识含量,反而是有着地方丰富的文化资源,是当地各类艺人最活跃的因素。如印刷、相声、剪纸、戏曲、杂技等传统民间艺术仍然深受群众喜爱,具有很强的传承力。所以在地方文化建设中,要对这些地方文化成立一个文化库,给予这些民间艺人一些补助与资助,鼓励他们大力保护、传承乡村文化艺术。二是培育文化农民。农民是地方文化建设的主力军,也是地方文化的主要传承者与创造者。当地文化的发展离不开懂得艺术的农民。三是设立文化基金委员会,既可以对乡村文化进行保护,也可以使这些农民艺术家更好地发展文化艺术,保护了当地的文化意识。但是这些教育经费不仅仅是对艺术的传承,应该鼓励农民自己进行创新,促进文化艺术多形式发展。四是重视教育,积极整合相关资源。教育是振兴之本,是农业建设的重要环节,教育是培养地方精英最根本、最有效的措施。梁漱溟认为:"教育就是帮着人创造,他的功夫用在许多个体生命上,求其内在的进益开展,而收效于外。"在我国的城镇规划中,中国式教育资源要向农村倾斜，不仅仅集中在城市，应注重乡村学校的建设、教师质量与师资队伍的力量以及配套有效设施建设，还应该对现有的教育资源进行多形式的培训，开展地方文化教育，培养地方导师，让每一个地方文化人才确保有专业导师的指导与辅助。有条件的还可以开设地方人才培训班，聘请各类专业艺术人士进行培训，使乡土艺术不仅仅只是在家人之间传播，将文化艺术向全面开展，使文化艺术的传承更加源远流长。同时，还可以宣传当地文化艺术，提高专业素质艺人的表演能力。

第四，社会主义核心价值观的建立是引领机制。

在乡土文化传承过程中，精神意志抵抗能力弱的农民容易在精神信仰方面产生迷茫，从而产生一种主流淡化的意识形态，很难形成对社会的道德理论和社会规范。所以乡土文化的传承要从多方面发展，要注重乡土文化的发展趋势与社会核心价值观之间的关系，应该以社会核心价值观为主体。以社会主义核心价值观来引导农村多元化的发展，从而增加对乡土文化的凝聚力和创造力。在乡土文化的发展过程中，我们应该将其内在的文化基因与精神内涵进行充分挖掘，处理好乡土文化与社会主义核心价值观之间的关系，将乡土文化中美好的一面积极发扬，例如勤俭质朴、和谐共生等，将其融入时代，将诚信、勤劳、互助、淳朴、仁爱等道德价值观融入社会主义核心价值观，使二者之间形成双向的良性互动，共同吸收其文化的优点。既发扬了社会主义核心价值观，又使乡土文化有了很好的文化体现，使之有文化的历史韵味，也有现代的时代韵味。在东西方文化的交流汇合中，要吸取精华、去其糟粕，有选择性地去吸收，这样可以使我们的乡土文化更加的完善，使它的文化元素更加丰富。

6.4.3 功能完善配套模式

创建乡村文化示范性职业学校，发展乡村经济管理体系，要以政府推动为主导。将乡村的经费进行实时落实，这样既可以保证文化的传承，也可以保证乡村的生活水平。并且按照一定的比例将经费在文化设施中使用，将其列入市县财政的预算，减少城镇与乡村之间发展不平衡的趋势，使公共服务公平化。

随着社会经济和城市化的不断发展，以人为本的新型城市化，加上工业化、信息化和农业现代化的共同发展，人们有了比以往更好的居住选择，人口流动也不断增加。农村人口不断向城市聚集，小城镇往大城市前进，久而久之，农村人口、学生数量锐减，但目前还并不会消亡。农村经济在社会经济的发展中还是有一定地位，农村地区将长期存在，一些偏远的学校，特别是农村小学和教学场所也将长期存在。国家的义务教育是农村基础教育的重要组成部分。农村教师队伍的建设是乡村教育发展的首要重点。因此，每个人都应该有受教育的权利与使用教育资源的配置的待遇，每个人都是平等的，不管你的地域、种族、家庭背景、经济状况等外部因素，这有利于教育大门更全面地向有才能的人开放。

目前，追求教育机会均等已逐渐成为教育职能优化配置的主要内容。由于个人天资、禀赋以及社会、政治和经济地位的差异，教育公平的重点是给每个人一个公平的发展和竞争的机会。从本质上讲，教育机会均等与教育职能完善配置的公平性有关。教育职能的公平配置是指教育资源的配置应以机会均等为原则，保证参与教育资源配置的每个人都能获得平等的机会，即教育职能的配置应保证每个学校或者在同等条件下，每个人都有平等的机会享受平等的教育资源。

6.4.4 城乡统筹发展模式

乡村文化是乡村振兴战略的重要基础和根本保障，是乡村建设的灵魂所在。因此，要把乡村文化建设摆在更加重要的突出位置，结合职业教育实施乡村文化振兴工程。建立健全乡村文化机制，以推进乡村文化建设各项目标任务落到实处，加快城乡统筹发展。

第一，推进城乡一体化，解决两者之间的要素配置问题。

城乡发展不平衡主要是要素配置的不平衡。长期以来，城市中心的生产要素一直往周边地区流动，造成了农牧区的"贫血"发展不平衡，所以我们要优先发展农业和农村的大政方针，打破城乡二元固化，统筹城乡发展，促进城乡人才、土地、资金、技术、信息等要素双向流动。在加快要素流通的基础上，还应建立现代农业产业体系，对农业科技进行创新和推广，创立具有本地特色的绿色有机农产品，不断进行新的研发与培育新的经营主体，促进第一、第二、第三产业融合发展，构建湖南省更加活跃的现代农业经营体系。同时，要确保经济建设和生态保护，保持山川秀美。

第二，推进城乡一体化融合，需要加强农村公共服务建设。

基础设施不完善、公共服务落后是农民目前遇到的主要问题，也是城乡发展之间特别突出的差距与不平衡的地方。2020年，随着省委一号文件的提出，农村基础设施要加大资金的投入，推进城市生活基础设施向农村延伸，加大对水、电、路、宽带、物流等方面的投入和建设，实现城乡基础设施一体化；农村优先安排公共服务，积极推进教育、医疗卫生、社会保障、养老、文化体育等公共服务为农村基础设施建设服务，促进城乡统一；对城乡基本公共服务标准和制度进行整合，从而实现从形式上的包容向实质上的公平转变。

第三，推进城乡一体化，要坚持改革驱动的原则。

深化农村改革，为农村发展增添活力，对农村承包地制度进行改革，特别是集体产权制度的改革，继续推进村集体经济"零破口"工程，使乡村财政有了保障，同时完善了农村金融服务体系，深化农业领域改革。农业转移人口市民化机制的不断完善对户籍制度进行了深化改革，既使城市扩大了包容性，也使农民工可以尽快熟悉新环境。通过改进和突破，可以唤醒和激活农村的资源活力，激发农民的积极性和主动性，进而从根本上激发农村的经济活力。

第四，城乡要融合发展，要充分发挥基层党组织的作用。

走城乡融合发展新道路，在乡村振兴的战略实施中，我们要坚持党的领导的政治优势，基层党组织和基层干部要去积极落实党的政策，发挥"神经末梢"的作用。俗话说："村看村，户看户，群众看党员，党员看支部，支部看干部。"推进农村基层党组织建设是实施乡村振兴战略的重要保证。当前，坚持五级书记推进农村工作，加强对村党组织的整顿，选拔优秀人才成为基层干部，采取措施以人为本，着力培养懂农业的"三农"工作队伍，发挥农村基层党组织的战斗力。

7 新时代职业教育助推乡村振兴战略的实施策略研究

随着时代的不断发展进步，我国也随之步入了一个新的发展阶段，产业升级和经济结构的调整速度逐渐加快，各行各业也加大了对技术技能型人才的需求，进一步地凸显了职业教育的重要性。在这一背景下，全面提升农村劳动力职业技能培训水平，改善培训效果，不断增强农村劳动力的综合素质与职业技能，具有非常重要的作用和深远的影响。农业现代化发展的重要使命、城市化进程的不断推进乃至社会长治久安的战略任务，都需要我们不断提高对农村劳动力职业技能培训的重要性和紧迫性的认识。同时，农村劳动力职业技能培训是一项系统的社会工程，与当地经济、文化、民生发展有着密不可分的关系，其中涉及农村基础教育、城乡户籍制度、农业科研与推广体系、农村企业发展等方方面面的事务。面对这一发展背景，本章针对新时代职业教育助推乡村振兴战略发展的问题，由于国情相同、地理环境相似等特殊情况，在全国范围内都有着一定的指导意义。在实现探索新时代的职业教育推动乡村振兴战略发展问题的基础之上，针对性地提出我国新时代职业教育推动乡村振兴发展战略对策的重大意义。

7.1 新时代职业教育助推乡村振兴战略的主要动力

7.1.1 转变教育思想，重视和加强农村职业教育发展

对传统的农村职业教育办学理念进行改革是重中之重。对农村职业教育而言，发挥着重要作用的是各类的职业学校和技能培训机构。近几年来，虽然国家扩大了普通高校的招生数量，使得更多的学生可以接受高等教育，但每年仍有40%以上的农村学生无法上学接受高等教育。如果无法对这部分学生进行职业培训，会进一步加大农村剩余劳动力过剩的严重问题，进一步影响到城镇化进程。根据这一状况，湖南省政府制定了一系列相关措施，借助舆论、广播和电视宣传等一系列手段，大力宣扬农村职业教育的重要性。在这一系列手段的影响下，越来越多的学生和家长在思想认识上发生了很大的转变，进一步对农村职业教育有着更加深刻的了解，使更多的农村学生进入农村职业教育行列中来。

对于农村职业教育的发展，要始终坚持"以优良服务为宗旨、以完成就业为导向"的发展理念，在满足市场发展需要的前提下，转变国民计划经济思想；

政府需要从传统的宏观调控政策转变为符合新时代新发展的新政策，将调控重点从升学率转移到就业率上来。在新时代的要求下，政府依据市场的需求，将农村职业教育与生产、技术和服务相结合，采用新型订单式培养模式，大力提倡创业指导理念，使农村职业教育有了很大改变。另外，在农村职业教育上，以社会为背景，立足于市场，使办学理念发生了大的变化，让彼此都明确自己的社会责任。在面对市场发展需求时，各行各业的职业教育必须有相应的办学理念。就农村职业教育而言，不能只强调升学率，应该大力提高就业率。由于在农村职业学校进行学习的大部分是农民，是本地区经济的直接就业者，所以，对于农村的职业教育就要从实际出发，培养出合格的从业人员。这要求有关部门做好相关的职业教育改革工作，以尊重市场为前提，提升自己的综合竞争力。

第一，要纠正社会的认知偏差。

在中华人民共和国成立后，由于我国实行错误的工农业剪刀差政策，我国形成了独特的城乡二元结构，使社会认知出现了一系列偏差或偏见：如将农民视为社会底层的弱势群体、地球的修理者，导致农村高素质人才大量流失进入城镇；将农业视为低效益产业，认为农民维持生计只能依靠种田，忽视农业技术的科技含量；给农村套上脏、乱、差的代名词，使得农民在思想上发生转变，以离开农村进入城市为荣。正是因为这些根植于人们思想中的认知偏差和偏见，使得农村职业教育被忽视，视为三等教育，导致选择成为农业类专业生的学生越来越少，甚至在毕业后选择在与本专业不相关的行业进行发展。近几年，为推动农业发展方式的转变，国家开始重视农村职业教育，培育新型职业农民，扭转大众的认知偏差或偏见，让所有人都了解到：作为一名新型职业农民是值得自豪的。农业产业是社会产业必不可少的一部分，是既具有产业属性又有公益属性的高效益行业。而社会主义环境下的新农村是美丽、具有魅力的。

第二，要考虑到现实的需要，尤其是农民、农业、农村的需要。

究其目的，大力发展农村职业教育和农村科技是为了提高农民、农业、农村的教育和科技水平，推动农村的发展。对农民这一群体而言，最有效的便是满足其实际需求，解决他们眼前的问题。由于目前农民对于教育、科技的需求想要得到满足，受众多方面的因素影响，效果也需经过多个环节后才能看到。因此，这要求政府在解决农民问题开展工作时抓住问题的源头，从根本上解决问题，在每个环节中，都牢记农民的主体地位，才能提高工作效果。由此可见农村职业教育与农村科技工作的重要性，这关系到农村政治、经济、文化、社会发展建设的方方面面。从需求层次上来说，当前的农民群体对教育和科技都有着强烈的需求愿望，或者说，农民不再像传统的那样，被动、单方向地接受国家的科教信息和服务，而是主动追求国家的教育、科技资源，迫切想要与相关部门、专家、机构形成一个双向箭头的关系，进行互动。由于我国目前实行的自上而下的线性模式，注重行政而缺乏沟通，使得农民无法表述他们的迫切需求，政府也无法准确了解到基层的需求，最后导致农村的教育、科技与现实脱节，工作效率低下。由于当前农村对教育、科技的需求具有多样性和复杂性等特点，在进行农村职业教育与农村科技工作时，不忘记"以农民为中心"的原则，突出农民在其中的主题位置，在实际工作过程中，了解农民的实际需求愿望，建立一个完善的让农民能表达的机制。

第三，要强化农民自身对教育和科技的意识。

当前我国的农民群体较以前而言在农村职业教育和农村科技成果方面有了很大提高，对这些方面也更加重视，由于受历史、社会、自身等因素的影响，目前农民对教育、科技的意识还不够强，离当代农业发展要求还存在一些差距。对于部分农民来说，农村职业教育可能并不是他们自己的选择，而是被动接受的结果，对于农业科技也不是主动去追求，所以他们是被"灌输"或以"技术示范"的方式来被动接受知识输出。加强农民群体对农村职业教育和科技的重视程度，改变农民被动接受知识的方式，提高农村人力资源和农业科技水平。而且农民群体具有非常强的效仿能力，他们虽然不愿意去主动接受新鲜事物，但对于能够给他们带来实际效益的技术、理念却不会拒绝。所以，在提高农村职业教育与科技服务时，我们一方面可以扩大宣传的范围，另一方面可以树立起依托科教致富的农户作为典范。扩大宣传范围可以利用网络、广播、电视等传媒的方法，渗透在农民生活的方方面面，让他们在不经意间接受教育、科技的理念，让他们自己在尝试后觉得对自己有利，能实际解决问题，让他们能从根本上转变自己的思想，学会主动接受相关信息，从而加强农民的教育、科技意识。树立典范时，要大力宣扬，让农民能从自己身边的人中意识到技术对生产的影响，体会到教育、科技的力量，从而加深农村职业教育、科技的重要性和影响力。

7.1.2 坚持协同发展，构建城乡统筹的农村职教体系

新型城镇化是以城乡统筹、城乡一体、产业互动、节约集约、生态宜居、和谐发展为基本特征的城镇化，是大中小城市、小城镇、新型农村社区协调发展、互促共进的城镇化。在以人为核心的前提下做到"四化"同步，要想推进新型城镇化的进程，就要转移大量的农村剩余劳动力市民化。在新型城镇化的发展进程中，我国的农业要实现现代化就必须要做到"规模、机械、市场、科技"四化同步，依靠高技术、高素质的新型职业农民，转移大量农村剩余劳动力成为必然。因此，提高农民素质、促进农民转移是新型城镇化发展的关键。只有转移农民，才能发展城镇化，实现农业化，而要想农民富裕起来的前提也是转移农民。农村职业教育体系是为了保障大量的农村剩余劳动力转为符合现代农业需求的新型职业农民，要想完成这两个艰巨的任务，这要求必须构建一个完整的城乡统筹农村职业教育体系。

第一，培养新型职业农民。

新型职业农民是指具有科学文化素质、掌握现代农业生产技能、具备一定经营管理能力，以农业生产、经营或服务作为主要职业，以农业收入作为主要生活来源，居住在农村或集镇的农业从业人员。首先，对于新型职业农民的培育应以市场为导向、振兴乡村为目标，依据农业的产业化、市场化和现代化的需求去制订专属的培训计划，针对农业技术、管理和服务人员，根据市场与乡村振兴的实际需求，选择适合他们自身的培训内容和培训方式，以"订单式"的方式进行个性化培育，既能分门别类地进行培育，又能单独提高某些农民的突出技能，进行针对性的培训。其次，在培育新型职业农民的过程中，要深入开展调查摸底工作，全面掌握当地农业劳动力状况，以生产经营型职业农民作为重点对象，根据不同类型新型职业农民从业特点及能力素质要求，科学制订教育培训计划并组织实施。构建一个完整的农村职业教育体系，鼓励与高职院校加强合作。发挥高职院校的作用，通过教师的职能实现资源的共享，开拓教育的渠道与内容，提高培育的质量与效率，让农民接受更加全面而专业的培训，提高农村群众文化、技术、服务等方面的专业素养。最后，当今高速发展的互联网信息技术也可以利用，利用网络，推行线上教学，融合线下培训，使线上线下相结合，推动高职院校在培育新型职业农民中的培育作用。积极探索新型的培训模式，例如"远程教育＋进村入户"等，多方面满足新型职业农民的需求。

第二，构建全新的农村职业教育新体系。

以县、乡职教中心为主体，依托城市的高等职业学校和农业大学等。在县城，依据各县域的经济发展、产业机构、产业特色的需要保持原有农村职业体系建设，即以"县—乡—村"三级为基础。第一步便是加大推进县城职教中心的发展，打造出一个能集合学历教育、技术推广、扶贫发展、劳动力转移培育和社会生活教育的综合性平台，将其服务网络扩大至社区、村庄、合作社、农场甚至企业。第二步，由乡镇领导牵头，打造一个资源整合性的乡级农村职业教育培训地和成人文化中心，集合乡镇现有的农村职业教育资源：农技中心、企业、种植基地等，从实际出发，结合理论，培育出新型职业农民。第三步，构建一个完善的沟通机制，连接农村职业教育、城市高等职业教育和农业大学，完善中高职的衔接机制，打通中等职业教育到高职专科到应用型本科再到专业研究生学历之间的上升机制。在招生、培训、师资等各方面加强合作，让农民也能通过通道自行升学，以本领就业。如现今推行的对口高考、"3＋2"等，就受到了广泛的欢迎，所以，乡镇政府可以加大力度，进一步推进，扩大其比例。还可推行不同招生方式，如联合招生、委托招生等，或通过由县招生、城市培养等不同方式进行合作。最后，加强对进城务工的农民进行培训，做到城乡联动。在农民工进城之前，当地的农村职业教育做到自己的本职工作，对他们进行基础性的知识教育和技能的培训，加强对《劳动法》等相关法律的宣传，增强他们的就业法律观，对城市生活方式进行介绍，使他们在进城后能更好地融入城市生活。农民工进城务工的城市，要在城市发展规划中加入对进城农民工的教育和培训，如城市社区教育、职业院校等地方的教育资源要利用起来，对农民工进行二次教育。

7.1.3 加强政府统筹，完善农村职业教育的保障体系

要想维持农村职业教育的可持续发展性，建立一个完善、完整的农村职业教育体系是保障其发展的必不可少的因素。这也是世界发达国家发展的普遍规律，我们无法避免，因此，我们要在城镇化发展、新农村建设、发展农业现代化、扶贫攻坚工作中发挥出我国农村职业教育的基础性和先导性作用。要相信，农村职业教育在我国现在和未来的工作发展中都将大有作为。要想搭建一个完善的农村职业教育发展保障体系，我国政府应从法律、投资、组织、督查、后勤等方面开始进行建设。

第一，完善健全的农村职业教育法律法规的建设体系。

我国法律方面，有很多都涉及了农村职业教育，如：《宪法》《教育法》《职业教育法》《职业教育体系规划（2014—2020）》《国家职业教育改革实施方案》等，但这些法律法规都不是专门为农村职业发展的。由于我国农村发展的一些特殊性，如在特定时期有着特殊任务、人口多等，且具有复杂、长期、艰巨等特性，所以我国需制定专门的与农村职业教育相关的法律。关于最新发布的2019年《国家职业教育改革实施方案》，该方案中对我国职业提出了新要求，树立新发展理念，牢固服务建设体系，完成高质量就业需要，了解最新社会发展趋势，完善农村职业教育发展体系，对办学体制和育人机制进行优化改革，以适应产业发展方向为需求促进就业，鼓励社会企业对农村职业教育的支持，大力培养高素质人才和新型职业农民。

第二，加快职业资格证书改革，改进职业教师职称评审方法。

制定一个全新的职业教师评定方法。新的教师评定需制定新的评审方法，上报教育局、人力资源部门及学校部门进行备案。让高校直接拥有自主评定职业教师的权利，将职称评审、自主评价、按岗聘用一条龙的权利全部交由高校。对于无法独立完成组织评审的高校，可委托其他高校进行评审或多个高校联合进行评审。高校在建立新的评价体系，完善专家评价机制时，要将师德表现作为评聘的首要条件，提高教学业绩在评聘中的比重，建立以"代表性成果"和实际贡献为主要内容的评价方式。高校可建立绿色通道放宽对海外回归人才、急缺人才的条件限制，如资历、年限等，灵活评审。

第三，构建完善农村职业教育投入机制。

首先就得完善政府财政性的职业教育经费投入机制。依法出台一些经费的使用标准，如职业院校经费使用标准、公用教育经费的投入标准、新型职业农民培

育经费标准等。中央财政机构应加大对欠发达地区、边界地区、少数民族聚集地区等地的农村职业教育经费转移支付力度。其次,完善资本投入的渠道,接受企业、行业、个人等不同社会资本的不同方式投入。通过一系列方式鼓励企业、行业、个人等社会资本的投入,如:财税、宣传、社会信誉等鼓励他们举行捐赠、参股、基地等多方式推动农村职业教育的发展。最后,可以采用各院校结对子的方式,如县城职教中心和农业大学等院校进行结对定点、定向支持,推进县城职教中心发展。

第四,加强各级领导的责任义务。

中央政府在负责农村职业教育的发展时制定办学准入、质量、经费投入标准等法律法规规划设计,落实中央对特定区域财政上的转移支付力度;省级政府则负责省内的农村职业教育发展的统筹问题,促进自己省域内农村职业教育和经济的协调发展,做好自己本职工作的落实问题。县级政府则是定期对人大代表汇报教育工作进度,建立以县级领导为主要负责人的完善的农村职业教育联席会制度,联合农业、劳动、教育、科技等部门各司其职、齐心协力共同为农村职业教育的发展奋斗。

7.1.4 注重内涵发展,提高农村职业教育的办学质量

目前,我国的农村职业教育的办学水平较低,教学质量也不高,社会吸引力更是不足,这就导致很多优秀学生不愿选择职业教育,更不用说选择农村职业教育了,对于现在的绝大部分学生来说,他们选择农村职业教育就读只是一种无奈的选择。但他们不知道的是,现在的农村职业教育在我国的新型城镇化、新农村建设、工业化、农业现代化中都发挥着极其重要的作用,这是世界发展的普遍规律,如英、美、日、韩、印等国在城镇化、工业化发展过程中都普遍重视职业教育的发展。如今我国政府已做出了大力发展农村职业教育的决策,并在经费投入、组织领导等方面做出了行为规定,这些都是发展农村职业教育的重要外部条件。因为外部条件的改善还得靠内因起作用,所以真正促进农村职业教育发展的最终因素是需要内部因素的有机调整和外部因素的改革共同发生作用;同时,要注重农村职业教育的内涵建设,就需大力提高农村职业教育的办学水平,这样才能增加社会对农村职业教育的认同感和吸引力。

第一,国家应合理规划布局农村职业教育的发展方向。

根据当地的经济发展水平、产业结构和农民教育发展的需要,去合理科学地布局农村职业教育,并且要把农村职业教育的发展规划纳入城乡统筹计划发展之中。加大基础设施建设,我国职业教育的基础设施并不完善,特别是县级政府的职业学校里的硬件和软件的办学条件都较差;所以,有些地区仍旧停留在"一

支粉笔、一本书"的落后水平；由于农村缺乏专业教师，且没有配套的实训设备，直接导致了学生极少能参加实训锻炼，顶岗实习的机会更是少之又少。因此，应加大县级职业学校的基础设施建设；根据国家提出的《国家职业教育改革实施方案》，农村职业教育应利用国家的扶贫项目、重点工程的契机等，加大对农村职业教育的基础设施建设的帮助和教育质量的提高。

第二，国家应培养精通理论、实践能力强的"双师型"教师。

着重改革现今注重学历的教师资格选择，改革偏重僵化的人事编制制度；加快探索适应我国农村职业教育发展的教师资格的人才选拔，和增加流动性的人事规章制度；加强新任教师准入制度、在职教师培养制度和探索职业教育学历教育家企业实践的培养方式，国家教育机构应组织促进专业教师轮岗、积极到企业实习并参与实习基地的实践活动，相关部门还需制定新任教师岗前接受企业实习制度。与此同时，国家还应引用在企业行业中的技术水平，并合理应用发展。另外，道德水平高的能工巧匠，在经过一定的教育理论培养后，就能够在教师岗位任职。

第三，改革创新人才培养模式。

重要的是改变重理论、轻实践的传统模式，加强"产教融合、工学结合"的培养模式；改变加强以实践能力为主的教学模式；加强以实践操作为主要方式的考试模式系统；构建学习内容与课外实践相关联的课程结构；增加创新仿真、虚拟化的信息远程教学模式。积极鼓励职业学校学生去获得学历证书和职业资格证书的双证制度，并大力开展现代学徒制度，让更多的职业学校和企业在招生、培养过程中能够深度合作，培养出理论深、技术精的现代学徒式工人。最后，以不断开展职业技能竞赛的方式，来促进社会对职业教育的认可，促进社会对职业教育质量的提高。

第四，各教育者应健全课程衔接体系。

尽可能满足社会经济结构完善、教育技术的升级与人们对职业教育的需要，达到构建职业教育课程的标准建设。首先，职业教育的行业、课程专业与课程内容需标准衔接。其次，各级职业学校的教学内容要与培训机构的基础教学内容衔接关联，这是打通人才上升的通道。再次，职业教育的课程内容要与普通课程教育内容沟通衔接，使学生能根据自身需求自由选择职业教育或普通教育。最后，为了培养具有创新能力和实践能力强的素质教育人才，更应加大职业教育学生的思想道德建设和人文素质培育。

7.1.5 推动产教融合，发挥企业在职业教育中的作用

即使职业教育的理论知识可以通过学习得到，但是具体的实践技能只能通

过实践并不断总结经验获得。一个原因是学校资金有限；另一个原因是科技发展迅速，学校提供的已经远远满足不了社会的需要。所以动手能力只能在一些行业及相关部门得到培育，这个也普遍成为发达国家里发展的一个规律。但是处于发展中国家的我国，农村职业教育低水平，且与企业缺乏完善有效的沟通合作。由于我国的政府没有指定相关的政策来对农村职业教育进行指导，导致我国农业职业教育与企业的合作也比较少。再一个，据相关人员反映，即使到了企业学习，也未必能学到真正的知识，因为真正的技术没有人来传授，即使传授了，所传授的也只是一些无用的技术。并且由于环境较差，条件也比较艰辛，即使可以在企业实习，但也没有几个人愿意去。此外，由于企业招人不仅仅局限于学校，企业还可以在社会上招募职工。社会上的职工与还在学校就读的学生相比，学生所拥有的社会经验还不足，所以大部分企业更愿意选择在社会上招募职工。

首先，要把工匠精神与基础教育结合在一起。在全省小学课程中要加入实践课，并且把实践内容归到学生综合素质评价中去。加强学校劳动教育，开展生产实践体验，积极组织学生观摩学习行业职业技能竞赛，学校也要大力聘请一些专业人员对学生们进行授课。要积极组织开办一些切近实践生活的活动，例如"有关职业教育的宣传活动"，等等。有条件的学校也要开设有关职业教育的课程，这样更易于学生了解职业。一些实训基地也可以与普通学校联合，也可以在一些企业普遍建设一些高中学校，进行试点，增强职业教育对中小学生的吸引力。

其次，推进校企、产教协同育人，完善招生配套改革。推动学校与社会的对接，比如上课的内容与教学的过程可以与职业相关对象进行对接；紧贴企业岗位改革教学方式方法，开展项目教学、案例教学、场景教学；鼓励校企合作开展各类竞赛，进一步推动试点工作的进行，分为国家、省、市、校四个等级进行试点工作。在试点过程中不断开发与企业相对接的平台，完善教学，从而制定出严谨准确的教学标准。明晰学校、企业和学生三方责权利。职业学校实践性教学课时不少于总课时的50%。

最后，完善产教融合师资队伍建设机制。落实教师队伍建设改革、高校办学自主权有关政策措施，不断地探索方法，找到适合职业教育与应用型学校的职务评定方法，建立一个"双师型"认准的标准。支持企业技术人才和管理人才到学校任教。鼓励高等学校聘用具有行业企业工作经历的教师，从而建立一个培育"双师型"的机制。在这个机制中，学校的专业课老师必须在5年中有不低于6个月的实践时间，每2年不低于2个月的实践时间也可以，新任的教师前3年必须在企业至少实践6个月。

7.2 新时代职业教育助推乡村振兴战略的组织保障

7.2.1 基于中央政府视角下的职业教育助推乡村振兴战略

要想促进农村职业教育的发展，就要全面发挥出农村教育下的劳动分工功能，进一步促进农村经济的增长，这就要求中央政府重视财政支出的政策功能效用。结合目前我国经济社会发展的现实，我国政府需提高对农村基础、职业、成人教育的重视程度，加大投入力度。

第一，加强对农村基础教育的投入力度，能更大化地发挥出农村职业教育的劳动分工功能，进一步促进农村经济的增长。

由于计划生育政策的推行，有效地控制了农村的人口出生率，使得广大农民逐步认可优生优育的理念。目前，社会大众也更加关注如何更加科学合理地教育农村下一代。作为这个问题的重要一部分，农村的幼儿、小学、中学教育也逐步得到了社会的高度重视和广泛关注。由于受一些因素的影响，农村在这一方面上与城镇有着很大不同，因为受农村经济发展滞后带来的影响与制约，农村幼儿、小学、中学教育难以满足当前农村经济社会发展的需要，这一表现在中西部边远山区尤为明显。在此基础上，我国政府应制定专门的政策，从地方经济发展的现状出发，强化农村的财政转移支付力度，尤其是中西部广大农村的教育方面，根据现实来有效满足农村居民对农村教育的需求。

第二，加强对农业职业教育的投入力度，从而更大发挥对农村职业教育的劳动分工功能，进一步推动农村经济的增长。

为了进一步发挥农村教育的劳动分工功能，强化农村职业教育的投入力度，农村职业教育的发展不可忽略。由于我国的实际情况，农村职业教育的发展受到许多因素的限制，发展状况并不太好。仅仅依靠地方政府的财政收入明显很难满足农村职业教育的发展。从发达国家来看，教育支出占 GDP 总值是与经济社会成正比的；但从我国看，即使我国的经济实力比较强，经济总量也比较多，但教育支出占比却偏低，与经济社会发展是不相符合的。改革开放以来，观察我国对教育的实际投入，发现：在整个职业教育投入比例中，农村职业教育投入明显占比低，这与农村经济社会发展地位是不相符合的。中央政府应该在教育支出方面全面分析，根据实际比重采取相应的支出倾斜的职业教育投入体制；在这个过程中，更要充分考虑到经济社会发展的实际情况，要对欠发达的农村职业教育发展引起充分的重视。

第三，加强对农村成人教育的投入力度，从而更大发挥农村教育的劳动分工功能，进一步促进农村经济增长。

由于我国农村成人教育现阶段的发展状况，加上我国不同行政单位的财政实力,更要根据实际来发展农村成人教育,促进经济的增长,中央政府不仅止步于强化对教育发展的投入力度,更应该实施引导性的扶持政策,调动地方办学主体对成人教育投入的积极性,从而全面并且有效地推动农村成人教育的发展。一方面,中央政府需要在了解的农村成人教育的前提下加大对农村成人教育的投资力度,从而扶持该教育机构的健康发展。另一方面,中央政府更应该通过一些财政支出来支持和引导农村成人教育办学的积极性,从而促进教育事业的发展。

7.2.2 基于地方政府视角下的职业教育助推乡村振兴战略

根据我国目前的教育投资体制,对于教育事业的发展,不仅仅需要中央政府的财政支出,还需要地方政府引起重视。再一个,为了全面促进农村教育的发展,发挥农村教育事业的劳动分工,还要中央与地方保持一致,加强地方政府对教育事业发展起的重要作用。具体地说,分为以下三点:

第一,优化教育的结构。

就是把发展中等职业教育当作基础,进一步普及高中阶段的教育,从而建设中国特色教育体系。在保持高中阶段教育普及的同时使更多的城乡劳动力普遍接受高中阶段教育。进一步改善学校的基本办学条件。在此基础上加强省级统筹,建、办好一些职教中心,把重点放在特困地区,至少要建立一所符合当地发展的中等职业技术学校。对各地的中等职业学校的布局结构进行适当的指导、科学配置,把职业教育资源分配好。要加大对部分地区职业教育的政策扶持和金融扶持,加强对职业教育东西协作计划的落实,完善对内地少数民族地区的中职班。进一步完善更新招生机制,在中等职业学校和普通高中建立一个相对统一的招生平台,精准地服务于不同地区的需求。对大部分未接受中等职业教育的人群进行积极的招收,让他们成为乡村振兴战略中的一股力量,为农村的发展培育一批批新型职业农民。更要发挥中等职业学校的重大作用,职业学校应该要帮助一些困难学生完成义务教育,并且学习职业技能。

第二,为了加强对农村教育的投入。

根据我国农村的发展状况,农村教育只是近年来才被社会关注和重视。也就是因为这样,不论从哪个角度看,我国对农村教育事业的投入跟不上实际所需。所以在中央对农村教育进行大量投入的同时,地方政府要实施配套的投入方案。一方面,要满足当地农民对教育的需求,开发农村的教育资源。另一方面,地方的财政支出中要保证对农村教育事业的投入,为农村的教育发展奠定相应的财力基础。如今的实际情况是,地方财政对农村教育事业的投入是较少的,许多的农村教育被划到了高等教育。一个原因是地方政府能力有限,没有多余的资金投入农村的教育建设上去;另一个原因就是当地政府的重视不够。

第三,要重视农村职业教育。

根据国家所做的规划,进行配套的投入。职业教育的发展随着经济的发展不断引起社会的关注，受到重点关注，尤其是这几年，国家还为职业教育事业的发展出台了许多的政策。宏观来看，我国的职业教育已经达到了一种高水平的地位，但是由于多方面的原因，在农村，职业教育远远低于经济发展的需求。农村与城镇相比，城镇的投入需求更低。也就是说，我们要从硬件和软件两个方面来对农村的职业教育进行投入。当国家投入已经满足不了时，就要加强地方对农村职业教育事业的投入。地方政府可以采用直接和间接投入方式。直接投入即直接进行资金投入，而间接投入则可以通过多种途径来对农村职业教育进行投入。

7.2.3　基于相互协作视角下的职业教育助推乡村振兴战略

劳动分工功能对农村教育发展有很大的影响，充分发挥其功能，从而促进经济的增长，不但需要国家的大量财政支出，更需要地方政府的配套投入；所以地方政府要对农村教育发展引起重视，促进中央与地方的协作。具体分为两点：

首先，中央要加强监督与管理。这就需要各部委积极承担职责，采取各种各样的方法与手段。比如财政部，应该按照规定保证资金精确投入到位；审计部要根据国家所制定的政策对地方的资金进行审核，严格把关每一笔资金的使用情况，按规定使用。对于服从国家指令的地方政府要及时进行奖励与鼓励，但对于违规违纪的地方政府要采取相关措施进行严惩。只有这样，教育经费才能够真正投入教育事业中。

其次，地方政府也要加强自律，要重视农村教育事业的发展。地方政府只有发展农村教育，才能够有效地发挥劳动分工功能，从而促进经济的发展。地方政府也要积极地寻求教育经费，从而推动教育事业的可持续发展。尤其要对农村教育事业引起极大的重视，要将其纳入规划之中。又因为我国的农村教育事业已经"欠费"严重，所以，地方政府更应该合理分配资金，统筹规划，严禁滥用经费，造成财产的流失，杜绝浪费现象的出现。

7.3　新时代职业教育助推乡村振兴战略的具体对策

7.3.1　新时代职业教育助推乡村振兴战略的政府支撑对策

（1）加大对湖南农村地区教育的财政投入

研究表明，财政投入资本与农村人力资本成正比，即政府对于农村教育投资越高，农村人力资本增长越大，从而促进农村人力资本知识水平提升，农民受教育程度越高，知识水平便更为丰富，这对于农村经济发展，农村人均收入增加发挥着显著作用。因地制宜，就湖南农村发展现状来说，农村教育投资主要来源于政府财政投入。

鉴于目前高校发展状况，政府应扩大高校经费的使用权，不断完善相关的高校拨款制度，优化拨款结构，提高经常性经费预算，加大基本保障力度。改进完善项目管理方式，完善资金管理方法，采用额度管理、自主调整等不同措施，以扩大高校项目资金使用力度。学科建设、科研课题等专项资金及专项工作，原则上不要求高校按固定比例硬性配套。赋予高校一定预算调整权限，简化调整程序，高校可按政策自行办理支出预算经济分类项级科目调剂，报主管部门和财政部门备案。进一步完善高校国库资金支付方式范围划分，扩大财政支付范围。

扩大高校资产采购权和处置权。对具备组织政府采购能力和条件的高校，经主管部门和财政部门同意后，允许按照政府采购法律制度规定，自行组织采购，自行选择评审专家。适度提高资产处置的备案和报批标准。高校自主处置已达使用年限并且应淘汰报废的资产取得的收益，留归高校，纳入学校预算，统一核算，统一管理。税务部门也应执行好各项关于高校的税收优惠政策。各高校要牢固树立勤俭办学理念，强化高校资产管理的主体责任，建立健全国有资产监督管理责任制，提高内部控制水平，防止国有资产流失。与此同时，高校应依法接受审计监督。

简化高校基本建设项目审批程序。列入国家或省政府批准的相关规划的项目，或总投资低于1 000万元且不需新增建设用地的项目，不再审批项目建议书，直接进入可行性研究报告审批程序。总投资低于1 000万元的项目，可以简化可行性研究报告编制内容，不编制和报批初步设计及概算，其建设投资按可行性研究报告批复的估算投资额进行控制。

（2）合理引导优质师资流向湖南农村地区

农村地区的教育质量取决于农村师资队伍的优异与否。对此，可以从师资培养、教室待遇、教师发展前景等方面吸引优质教育资源流向农村地区。

第一，师资培养方面。

因地制宜，结合湖南农村地区，尤其是贫困地区和少数民族地区，针对这些地区的特征，选拔一批优秀学生接受更优秀、更高层次的免费师范生教育，规定师范生毕业后在家乡从事教育行业的最低年限。然而，尽管我国实行了免费师范生教育，但高等师范学院覆盖面小、对学生要求高、招生数量有限，毕业生服务范围窄，效果有限。在未来，免费师范生教育应面向少数民族地区、贫困地区，实施院校也应向普通高等师范学院开放，从而培养出适宜农村地区的师资队伍。与此同时，应加强农村地区与城市的交流，定期选派农村教师到城市学校或高校进行交流学习，提高师资队伍教学能力。

第二，教师待遇方面。

政府应提升财政对农村地区教师队伍的补贴力度，促进农村、城市地区教师队伍待遇一体化、公平化。就湖南而言，少数民族地区教师队伍在待遇方面应更高于其余地区。国家可以把农村地区的师资力量纳入公务员体系，如此，既可以提高教师待遇，同时也提高了教师的社会地位。

第三，教师发展前景方面。

对于在湖南农村地区扎根的教师队伍，可以在评优、评先、进修学习等方面提供适当优待；对于城镇教师在农村短期支教的教师队伍，可以给予其物质和精神上的鼓励，并且在今后的评优评先中，享有优先权；政府应继续加大推动各高校毕业生在农村支教的力度，在政策上鼓励和支持高校毕业生扎根农村、服务于农村的教育事业。

(3) 合理调整湖南农村地区整体教育结构

湖南农村小学教育所占比重一直维持在50%左右，初中教育增长幅度高于湖南城镇和全国农村，与此相反，湖南农村高中教育所占比重、大专及以上教育所占比重上升幅度最小。这表明，湖南农村教育结构不合理，虽然，湖南农村基础教育得到极大发展，但是湖南农村的中等教育、职业教育、高等教育的发展严重滞后。在职业教育方面，首先，政府在大力发展基础教育的同时，应不忘发展职业教育。政府可以建立农村职业教育发展专项基金，实现专款专用；鼓励、引导具备学习能力的农民参与职业教育。其次，要促进思想解放，突破"唯学历论"的陈旧观念，宣传"任何劳动只是社会的不同分工合作，没有高低贵贱之分"的理念。实行校企合作，鼓励企业高层领导者来校讲学，指导学生学习专业技能，引导企业就地培训，提升学校就业率，吸纳毕业生就业。这有利于学生了解学习专业的前沿技术，掌握实用专业技术，在提高学生学习能力的同时，增加就业渠道。最后，在农闲季节，提升农业、林业、牧业、渔业、果业等专业的种植栽培技术，增加养殖技术的课程，引导农民学习，并在学习费用上给予照顾，这样既有利于充分利用学校学习资源，也有利于提高农民生产的使用技能，培养新型农民。

7.3.2 新时代职业教育助推乡村振兴战略的社会治理对策

在习近平新时代中国特色社会主义思想的指导下，全面贯彻党的十九大和十九届二中、三中全会精神，紧紧围绕统筹推进"五位一体"总体布局和协调推进"四个全面"战略布局，按照实施乡村振兴战略的总体要求，坚持和加强党对乡村治理的集中统一领导，坚持把夯实基层基础作为固本之策，坚持把治理体系和治理能力建设作为主攻方向，坚持把保障和改善农村民生、促进农村和谐稳定作为根本目的，建立健全党委领导、政府负责、社会协同、公众参与、法治保障、科技支撑的现代乡村社会治理体制，以自治增活力、以法治强保障、以德治扬正气，健全党组织领导的自治、法治、德治相结合的乡村治理体系，构建共建共治共享的社会治理格局，走中国特色社会主义乡村善治之路，建设充满活力、和谐有序的乡村社会，不断增强广大农民的获得感、幸福感、安全感。

(1) 强化基层政府的社会治理职能

第一,加强组织领导。

各级党委和政府要充分认识加强和改进乡村治理的重要意义,把乡村治理工作放在首位,将其纳入经济社会发展总体规划和乡村振兴战略规划,对部分乡村地区进行试点工作,及时发现、研究、解决工作问题,将加强和改进乡村治理工作纳入乡村振兴考核。将党组织领导的乡村治理工作作为每年市县乡党委书记抓基层党建述职评议考核的重要内容,推动层层落实责任,各省(自治区、直辖市)党委和政府积极贯彻落实,每年向党中央、国务院报告推进实施乡村振兴战略进展情况时,要将乡村治理工作情况作为重要内容。

第二,建立协同推进机制。

严格落实责任,加强部门联动关系,建立辅助乡村运行的机理机制。党委农村部门要充分发挥带头作用,强化统筹协调、具体指导以及督促落实,针对乡村治理工作开展督导,并对乡村治理政策实施情况开展评估。组织、宣传、政法、民政、司法、行政、公安等部门要按照各自职责,强化政策、资源和力量配备,强化工作指导,做好协调配合,从而形成工作合力。

第三,强化各项保障。

各级党委和政府应加强乡村人才队伍建设,充实基层力量,对第一书记、驻村干部等围绕乡村治理工作人员进行培训,更有利于其开展乡村治理工作;聚集各类人才资源,引导农村致富能手、外出务工经商人员、高校毕业生、退役军人等在乡村治理中发挥作用;加强对乡村社会治理设施装备的保障,落实乡村治理经费,切实保障村干部基本报酬,建立健全与绩效考核相挂钩的报酬兑现机制体制,有计划的,对村干部进行定期培训。坚决取缔形式主义、官僚主义,让基层干部从繁文缛节中解脱出来。进一步激励干部新时代、新担当、新作为,坚持为人民服务,鼓励各地创新乡村治理机制。各基层政府组织开展乡村治理示范村镇创建活动,大力宣传乡村治理先进典型,营造良好的舆论氛围,从而达到乡村治理的目的。

第四,加强分类指导。

各级党委和政府要因地制宜,结合本地实际,围绕加强和改进乡村治理的主要任务,分类制定落实措施。对于普遍需要执行和贯彻落实的政策,政府要加大工作力度,逐级落实责任,明确时间观念,尽快取得乡村治理成效。对于乡村治理需要继续探索的事项,组织开展各村试点,勇于探索创新,及时总结经验,改正不足,加快试点推广。对于鼓励提倡的做法,会有针对性的借鉴实施,形成适合各村的乡村治理机制。

(2) 健全基层政府的制度法律体系

第一,要完善和细化与村民自治有关的相关规定,使村民自治制度更加严谨，操作更加便捷。

同时，建立起法律救治制度，用来处理在村民自治过程中小概率出现的违法违规事件，做到监督有力，让村民投诉有门。法律是用来约束人们的行为的，所以农村社会治理的管理者也是需要被法律所约束的。法律在其中的重要性不言而喻，法律也是无法被替代的。自中华人民共和国成立以来，我国村民就实行自治制度，在这么一段时间里，他们总结了非常多的经验，总结出一套适合治理社会各种事物的方法，并写为法律条文。即为《村民委员会组织法》，以法律的形式对村民的行为进行约束和规范。

第二，保障农村社会工作进行时的有序性和可持续发展性，尽快完善完备法律法规。

我国农村社会的保障立法应在原有的完备社会保障法律的指导下，进一步推进农村社会的保障。从社会保障的各个方面确定生硬的法律法规。我国作为农业大国，农民人口数量是很多的，导致我国在社会保障工作上难度系数急剧增加。所以，各级地方政府要制定一个适合本地区的地方性法律法规，以此来保障本地区的广大农民的权益，保证本地区的农村社会保障工作顺利展开。只有有了法律法规的保障，执法工作才有了指导，加强对执法队伍的建设，让法律法规落实到农民的权益上。

第三，加强宣传农村社会的保障工作，让农民对自己的知情权有了解，这对农民了解自己的生存和发展有着重要意义。到2020年，现代化的乡村治理制度框架和政策体系才基本形成，农村基层党组织要发挥好自己战斗堡垒的作用，以党组织为领导，加强建设。推动村民自治化，村级议事制度及乡村治理体系的完善。到2035年，乡村的公共服务、管理、安全保障水平都有了明显提高，以党组织为领导的乡村自治体系更加完善，乡村社会的治理基本实现现代化。

（3）创新农村的治理体制机制建设

第一，建立一个新的体系。

这个体系以基层的党组织为领导，村民的自治组织和监督组织为基础，集体经济和农民合作组织为纽带，其他经济为补充。让村党组织全面负责领导村民委员会和村内的监督委员会，集体经济组织、合作组织及其他社会组织。村民委员会要履行自己的自治性组织功能，增强村民的自我管理、教育、服务能力。村务的监督委员会要发挥自己在村务上的监督作用，在村务的决策和公开上及财产管理等方面实施监督。而集体经济组织要发挥自己在管理集体经济等方面的作用。农民自行组织的合作组织和其他社会经济组织则要按照国家的法律法规行使自己的职权。村党组织书记则通过法定的程序担任村民委员会的主任和村级各组织的负责人。村两委成员应该交叉任职。村内的监督委员会主任一般应由党员来担任，而成员可以由非村民委员会的成员来兼任。党员应在村民委员会及村民代表中占据一定比例。

第二，健全一个村级的讨论机制。

将全村的重要事项和重大问题由村党组织代表研究讨论。落实国家颁布的"四议两公开"。加强基本队伍、活动、阵地、制度、保障建设，实行村内党组织带头人带动整体进行优化提升行动，整顿村党组织涣散问题，做到整乡推进、整县提升，推进村级集体经济的发展。落实村两委换届候选人联审机制，防止候选人以贿赂等不正当的手段来影响换届，严厉打击那些干扰破坏村两委换届的黑恶势力和宗族势力。将受过刑事责任和存在村霸、涉黑涉恶涉邪教等一系列的问题的人，清理出本村的干部队伍。落实好县乡党委对乡村治理的主体责任，推进农村基层党组织的建设和对乡村的治理。落实乡镇党委的责任，乡镇党委的书记和成员要做到包村联户，入户走访。及时发现村内的问题并进行解决。健全村级组织经费保障制度，做到以财政投入为主，稳定村级组织干部。

第三，建立"互联网+"的组织机制。

发展互联网与农村党建相结合的组织机制，建设一个完善的农村基层党组织信息平台，优化全国党员干部的远程教育，推广网络党课教育的发展，提升乡村治理的能力。将党务、村务进行网上公开，让民众了解当前村发展情况。发展互联网与农村社区的组织机制，提高村内信息化的水平，大力推动乡村的建设和信息化的管理，推进乡村委会的规范化建设，进行线上组织帮扶，培育村民的公共精神。发展互联网和公共法律服务的组织机制，建设一个法治乡村。依托国家的一体化在线服务平台，推广现行模式的改革，推动网上政务服务的进行，让群众办事更加便捷。

7.3.3 新时代职业教育助推乡村振兴战略的产业发展对策

要想推动乡村的振兴，实现产业兴旺是其重要基础之一，是解决农村问题的前提。乡村产业发展于县域，以农村的资源为依托，以农民群体为主体，以农村产业的融合发展为路径，是一个具有地域特色、活跃且丰富的农村产业。最近几年，我国农村创新创业的环境得到了很大改善，许多新产业大量涌现，乡村企业的发展得到了推动。但也存在许多问题，如产业不全，产业链短，活力不足，效益不高等。这些离不开政府的引导和扶持。为了促进乡村产业的振兴，现在提出以下意见。

（1）科学合理区域布局，优化产业空间结构

以习近平主席提出的新时代中国特色社会主义思想作为主导，全面贯彻党的十九大、十九届二中、三中全会的精神，落实高质量的要求，坚持农村优先发展的总方针，以实施乡村振兴为战略的总抓手，以农业的供给侧结构性改革为主线，围绕农村的产业融合发展，与脱贫攻坚工作相结合，充分挖掘农村多种功能

产业，聚集农村资源，引领农民创新；突出产业集成，延长产业链，提升产业的价值链，培育发展出新动能，加快构建一个完善的现代化农业产业体系和生产体系及经营体系，推动城乡融合发展格局的形成，为现代农村的农业现代化奠定基础。

因为城镇化进程的推进和产业结构的调整，劳动力就业结构也随之发生了巨大变化。而农村职业教育作为教育的重要部分，也要随之调整自己教育结构的布局，让学校的课程与城市化进程的产业结构相适应，促进劳动力转移的就业率。就目前而言，发达地区的产业结构发展是较为合理的，三个产业的结构也是形成了现代化的。所以农村职业教育在专业设置上要以第二、第三产业为主。在某些发达地区，第一产业占比仍是最高的，因此要在设置专业时面向第一、第二产业，培养该方面的人才。具体可以从以下几个方面分析。

一要强化县域统筹。政府在县域内统筹考虑城乡的产业发展，来合理规划乡村产业的布局，形成以城镇、中心镇等层次分明、分工明显的格局，推进城镇化的进程，做到城乡相互联结、相互沟通、资源共享。完善县域类综合服务功能，构建技术研发、人才培育、产品营销合作统一的平台。

二要推进镇域产业聚集。发挥乡镇的纽带作用，上连县下连村，支持地方建设以乡镇为中心的产业集群。支持农产品的流通，向乡镇集中。引导乡镇发展自己的特色产业，加快要素聚集和业态创新。以此来带动周边地区进行产业发展。

三要促进镇村联动发展。引导农村农业企业与农民合作，实现新模式化的发展建设：加工在乡镇，基地在农村，增收在农户。支持乡镇发展劳动密集型的产业，引导农村建设农工贸专业村。

四是支持贫困地区的产业发展。继续加大对该地资金技术等要素的投入，巩固扩大产业扶贫成果。政府要支持贫困地区开发具有自己特色的资源，发展自己的特色产业。如"三区三州"等深度贫困地区等，鼓励农业企业成为企业龙头产业，让农村合作社与贫困户建立多样式的利益联合机制。引导多种方式的企业与贫困地区进行对接，招商引资。激励农业产业的龙头企业与贫困地区合作，共同创建绿色食品、有机农作物产品生产基地，带动贫困户的发展，让他们进入世界大市场。

（2）结合地方产业结构，加强特色专业建设

要想推动地方经济的发展，地方支柱产业和特色产业是必不可少的因素，是他们发展的重要动力之一。要想推动这些产业的发展，则需要大批的相关人才。而农村职业教育作为培育人才的重要途径之一，必须准确了解当地产业结构发展方向，整合当地现有的教育资源，建立起与地方支柱产业相适应的特色产业，发展成为重点专业，形成有特色的品牌专业。让农村职业教育的发展更加合理，能更加适应地方经济的发展。

对于当前专业的设置，尤其是涉农专业的设置，其在农村职业教育学校所占比例是农村建设是否自觉服务的重要表现之一。在当今社会，全国的涉农专业都逐渐萎缩，而当地农村职业教育学校更应站在更高的角度下对本校涉农专业进行建设。一方面，可与当地特色产业相重合，增强涉农专业与地域性的契合；另一方面，要规范本校现有涉农专业，举办具有自身特色的专业品牌，从实际出发，立足当前，考虑长远，引领专业建设的长远发展。

从一个角度来说，农村职业学校的涉农专业要根据当地的特色来发展。一个特色产业作为该地区的"名牌"，对于该地区的发展有着重大意义。为了配合当地农业产业的发展，一般农村职业学校会设置相关的专业来培养相关人才。在设置相关专业的时候，首先要确定自己地区的优势产业，合理布置产业分布情况。所以，进行市场调研成为设置专业之前最为重要的一个环节，要在当地农业产业特点的基础之上设置相关专业产业。以陕西的合阳县为例，合阳县位于关中平原，是一个以农业发展为基础的大县。该县的农产品经济作物以苹果、红提葡萄为主要产品，在陕西乃至中国都是有名的国家级无害水果生产基地。该县的农村职业教育也适应了当地农业生产特色，设置了与果蔬花卉相关的产业，与此同时，还设置了与农村经济综合管理的成人教育相关专业。其次，农村职业学校的专业设置要与当前社会相勾连，将自己产业发展的方向与市场变化相联合，及时改变自己的专攻方向，发展属于自己的农业特色产品，为本地企业打造特色品牌提供支持，做到适时开发，适度超越。从2016年10月起，国务院办公厅打印颁发了《关于完善农村土地所有权承包权经营权分置办法的意见》，提出完善农村土地三权分置。目前，农村的规模化进行已是无法逆转的，但随着时代的发展，各地的农业产业经营形势在发生变化。农村职业教育学校必须有着超前的眼光来合理规划本院校涉农专业。

另外，要提高职业学校对农业专业的教学质量。对某些职业院校所发现的问题，即开设的专业虽然紧跟农业的发展，但培养的人才却无法满足农业生产的需要。根据此问题可建议职业学校在原有的基础之上，通过市场调查去了解现代农业的相关信息，了解现代农业与传统农业相比的差异点，据此来重建涉农专业的相关知识。对于那些有着悠久历史的农村职业学校，他们虽有着悠久的传统历史，但由于其涉农专业历经多年，依然处于一个传统落后的地位，无法适应现代社会的新发展。如果不能在自己原有基础上进行突破，则很可能在涉农专业方面落后于人。在大多数发达国家中，也有通过农村职业教育推动地区发展的历史，甚至涉农专业对国家发展发挥重要作用，推动国家经济的发展，成为支柱之一。究其原因，还是与涉农专业的时代性和开放性有关。就日本来说，日本的农村职业教育学校就十分注重专业特色，设置的专业与当地特色产业相结合，也注重结合当地产业的需要，两者密切联系，使日本的农村职业学校走上特色化的道路。在此同时，日本的职业学校会根据社会发展的变化进行专业的调整。从20世纪

90年代至今，为适应农业发展的变化，日本已在原有农业基础上做出许多改变，在农村职业教育方面分化出农村经济科专业，加强金融方面知识的教育；在食品产业进行大改革时，日本教育部门适时增加了食品加工专业和食品流通专业。从发达国家的经验来说，只有不断进行建设，才能使国家的农村职业教育保持新鲜的生命力。我国可根据发达国家的经验，在面对我国农业产业结构升级时，农村职业学校可在原有基础上进行升级或淘汰；还可根据本地的特色，将传统专业办出现代特色，使专业更具活力；还要适应农业产业链的发展，完善专业的设置。

（3）推进农业产业转型，创造农民就业机会

将农业进行产业化经营，这不仅能给农民带来收入，也能对我国的农业发展起导向作用。这既促进了我国农业一体化的发展，也对农业资源的循环利用做了合理安排。既能节约农业资源又能增加农业利益，使农民实现产业增收。在进行农业生产过程中，只有实地考察当地的农业发展水平，将我国的小农业与世界市场的大农业进行接轨，实现我国农业的转变。挖掘当地目前的农业产业优势，加强对农民的培训，使农民能持续对农业规模进行经营，实现农业产供销一体化，以此可促进农民的增收和产业结构进行升级，也能为农民提供更多的就业岗位，增加就业机会。政府要做的便是扶植本地龙头企业，以先进的管理方式、强大的经济储备、先进的技术促进农村地区企业的发展。政府要重视农业的产业化经营，加大对其的资金支持，使其逐渐达到商品化和工业化，以农业产业为主导的乡镇地方的中小企业也要做出一些改变，以此来适应当前社会形势的发展，积极提升自身的水平，大力发展农产品的再加工，这样农业产业化经营便可以实现就地经营的目的。为解决当地农村剩余劳动力的问题，也可利用当地的农产品资源为广大农民的就业创造更多的职业岗位。

（4）突出区域优势特色，培育壮大乡村产业

根据我国国情，可以从以下几个方面发展地方特色经济：

第一，把湖南省乡村的现代种植养殖业做强。

不断推动产业组织的创新。推动种植业向四化的方向发展，即规模化、标准化、品牌化和绿色化，从而进一步延伸产业链，提高产品的竞争力。还要巩固粮食产能，对基本的农田加强保护，巩固农田；也可以建设一些对特殊农产品的保护区，从而进一步提高农产品的产能。还要加强对畜禽产能的建设，只有动物的免疫力、防控力等能力提高，产量才会得到保证。进一步推动奶业及渔业的发展与升级。在发展种植业与畜牧业的同时，也要发展林业和林下经济。

第二，把湖南省的本地特色产业做精。

可以根据当地的特色，培育以及种植特色产品，使产品丰富化、多样化、当地化。在种植当地产品的同时，也要加强对环境的保护，保证产品的可持续发展，从而推动当地特色农产品的发展。鼓励当地居民建设农村生产工厂，支持当

地居民生产特色食品、手工业等当地产品。充分利用当地的非物质文化遗产，将传统发挥到极致。这样既保护了传统工艺，又能促进当地产业的进步，延长生产链。

第三，不断提升湖南省农产品的加工流程。

政府要大力鼓励当地农民发展农产品加工业，可以创办一些深加工基地。当地农民要积极参与农民合作社的农产品初加工。农民们可以在一些专业的村镇去学习农产品的加工。加强对农产品的运输以及储存的管理，从而进一步延长产业链。

第四，对湖南省当地的乡村旅游业及服务业进行优化。

增添一些功能齐全的休闲区，比如观光公园等，充分利用当地的环境优势。可以试点一批乡村旅游的重点村，建设一些休闲农业的示范县，从而带动湖南省旅游业的发展与进步。推动湖南省农村传统的小商店变为批发零售，不断服务于农村经济的发展，对农村进行优化升级。

第五，促进湖南省乡村信息产业的发展。

把"互联网+"带入农村，推动农村现代化发展。全力推动数字化农村发展建设，使得信息进村入户，从而完善国家数字化农村建设工程。预测到2025年，农村数字化发展要取得重大进步，推动农村电子商务以及快递物流业的发展。在科技迅速发展的时代，在农村要不断普及4G、创新5G，缩小乡镇与农村的"数字鸿沟"。不断培育出集"创新创业"为一体的新农村创业中心，生产出一批批高技术的农村电商产品，并保持住乡村物流配送体系。全面建成数字乡村的目标要在20世纪中期完成，把乡村全面振兴为一个"业强、村美、民富"的乡村。

(5) 促进产业融合发展，增强乡村产业聚合

要在农村培育多元融合的主体。在保证农业龙头企业发展的同时，也要发展粮食主产业以及推动特色产品的聚集。实施家庭农场的培育计划，鼓励龙头产业带动家庭产业以及小农户参加的产业。使农业合作社以及家庭农场进行联合合作。不断地融合成主体，实现龙头产业与家庭产业的优势互补，利益共享。辐射带动力强的龙头产业要带动新兴家庭产业。

第一，发展多种类型的融合企业状态。

可以采取跨界的形式对产业进行交叉融合，合理地配置农业与现代产业，形成一个以"农业+"为主要特点的发展方向。不断地推动种植业与林业、牧业、渔业等产业的融合；加强农业与加工业的融合；推动农业与文化旅游业的融合等；最重要的是推动农业与信息的融合，不断发展数字农业、科技农业。

第二，建立产业融合的载体。

在本县地区资源的基础上，突出主导产业的同时，建立一批现代化农业园或

者小镇。有条件的可以创建一批农业产业融合的示范园，进行试点。从而形成一种新的发展格局，即多主体、多要素、多业态的发展格局。

第三，建立一个利益联结的机制。

在农业产业与小户农之间形成一个契约型、股份型的合作方式。在利益分配时，将利益分配的重点偏向于产业链的上游，来增加农民的收入，从而促进农民生产积极性。不断地完善农业股份机制以及利润分配的机制，探索出多种利益分配的模式。开展多种经营的试点工作，从而带动农业企业与小农户的正常合作。

7.3.4 新时代职业教育助推乡村振兴战略的教学资源对策

（1）强化农村职业教育师资力量

目前有数据显示，湖南省农村职业教育发展与师资水平有密切联系。观察国外的教育数据可以看出，发达国家极为重视师资队伍的建设，并且从事职业教育的师资应具有由政府颁发的教师资格证书，政府还特别强调了职业教育教师的实践经验的丰富度和教学基本理论的掌握程度。从湖南省农村职业教育师资情况来看，湖南省农村职业学校教师的学历都普遍偏低，虽然国家规定的职业技术学校的教师必须是本科及以上学历，但是从事实状况来看，职业技术学校的教师是本科学历以上的教师数量并未超过总数的50%，而且在这些教师也并不一定真实的掌握了专业技术，他们也不一定适合"职业性"的教育。有些职教教师的动手操作能力更弱，相比较普通教师，职教教师应在实践能力上比普通教师有更高的要求，但实际很多职教教师自己本身就不合格，更别说达到比普通教师更高的教学质量了。

由于湖南省师资队伍水平的低下，湖南省农村职业教育的发展在很大程度上都被制约了，所以政府采取有效措施，但当务之急是提高全体教师的专业水平。具体应该做到以下几个方面：

第一，应从各方面拓展农村职业教育的师资来源，以此来增加教师数量。可是，农村职业学校不管是在地理位置上，还是在薪资待遇上都缺乏对教师的吸引力。所以，在这方面政府必须要制定特别的优惠政策，不仅要提高职业学校教师的地位和经济收入，同时也要解决好教师住房、子女上学等具体问题，从心理上鼓励更多的教师到农村职业学校任职，以确保农村职业教育的持续稳定发展。另外，还应外聘有过硬专业技术，并且符合农村职业学校资格条件的人才到学校任教，这样不仅能让学生学习到最新的专业知识和先进的技能，而且还可以帮助农村职校节约资源，降低办学成本。

第二，对于农村职业教师的选拔，政府也应制定较为严格的标准，人才的选拔改为政策的吸引与实践能力高标准相结合，从而吸纳更多的优质教师，快速且高效地为农村职教的发展注入新鲜的血液。

第三，政府还应出资建立农村职业教育教师的培训基地，让不同程度水平的教师不断地接触到新知识新技术，从而提高整体教师队伍的教育水平。同时，还要加强职业技术教师之间的交流和学习，并且，农村职业学校的教师还应该积极到城市职业学校参观学习、拓宽视野，多多借鉴城市职业教育好的方面，并对自己的教学整体思想提出修改。

第四，好的教师必然是高质量教学的品质保障，但是职业技术教育不同于普通的教学教育；从理解意义上看，职业技术教育更注重于培养学生的动手实践能力，实训基地也是职业学校教师实现教学质量的一个平台，所以实训基地的构建对于职业技术学校来说是一个必不可少的条件；实训基地的构建要由政府政策和资金上予以扶持，并在校企合作上促进双向沟通。

(2) 建立多元化的经费投入机制

与普通教育相比，职业教育更需要大量的资金投入建设实训基地当中，从而更好地培养学生的实践技能。然而提到农村，人们往往不自觉地与"贫穷""落后"等词相联系。各个数据显示，湖南省经济发展不平衡。长期来看，农村一直是湖南省改革的重点，但是数据显示，人均国民收入的城乡差别仍然很大。虽然有些村镇富起来了，但是这些所占比例很小，属于个例，农村基本上都被一些人视为畏途的穷地区。所以，相对于城市而言，农村的资源更加缺乏，对资金的需求也更高。所以，政府应加大对农村发展的关注程度，并真正重视农村职业教育的发展状况，和充分了解农村职业教育的各种需求，再结合当地的经济发展状况，因地制宜，给予适当的经济和政策支持，来保证湖南省农村职业教育的发展稳定。同时，政府更应该关注到贫困人群，给予他们帮扶政策，缓解他们没钱上学的情况，支持鼓励他们加入农村职业教育当中；这样，不管他们是想成为新型农民还是有意去城市创业打拼，都对他们的未来、社会的未来有很大益处。当然，加大资金的投入也可以对农村职业教育的发展有比较大的帮助，但是国家也应该重视资金的投放量和使用情况，以确保在农村职业教育的发展改革上可以有效合理地运用资金，避免资金的不正当流动导致的农村职业教育发展缓慢。

一是鼓励扩大社会投入。国家支持社会力量兴办教育的方式，用来逐步提高教育经费总投入中社会投入所占的比重。同时，各地政府也要完善各方面对教育的补贴、土地划拨等政策制度的实行；并依法落实税费减免政策，加大力度地引导社会力量对教育的投入，和完善社会捐赠收入财政配比政策。最后，按规定落实公益性的捐赠税收优惠政策，极大程度上发挥各级、各校教育基金会的作用，吸引社会捐赠；并加大外资利用力度，积极争取合格的外资捐赠和贷款项目。

二是完善教育收费调整机制。政府应严禁随意扩大免费教育政策实施的范围，出台中小学课后服务收费标准政策。完善非义务教育培养成本分布机制，综合考虑培养成本、经济发展状况和群众承受能力等各方面因素，制定合理学费

（保育教育费）标准、住宿费标准，建立与拨款制度、资助水平条件等相适应的动态收费标准调整机制。此外，自费来华留学生的学费和住宿费标准由学校自行制定。

三是全面加强教育经费管理。首先，计划并实施政府会计制度改革等要求，拨出部分资金改善推进学校内部控制建设，实施并完善经费管理体系，努力实现用制度机制和信息化手段管制。学校应加强学校资金、教育管理等队伍的建设，努力完善教育财务管理干部队伍的定期培训制度。其次，健全预算审核机制。加强预算事前的绩效评估，逐渐扩大项目支出预算和评审范围，并加快预算执行；加强预算执行事中的监控管理，硬化预算执行约束；再加强监督各级教育经费执行情况的统计报告，并将教育经费使用管理情况加入教育督导重点内容之中；还要加强教育内部审计的监督，提高内部审计质量，强化内部审计结果运用，加大审计的整改问责，推动完善内部整治，并推动经济责任审计党政同责同审，以实现领导干部经济责任审计全覆盖。最后，探索建立中小学校长任职经济责任审计制度。

四是全面实施预算绩效管理。政府应把绩效管理深度融入预算编制、执行、监督全过程，并逐步将绩效管理范围覆盖所有财政教育资金，建立并完善体现教育行业特点的绩效评价体系。政府还应强化预算绩效目标管理，开展绩效目标执行监控，加强对学校的动态绩效评价，及时削减对学校低效或无效的资金。更应强化绩效评价结果应用，加大公开绩效信息的力度，将绩效评价结果和绩效目标执行情况作为编制预算、经费分配、完善政策、改进管理、优化结构的重要依据，也作为领导干部考核的重要内容。最后，学校更应该坚持厉行勤俭节约办教育的方式做法，严禁政绩工程、形象工程的出现，严禁超标准建设豪华学校。

（3）改变农村职业教育供需错位

农村职业教育承担着许多的任务，其中最重要的一个就是培育出一代又一代现职农民。农民接受了农村职业教育后其所具备的技能就会得到提高。只有这样，在农民们接触新型农业技术时，才能够真正地掌握并且将其付诸实践，进一步促进农村经济的进步。但是在这个过程中，遇到了许多问题，导致职业教育无法将其作用发挥到极致。产生这些问题的原因，就是在这个过程中没有采纳农民的建议，对农民缺乏了解与关注，这就导致职业教育没有发挥出真正的作用。过程中的一些问题主要包括对农民培训的地点、时间以及内容没有与农民协商。

在当地的查询结果表明：湖南省农民主要的职业教育重点偏向于对产后的培训，这就包含了对农产品的保存、加工与出售。这些都是湖南省的农耕者对知识与技术的需求，但他们却极度缺乏。农村职业教育的目的是让农民们学习到有关农耕方面的知识及技能，并且将这些技术运用到实际中，不断引导农民在生产过程中学习和使用新产品与新设备，进一步提高生产效率；其次，随着科技的进步与发展，农民所具备的知识技能是不能满足社会发展需求的，农民需要具备生产、科技和经营等各个方面的知识。

现阶段，在对农民的培训方面有多种形式，主要以会代训，集中教学等来对农民进行教学与培育，传授农业的知识技能。但是，这些方法也存在缺点，就是难以带动农民的积极性。任何的生产与经营都需要强大的实践能力，农业也不例外。因此，对于农耕者来说，只有在实践中所获得的知识与技能才更利于农民们的掌握。所以总结如下：对于农民来说，培训的地点最好偏于本村，特别是靠近农民们生活的地方。因为只有充分满足了农民们的需求，符合农民们的意愿，农民们的生产积极性才会得到提高，农业职业教育才能充分发挥它的作用，培育出高素质高水平的农民。

7.3.5　新时代职业教育助推乡村振兴战略的农村教育对策

（1）发展"三农"职业教育，完善农民职业教育体系

中华人民共和国成立已有70多年了，湖南省在各地的帮助及自身的努力下，终于建立起一个完整的教育体系，各类教育如：普通教育、成人教育和乡村文化等遍布湖南省的城乡各地，规模扩大的农村职业教育培育了更多的新型优秀职业农民。但是，目前湖南省的农村职业教育还存在着许多不可忽视的问题，如：生源少、教学质量良莠不齐、学生就业困难、无法很好适应当今社会等。一系列的问题导致湖南省的教育体系出现了农村职业教育承办点的资源闲置甚至浪费，为了解决这一问题，我们必须探索出符合实际的解决方案，让农村职业教育更上一层楼。

第一，加大对农村职业教育的投资力度，提高对农村职业教育教学的质量。

据国家下达的有关文件，国家要求湖南省政府加大对职业学校的投资力度，尤其是教学设施，要保证其现代化，教学内容要跟上社会的变化，实现信息化教学，改善职业学校的教学环境；协调好各支持农村职业教育的组织、个人与机构之间的关系，全方位支持农村职业教育；大力推进城市对农村职业教育的支持力度，将农村的职业学校与社会各界紧密联系起来，相互监督，相互促进，推动农村职业教育的发展，增强对农村、农业、农民的服务力度。

第二，根据各级县市的经济发展状况来对农村职业教育进行深化的改革创新。

对农村职业教育的办学模式进行改革，推动以政府为主导，加入行业指导，拉入企业参与的办学模式。改革新型的农村职业教育培养模式，要根据各级县市的需要来进行，依托当地的主要产业，才能发挥该地农村职业教育的优势，与当地的产业相结合。如：湖南需要林农业的专业人员，便设立相关方面的职业学校和专业；水利在农业中是重中之重，则设立水利相关的职业学校和专业，培养具

有相关方面专业知识的人才,运用到农业生产生活中去,大力宣传水情教育,让农民树立节约水资源、保护水资源的意识。改革现有的农村职业教育教学模式,多让有真正职业技术的教师实地教学,实现教育与实践的结合。

第三,加大农村职业教育对人群的吸引力。

大部分的农村职业人才都聚集在各个有着专门相关专业的大中专学校或农业职业学校,而我们的重点就是针对这些专业的学生,建立一个完善的人才培育机制,以吸引更多的人到农村职业教育中来。第一步,完善招生报考机制,提升农村职业教育学生的升学率,让优秀学生有更多更好的选择,如直接进入相对应的农村职业学校;第二步,建立一个完善的奖惩机制,如奖学金、助学金等,激励学生的学习兴趣,吸引更多的学生选择农村职业教育;第三步,政府建立相关的创业就业政策,提升该类学生的就业率,在他们的创业途中,给予一定的政策优待,引导这些涉农学生积极创业。这三步可以形成一个有层次、有系统、开放而又完整的体系,让农村的资源开发得到更多技术人才的支持。

(2) 开展岗前就业培训,完善农民成人教育体系

农村成人教育是推动乡村经济发展的智力支撑,主要面向农村的主要劳动年龄人口,通过对他们进行培训和再教育,形成一个完善的农村成人教育体系。自改革开放以来,我国就一直推行农村成人教育,并且已顺利展开,适应了我国的发展需求。尤其是在我国推动城市化进程时,因其推动了农村企业的发展,促进了劳动力跨区域的流动,所以也加快了我国城市的发展。但由于我国国情的改变,城镇化率的提高,产业结构也随之发生了改变,农民要想转移越来越难、压力越来越大,所以要想提高农民的适应能力,就得提高其素质。要想在短时间内培育出高素质的农民工,其难度可想而知,且效果并不理想,所以,对农民进行岗前就业培训,使其尽快就业,就显得尤为重要了。

在这样的背景之下,湖南省政府在许多地方都进行了试点工作,用多样式的方法对农民进行就业前的岗前培训,虽然获得了一些成就,但由于没有意识到其重要性,缺乏培训资金,导致农民本身的积极性也不高。

一要转变农村人对成人教育的思想观念。政府要起到领头羊的作用,贯彻以人为本的科学发展观,跟着国家的指挥走,将农村成人放在主体的位子上,多引导和培育新型农村职业教育技术人员。政府首先便要做到重视农村的成人教育,大力宣传国家政策和精神,提高农民对此的认识程度和重视程度,开拓他们的眼界,多进行一些宣讲活动,为农民树立起终生学习的思想,打破他们原有的认知,走出故步自封的状态,让他们自己打破不愿学习新知识的枷锁,保持对知识的好奇和对学习的热忱,以此来促进农村成人教育的发展。

二要创建一个适合对农民进行农村成人教育的内容。农村成人教育的课程是要有助于农民的健康发展的,能促进农民积极参与的。所以,要在基本摸清当地

成人的情况后，根据当地的发展需求，制定合适的专属的课程。还可从课程内容的趣味性出发，可吸引更多的农民来参加课程。另外，课程所教授的内容应从实际出发，以便农民更好地加以运用。

三要加大对农村成人教育的经济支持。与其他的教育相比，农村成人教育在经济和物质上都有一定的差异。所以，政府应更加重视对农村成人教育的经费投入。政府可和当地本土企业进行合作，既促进当地的企业发展又可以为当地农村成人教育筹备一定资金；既培养了专业农村务农人员又可为企业提供一定数量的工作人员。其次，在教授某些特殊的课程时，可收取一定数量的资金作为学费，既不为难农民，又得到一定数目的教育经费，"取之于民，用之于民"，使得农村成人教育更好地展开。

四要提高现有的农村成人教育的质量。政府在为农村成人教育提供师资力量时，可以与一些学校取得联系，利用学校的师资和教学资源，对农民进行培训。还可聘用一些专业教师，组成一支强大的师资队伍，在提高对教师素质要求的同时不忘教学质量。在对教师进行考核时，除了专业素养的考核，还要在道德、学历等方面进行考量。最为重要的是，要提高教师的待遇，留住现有师资。将农村成人教育教职工与其他教师一视同仁，在职称与工资水平方面都不应该有差别，只有这样才能留住教师资源，解决农村成人教育的重要问题，提高农村成人教育的质量。

（3）推行多元化教育方式，培养更多的农业劳动者

对于湖南省政府来说，还应推行多种不同化的教育方式，让农民能全方位地学习到更多，提高其综合素质。江泽民同志曾提出的全民树立终身学习意识与古语"活到老，学到老"相呼应，因此应建立与之相对的终生学习教育制度，以符合现下社会的发展趋势。针对农民的学习特点，利用现在网络的普及性，开展远程施教，推送"送教下乡""流动课堂车"等新模式进行培训，建立一个开放式的教育系统，服务全体农民，使他们都能享有优质的教育资源。

如今，新的教育模式已逐步完善，农民可针对自身的情况学习网校课程，制定自己的学历学位学习目标，这样更有学习的动力。而在此期间，农民可以一边学习一边实践，或是利用网络，与指导老师在农业生产现场接受一对一的指导，或是完全脱离农业生产进行学习等，这些方式都是农民可根据自身情况选取不同的学习方式。这种现代化的学习方式，可以让农民足不出户就学到世界各地的先进知识和技术，在学习的同时，既节约了时间又节省了费用，简单方便而有效。

完善健全现有的数字教育资源公共服务体系，形成一个互相连通，点、线、面覆盖，共同互享的数字教育资源公共服务体系，为乡村教师提供更多的优质数字教育资源。通过多种不同的方式进行网络课堂授课，组建农村网络联校群，覆盖本省的所有农村学校，推动城区学校农业职业教师为农村学校学生在线开设相

关课程，着力解决农村学校课程开设不全、师资不足等问题。以正高级教师为领衔人，组建一批具有引领示范作用的"名师网络教研联盟"，推动乡村教师与名师的合作，共同商讨，资源共享。实施新周期职业教师信息技术应用能力提升工程，推动信息化教学应用覆盖全体乡村教师。

  大力推动就业重点群体技能的培训工作。对高校毕业生进行技能就业行动。依托职业院校，面向城乡未继续升学的初中、高中毕业生开展职业技能训练，增强其技能就业的能力和劳动习惯的养成。实施"春潮行动"农民工职业技能提升计划，化解过剩产能职工的安置工作，对失业人员和转岗职工进行特别培训计划，加快其再就业的步伐。实施新型职业农民的培育工程和农村实用人才带头人培育计划。建立健全以"教育培训、认定管理、定向扶持"为主要内容的新型职业农民培育服务体系。对即将退役的军人开展退役前技能储备培训和职业指导，对退役军人进行就业技能培训。对符合条件的贫困家庭开展脱贫攻坚工作，实施国家制定的各项为脱贫而存在的计划。对待服刑人员和强制隔离戒毒人员，进行职业技能培训，使其能更快更好地回归社会。

8 结论与研究展望

8.1 主要结论

本书的核心是研究新时代职业教育助推乡村振兴战略的服务体系及策略，主要通过农村职业教育、乡村振兴战略与"三农"政策等三个方面来研究农村职业教育对乡村振兴战略的发展。为实现研究目标，从理论分析和实证检验两个角度进行分析。具体来说：首先，通过对乡村振兴与职业教育现状进行实地走访、调查，了解乡村振兴与职业教育发展的基本情况，提炼职业教育助推乡村振兴战略的特征。通过研究城乡、区域和产业的不均衡发展，分析职业教育助推乡村振兴战略的意义。其次，通过分析区域发展不平衡、城乡发展不平衡的主要因素以及职业教育助推乡村振兴战略过程中存在的问题，提出新时代职业教育助推乡村振兴战略的影响因素，构建教育助推乡村振兴"五位一体"的发展策略。再者，系统性归纳乡村振兴与职业教育的基本体系构建与模型创新，创建"四位一体"支撑助推体系和精准助推体系，以及产业融合模式、创新发展模式、人才供给模式、文化传承模式的四大运行保障模式。为实现职业教育助推乡村振兴战略的产业链、创新链、人才链与教育链的有机衔接，开创产教融合新局面。最后，从政府、社会、乡村、学校等不同角度研究新时代职业教育助推乡村振兴战略的主要动力，从区域、任务、路径、措施、手段等层次制定新时代职业教育助推乡村振兴战略的对策。

第一，对新时代职业教育助推乡村振兴战略的相关研究进行梳理与评价，了解当前研究的最新动态，从理论与实践两个角度架构本书的研究基础是本书研究的重要平台。

第二，通过对新时代职业教育助推乡村振兴战略的区域现状和城乡发展不平衡的主要因素进行分析，提炼出以政策保障制度、职业教育观念、教育办学基础为主体的三大影响因素，为新时代职业教育助推乡村振兴战略模式研究奠定基础。

第三，对职业教育助推乡村振兴进行探讨和分析，总结职业教育与乡村振兴战略、乡村产业、技术、人才、文化之间的关系，提出职业教育助推乡村振兴战略的新视角、新思维、新方法。一是产业支撑。乡村产业兴旺必须做好基础建设，引进人才，打造现代化乡村产业发展机制，才能使乡村产业不断发展，达到产业兴旺，打造新时代要求的乡村振兴新格局。二是技术支撑。推进农村农业优先发展,推动要素资源更多向农村配置,通过增大乡村各类事业建设能力,贯彻落实乡村振兴建设和农村农业现代化建设目标,切实破解我国经济社会发展不平衡不充分的现实难题。三是人才支撑。将三农人才发展和农村职业教育发展放在首位,为农业农村现代化注入新活力,加速实现农村社会的发展,致使城乡差距进一步缩小,进而推进城乡一体化,最终实现乡村全面振兴战略。四是文化支撑。乡村职业教育能推动乡村文化发展,构建新型乡村发展模式,优化乡村振兴战略路径。持续推动乡村文化资源向乡村文化经济的创造性转化和创新型发展,实现乡村振兴战略全面发展。

第四,以湖南省职业教育与乡村振兴战略为载体,重点调查湖南省职业教育与乡村振兴战略的发展状况,分析新时代职业教育助推乡村振兴战略的现实背景,构建精准招生、精准资助、精准教学、精准就业的"四位一体"助推体系。总结出以下结论:一是精准招生。精准招生体系构建以助推乡村振兴及社会需求为中心点,建立职业教育与精准招生、乡村振兴和社会需求之间的内在关联体系。二是精准资助。为适应社会发展,精准资助体系要准确认识新常态、主动适应新常态、全面服务新常态,加大社会资本及其他形式资本投入的比重,使资助体系走向更加完善。三是精准教学。精准教学体系树立"以人为本"的教学观;实施资源优化配置;改革教学内容和教学手段;实行产学研结合;加强对实践教学的管理,确保实践教学质量。四是精准就业。通过贯彻落实"就业优先"战略,实现更加积极的就业政策,使劳动者普遍得到教育培训和就业机会。

第五,根据乡村振兴战略发展实施过程中的突出问题,提炼其主要原因,从新时代职业教育着手,提出产业融合模式、创新模式、人才供给模式、文化传承模式"四位一体"模式。一是构建产业融合模式。通过产业融合发展、农业质量提高以及农村农业发展三个视角对新时代职业教育助推乡村振兴战略的发展进行系统的分析。二是构建创新发展模式。分别从科技创新体系与绿色节能体系两个维度就新时代职业教育助推乡村振兴战略发展问题进行了探讨与研究。三是构建人才供给模式。从职教体制创新、专业能力提高及人才有机衔接等多角度对新时代职业教育助推乡村振兴战略的发展问题进行了全面剖析。四是构建文化传承模式。为了文化传承的实现,构造旅游融合发展模式、文化传承模式、功能完善配套模式、城乡统筹发展模式"四位一体"发展模式。

第六,在探索新时代职业教育助推乡村振兴战略发展问题的基础上,有针对性地提出我国新时代职业教育助推乡村振兴战略发展的对策。从理论结合实践的角度,提出具有现实针对性、可操作性的思考。一是政府支撑对策,为实现新时代职业教育助推乡村振兴战略的实施提供政策保障。二是社会治理对策,有利于促进县域经济不断发展,为实现社会的转型、全面建成小康社会的战略目标打下牢固的基础。三是产业发展对策,为县域经济发展提供有力保障及发展条件。四是教学资源对策,为新时代职业教育助推乡村振兴战略的新型教育模式发展奠定了物质基础，有利于提高职业教育的实践性和针对性，更好地满足农村职业教育需求。五是农村教育对策，有利于完善基础教育、职业教育、成人教育培训体系，有利于培养更多满足城镇化发展需求的农村劳动者。

8.2 研究展望

第一，进一步分析总结国内外职业教育对乡村振兴战略的成功经验。本书在归纳总结成功经验时，国外分析的样本较少，得到的经验尚少。因此，有待扩大样本数量，进一步研究总结，更全面地为我国职业教育助推乡村振兴战略发展提供指导。

第二，关于评价体系的确定问题，本书未能建立系统性的评价体系，在以后的研究中，选用多样化的研究方式，建立一套包括评价指标、评价方法的"多位一体"职业教育助推乡村振兴发展评价考核体系，有利于反映职业教育助推乡村战略的发展，让其成为政府决策、社会选择、机制优化的依据。

第三，农村职业教育的重要性已经普遍达成共识，是解决"三农"问题的重要举措。在今后的研究中，搜寻更多有关职业教育助推乡村振兴战略发展的相关数据，同时从不同层面进行延伸，更详细地考察、研究问题。进一步结合职业教育、乡村振兴等理论和方法，更加全面和系统地构建支撑体系。

参考文献

[1] 徐健. 职业教育专业结构与区域产业结构吻合度研究[J]. 中国职业技术教育, 2010(24): 21-26.

[2] 章建新. 以产业为导向的职业教育辨析[J]. 教育与职业, 2012(35): 5-7.

[3] 卢璟. 职业教育专业设置与区域产业发展配套研究[J]. 教育与职业, 2011(17): 22-23.

[4] 阚大学, 吕连菊. 职业教育对中国城镇化水平影响的实证研究[J]. 中国人口科学, 2014(1): 66-75+127.

[5] 辜胜阻, 刘磊, 李睿. 新型城镇化下的职业教育转型思考[J]. 中国人口科学, 2015(05): 2-9+126.

[6] 陈正权, 吴虑. 职业教育推进新型城镇化的机理、路径与保障[J]. 教育与职业, 2017(15): 15-21.

[7] 姜大源. 现代职业教育体系构建的理性追问[J]. 教育研究, 2011(11): 70-75.

[8] 肖凤翔, 薛栋. 我国现代职业教育体系研究的现状及思考[J]. 中国职业技术教育, 2012(24): 28-31.

[9] 曹晔. 我国现代职业教育体系框架构建[J]. 教育发展研究, 2013(11): 41-45.

[10] 张原. 职业教育与新型工业化过程中的劳动力资源优化配置[J]. 职业技术教育, 2015(7): 8-16.

[11] 伯顿·克拉克. 建立创业型大学:组织上转型的途径[M]. 北京:人民教育出版社, 2003.

[12] 李丽萍, 于宏新, 巩艳芬. 黑龙江省农业职业教育发展现状及对策[J]. 科学理论, 2009(21).

[13] 丁国杰, 朱允荣. 欧盟三国农民教育培训的经验及其借鉴[J]. 世界农业, 2010(8).

[14] 姜大源. 现代职业教育体系构建的理性追问[J]. 教育研究, 2011(11).

[15] 刘建玲, 张巍. 农村职业教育发展的影响因素及对策探析[J]. 中国成人教育, 2013(5).

[16] 谢龙建. 当前我国农村职业教育管理的体制性障碍[J]. 中等职业教育(理论), 2008(7).

[17] 王爱丽, 朱莉雅. 关于农村职业教育的实证分析[J]. 江苏广播电视大学学报, 2008(5).

[18] 皮江红. 论高等职业教育成本的社会分担[J]. 浙江工业大学学报(社科版), 2007.

[19] 张昭文. 加快发展农村职业教育的研究报告[J]. 中国职业技术教育, 2011(9).

[20] 陈国久. 农村职业教育与技能培训中存在的问题及其对策[J]. 继续教育研究, 2011(1).

[21] 王海岩. 农村免费中等职业教育政策保障研究[J]. 职教论坛, 2011(4).

[22] 郑国峰. 七台河市现代农业发展问题与对策研究[D]. 吉林大学, 2013.

[23] 何云峰. 农村职业教育与科技推广[M]. 北京:中国社会出版社, 2006.

[24] 褚诚伟. "三农"难题:农民教育发展研究[M]. 北京:光明日报出版社, 2013.

[25] 那英超. 大连市农村职业教育发展研究[D]. 吉林大学, 2013.

[26] 吕莉敏. 新农村建设背景下农村职业教育发展现状评析 [J]. 当代职业教育, 2010 (4): 12-14.

[27] 杨树森. 我国农村职业教育现状与对策 [J]. 吉林农业, 2011 (3): 41.

[28] 杨海燕. 城市化进程中的职业教育发展研究 [M]. 青岛: 中国海洋大学出版社, 2008.

[29] 马树超. 完善职业教育体系条件保障的思考 [J]. 职业技术教育 (教科版), 2004.

[30] 方小铁. 农村职业教育的任务、内容与发展策略 [J]. 职业教育研究, 2007.

[31] 许文静. 改革开放以来我国农村职业教育政策分析 [D]. 陕西师范大学, 2012.

[32] 顾微微. 教育经济学视角下的农村职业教育困境与出路 [J]. 河北师范大学刊, 2009 (11): 93-95.

[33] 彭文武. 城乡统筹背景下的衡阳地区农村职业教育发展研究 [D]. 中南林业科技大学, 2012.

[34] 王征宇, 姜玲. 城乡一体化背景下农村职业教育发展 [J]. 教育探索, 2009.

[35] 肖卫东, 梁春梅. 农村土地"三权分置"的内涵、基本要义及权利关系 [J]. 中国农村经济, 2016(11), 17-29.

[36] 高富平. 农地"三权分置"改革的法理解析及制度意义 [J]. 社会科学辑刊, 2016(5), 73-78.

[37] 康涌泉. 三权分离新型农地制度对农业生产力的释放作用分析 [J]. 河南社会科学, 2014(10), 89-91.

[38] 李国强. 论农地流转中"三权分置"的法律关系 [J]. 法律科学 (西北政法大学学报), 2015, 33 (6), 179-188.

[39] 陈朝兵. 农村土地"三权分置": 功能作用、权能划分与制度构建 [J]. 中国人口·资源与环境, 2016, 26 (4), 135-141.

[40] 王秋兵, 赫静文, 董秀茹, 等. 农村集体经营性建设用地入市障碍因素分析——基于利益主体视角 [J]. 江苏农业科学, 2017, 45 (4), 255-258.

[41] 罗睿, 杨伟, 唐书秀. 农村集体经营性建设用地入市研究——以贵州省湄潭县为例 [J]. 天津农业科学, 2017, 23 (3), 65-68.

[42] 邱铁鑫. 基于四川省郫县农村集体经营性建设用地入市的调查与思考 [J]. 陕西农业科学, 2017, 63 (1), 91-94.

[43] 阮建青. 中国农村土地制度的困境、实践与改革思路——"土地制度与发展"国际研讨会综述 [J]. 中国农村经济, 2011(7): 92-96.

[44] 黄宝连, 黄祖辉, 顾益康, 等. 产权视角下中国当前农村土地制度创新的路径研究——以成都为例 [J]. 经济学家, 2012 (4): 66-73.

[45] 王景占. 论农地政策对农民财产权利的限制与扩张 [J]. 南方农村, 2013 (8): 24-28.

[46] 阎桂林, 饶江红. 农地产权虚置难解决的障碍分析与政策路径选择 [J]. 现代经济探讨, 2013(11), 68-72.

[47] 韩俊. 把农村土地制度改革纳入法治化轨道 [J]. 中国党政干部论坛, 2014(9): 24-29.

[48] 陈锡文. 关于农村土地制度改革的两点思考 [J]. 经济研究, 2014 (1): 4-6.

[49] 韩长赋. "三权分置"改革是重大制度创新 [N]. 人民日报, 2014-12-22, 002.

[50] 彭新万. 农民土地财产权的现实困境与市场化实现——基于"私有"产权视角 [J]. 学习与探索, 2014(12): 113-117.
[51] 黄贻芳, 钟涨宝. 城镇化进程中农地承包经营权退出机制构建 [J]. 西北农林科技大学学报（社会科学版）, 2014, 14 (1), 13-18.
[52] 潘俊. 农村土地"三权分置": 权利内容与风险防范 [J]. 中州学刊, 2014(11): 67-73.
[53] 聂婴智, 韩学平. 农地"三权分置"的风险与法治防范 [J]. 学术交流, 2016(10): 131-136.
[54] 叶兴庆. 从经营权看农地"三权分置" [J]. 农村经营管理, 2016(12): 17-19.
[55] [美] 卜凯. 中国农家经济 [M]. 张履鸾, 译. 山西: 山西人民出版, 2015.
[56] [美] 白苏珊. 乡村中国的权力与财富: 制度变迁的政治经济学 [M]. 浙江: 浙江人民出版社, 2009.
[57] [英] 汤姆·米勒. 中国十亿城民: 人类历史上最大规模移居背后的故事 [M]. 厦门: 鹭江出版社, 2014.
[58] [美] 黄宗智. 华北的小农经济与社会变迁 [M]. 北京: 中华书局, 2000.
[59] [美] 杜赞奇. 文化、权力与国家: 1900—1942年的华北农村 [M]. 王福明, 译. 南京: 江苏人民出版社, 2010.
[60] 朱贤荣. 现代化理论研究综述 [J]. 学术论坛, 2015 (10): 14-17.
[61] 张成龙. 广西农业现代化发展水平研究 [D]. 广西大学, 2014.
[62] 武瑞娟. 河北省农业现代化指标体系构建及评价研究 [D]. 河北农业大学, 2006.
[63] 周洁红, 黄祖辉. 农业现代化评论与综述—内涵、标准与特性 [J]. 农业经济, 2002 (11): 1-3.
[64] 孟秋菊. 现代农业与农业现代化概念辨析 [J]. 农业现代化研究, 2008 (3): 267-271.
[65] 柯炳生. 关于加快推进现代农业建设的若干思考 [J]. 农业经济问题, 2007 (2): 18-23+110.
[66] 李剑林, 唐文辉. 实现我国农业现代化必须坚持科学发展观 [J]. 农业现代化研究, 2008 (4): 395-398.
[67] 杨少垒, 蒋永穆. 中国特色农业现代化道路的科学内涵 [J]. 上海行政学院学报, 2013, 14 (1): 69-79.
[68] 孔祥智, 毛飞. 农业现代化的内涵、主体及推进策略分析 [J]. 农业经济与管理, 2013 (2): 9-15.
[69] 刘显清, 李世民. 农业现代化的主要特征及发展趋势 [J]. 现代化农业, 2013(4), 42-44.
[70] 窦同宇, 夏安桃. 人地关系视角下的农业现代化内涵及特征研究 [J]. 哈尔滨职业技术学院学报, 2017(2): 109-112.
[71] 王钊. 农业现代化内涵及实现路径解析 [J]. 农村经济与科技, 2017, 28 (6), 161.
[72] 张治会, 李全新. 基于人本发展视角的农业现代化评价指标体系研究 [J]. 安徽农业科学, 2016, 44 (6), 254-257+287.
[73] 周瀚醇, 李玮玮, 费玄淑. 安徽省城镇化与农业现代化协调发展的动态评价 [J]. 吉林工商学院学报, 2015, 31 (6), 16-20.
[74] 胡晓群, 沈琦, 徐恭位. 城镇化与农业现代化协调度评价与分析——以重庆市五大功能

区为例［J］.中国农业资源与区划,2015,36（4）,16-22.

［75］徐世艳,耿方梅,童少娟等."五化协同"视域下农业现代化评价指标体系构建研究［J］.科技经济导刊,2017(1)：1-4.

［76］俞福丽,蒋乃华.农业现代化的驱动机制及其路径选择［J］.扬州大学学报（人文社会科学版）,2014,18（2）,42-45.

［77］王沛栋."四化同步"视域下我国农业现代化路径创新研究［J］.区域经济评论,2015（4）：96-102.

［78］易立红.城乡一体化背景下农业现代化路径研究［J］.乡村科技,2017(30)：40.

［79］孔祥智,毛飞.农业现代化的内涵、主体及推进策略分析［J］.农业经济与管理,2013（2）：9-15.

［80］李滋睿,屈冬玉.现代农业发展模式与政策需求分析［J］.农业经济问题,2007（9）：25-29+110.

［81］蒋和平.改革开放四十年来我国农业农村现代化发展与未来发展思路［J］.农业经济问题,2018（8）：51-59.

［82］王厚宏.适应经济发展需要办好农村职业教育机构.江淮论坛［J］.1987（6）：47-50.

［83］黄圣周.农村职业教育要按当地经济发展需要设置专业机构［J］.教育研究与实验.1989（2）：15-19.

［84］夏金星.农村职教十五年改革发展的中国特色机构［J］.职教论坛,1995（10）：14-15.

［85］林容蓉.发展农村职业教育促进农村经济腾飞［J］.社科与经济信息,1997（5）：39-40.

［86］白菊红,袁飞.农民收入水平与农村人力资本关系分析机制［J］.农业技术经济,2003（1）：16-18.

［87］范柏乃,来雄翔.中国教育投资对经济增长贡献率研究机制［J］.浙江大学学报,2005（4）：52-59.

［88］王国敏,周庆元.农民增收与农村基础教育：理论分析与实证研究［J］.四川大学学报（哲学社会科学版）,2006（3）：45-50.

［89］王凤羽.还宁省农村职业教育财政投入与经济增长关系的实证分析［J］.农业经济,2012（8）：100-102.

［90］李纯.发展农村职业教育,促进少数民族地区县域经济发展——以新疆克州阿克陶县为例［J］.农村经济与科技,2015（5）：199-202.

［91］张妓妓.新经济形势下发展农村职业教育的对策分析［J］.经济研究导刊,2009（15）：225-226.

［92］李娟娟.论农村职业教育与劳务经济关系［J］.现代营销（学苑版）,2011（6）：225.

［93］倪锦丽,崔巍.科技进步促进农村职业教育发展研究［J］.吉林工程技术师范学院学报,2012（01）：18-19.

［94］唐智彬.论农业现代化——新型职业农民培养与农村职业教育改革创新［J］.职教通讯,2015（13）：30-35.

［95］傅正华,雷涯邻.北京市农业科技人才培养方式初步构想［J］.科技潮,2006（6）：59-61.

[96] 赵庆文. 鲁甸新型农民科技培训发展对策 [J]. 云南农业教育研究, 2007 (4): 35-36.

[97] 金裙. 试析农业产业化与农村职业教育——以四川省为例 [J]. 职业技术教育, 2008 (22): 73-75.

[98] 杨仁德, 向华, 魏善元. 农业科技创新的民生战略研究——以贵州新农村建设为例 [J]. 现代化农业, 2009 (12): 1-3.

[99] 曾凤杰, 谢杰爽. 浅谈农村职业教育为农民增收服务的对策 [J]. 新疆职业教育研究, 2012 (1): 20-23.

[100] 陈奇榕, 黄聪敏. 加强农民科技文化教育的若干思考 [J]. 福建农业科技, 2003 (6): 18-19.

[101] 朱容皋. 发展中国家农村职业教育反贫困的典型模式比较 [J]. 新余高专学报, 2009 (3): 22-24.

[102] 赫栋峰, 梁珊. 发达国家农村职业教育政策保障及启示 [J]. 湖南工业职业技术学院学报, 2009 (6): 99-101.

[103] 金荣德, 高星爱, 吴海燕等. 韩国农业科技经济一体化管理机制——韩国农村振兴厅访问后记 [J]. 安徽农学通报 (上半月刊), 2010 (23): 172-173+157.

[104] 曹方超. 国际农村职业教育经验 [N]. 中国经济时报, 2014.7.28.

[105] 迟爱敏, 苑素梅. 大农业理念下的农村职业教育矛盾分析 [J]. 乡镇经济, 2008 (12): 101-103+111.

[106] 田维波, 邓宗兵. 我国农业科技发展的主要问题及对策 [J]. 生态经济, 2010 (6): 132-136+140.

[107] 李秀艳. 我国农民科技文化素质偏低的原因与对策 [J]. 重庆文理学院学报 (社会科学版), 2012 (1): 65-68.

[108] 于红. 培育新型职业农民的路径探索 [J]. 山东农业工程学院学报, 2015 (2): 7-9.

[109] 陆学艺, 杨桂宏. 破除城乡二元结构体制是解决"三农"问题的根本途径 [J]. 中国农业大学学报 (社会科学版), 2013 (3).

[110] 于建嵘. 新型城镇化: 权利驱动还是权力主导 [J]. 探索与争鸣, 2013 (9).

[111] 韩俊. 中国"三农"问题的症结与政策展望 [J]. 中国农村经济, 2013 (1).

[112] 周琳琳. 新型城镇化背景下解决三农问题的途径研究 [J]. 农业经济, 2017 (1).

[113] 武力, 郑有贵. 解决"三农"问题之路——中国共产党"三农"政策思想史 (1921—2013年) [M]. 北京: 中国时代经济出版社, 2013.

[114] 常丽君, 高君. 习近平"三农"战略思想形成与发展的内在逻辑 [J]. 中共山西省委党校学报, 2016 (2): 45-48.

[115] 何慧丽, 王辉. 从东方理性复兴的角度看习近平三农战略思想 [J]. 马克思主义与现实, 2015 (1): 171-175.

[116] 龚万达. 以人为本: 习近平农村市场化和城镇化思想的特质 [J]. 现代经济探讨, 2015 (4): 61-67.

[117] 文章, 刘从政. 以胡锦涛同志为总书记的党中央领导集体对"三农"理论的创新与发展 [J]. 毛泽东思想研究, 2009 (2).

[118] 余佶. 新目标、新理念、新路径开创"三农"工作新局面——以习近平同志为核心的

党中央领导"三农"新发展论述［J］.中共党史研究, 2017（9）.

［119］郑有贵. 新中国"三农"政策的四次重大选择［J］.中国经济史研究, 2009（3）.

［120］尧水根. 中国共产党"三农"政策九十年［J］.农业考古, 2011（6）.

［121］宋洪远. 中国"三农"重要政策执行情况及实施机制研究［M］.北京：科学出版社, 2016.

［122］陈少艺. 当代中国"三农"政策变动——基于"中央一号文件"的研究［M］.上海：上海人民出版社, 2016.

［123］肖功为, 乌东峰. 改革开放以来中央"一号文件"政策的创新及启示［J］.东南学术, 2013（4）.

［124］潘盛洲. 习近平"三农"思想的三个方面［J］.人民论坛, 2015（10）：42 - 43.

［125］西奥多·W. 舒尔茨. 改造传统农业［M］.北京：商务印书馆, 2011.

［126］孟德拉斯. 农民的终结［M］.北京：社会科学文献出版社, 2010.

［127］盖尔·约翰逊. 经济发展中的农业、农村、农民问题［M］.北京：商务印书馆, 2004.

［128］官爱兰, 蔡燕琦. 农村人力资本开发对农业经济发展的影响——基于中部省份的实证分析［J］.中国农业资源与区划, 2015（2）：31 - 37.

［129］郭剑雄, 鲁永刚. 人力资本门槛与农业增长的多重均衡：理论与中国的经验证据［J］.清华大学学报（哲学社会科学版）, 2011（6）：136 - 146.

［130］谈松华. 农村教育：现状、困难与对策［J］.北京大学教育评论, 2003（1）：99 - 104.

［131］于伟, 张鹏. 我国省域农村教育与农业现代化的耦合协调发展［J］.华南农业大学学报（社会科学版）, 2015（1）：16 - 25.

［132］陈刚, 王燕飞. 农村教育、制度与农业生产率——基于中国省级层面数据的实证研究［J］.农业技术经济, 2010（6）：18 - 27.

［133］杜育红, 梁文艳. 农村教育与农村经济发展人力资本的视角［J］.北京师范大学学报, 2011（6）：70 - 78.

［134］王静, 武舜臣. 教育回报率的职业差异与新生代农民工职业流动——基于2010年流动人口动态监测数据分析［J］.教育与经济, 2015（6）：61 - 68.

［135］邢春冰, 贾淑艳, 李实. 教育回报率的地区差异及其对劳动力流动的影响［J］.经济研究, 2013（11）：114 - 125.

［136］陈灿平. 集中连片特困地区精准扶贫机制研究——以四川少数民族特困地区为例［J］.西南民族大学学报（人文社会科学版）, 2016（4）：129 - 134.

［137］王金蕊. 基于农民增收视角加强农村人力资源开发研究［J］.农业经济, 2014（4）：101 - 102.

［138］葛新斌. 关于我国农村教育发展路向的再探讨［J］.中国农业大学学报（社会科学版）, 2015（2）：99 - 105.

［139］张照新, 赵海. 新型农业经营主体的困境摆脱及其体制机制创新［J］.改革, 2013（2）：78 - 87.

［140］汪发元. 中外新型农业经营主体发展现状比较政策建议［J］.农业经济问题, 2014, 35（10）：26 - 32 + 110.

［141］袁赛男. 家庭农场：我国农业现代化进路选择——基于家庭农场与传统小农户、雇工

制农场的比较 [J]. 长白学刊, 2013 (4): 92-97.

[142] 穆向丽, 巩前文. 家庭农场: 概念界定、认定标准和发展对策 [J]. 农村经营管理, 2013 (8): 17-18.

[143] 傅爱民, 王国安. 论我国家庭农场的培育机制 [J]. 农场经济管理, 2007 (1): 14-16.

[144] 冯子标, 王建功. 农民转型与中国工业化 [M]. 北京: 经济科学出版社, 2009.

[145] 许莹. 家庭农场的特点和优点分析 [J]. 河南农业, 2012 (12): 59.

[146] 郭熙保. 家庭农场是农业规模经营的主体 [N]. 湖北日报, 2013-03-04 (15).

[147] 高强, 刘同山, 孔祥智. 家庭农场的制度解析: 特征、发生机制与效应 [J]. 经济学家, 2013 (6): 48-56.

[148] 伍开群, 欧世平. 资本农场的制度逻辑 [J]. 华东经济管理, 2013, 27 (5): 159-163.

[149] 牛若峰. 立法要体现合作经济的性质和特点 [J]. 调研世界, 2004 (4): 6-7.

[150] 米新丽. 论农业合作社的法律性质 [J]. 法学论坛, 2005 (1): 59-64.

[151] 苑鹏. 试论合作社的本质属性及中国农民专业合作经济组织发展的基本条件 [J]. 农村经营管理, 2006 (8): 16-21+15.

[152] 黄胜忠, 徐旭初. 农民专业合作社的运行机制分析 [J]. 商业研究, 2009 (10): 121-124.

[153] 乔佳梅. 浅析农民合作社的社会功能 [J]. 现代经济信息, 2015 (24): 106.

[154] 张健峰. 浅析农业财政补贴政策对农民收入的影响 [J]. 内蒙古科技与经济, 2010 (21): 56+63.

[155] 赵梦涵, 李维林, 李森. 完善农业补贴政策的思路与对策——以山东省为例 [J]. 东岳论丛, 2010, 31 (3): 48-52.

[156] 范宝学. 财政惠农补贴政策效应评价及改进对策 [J]. 财政研究, 2011 (4): 18-21.

[157] 张绮萍. 农业补贴政策对农民收入的影响与对策——以湖南为例 [J]. 价值工程, 2010, 29 (23): 120-122.

[158] 高玉强. 基于DEA模型的粮食直接补贴效率评价 [J]. 西华大学学报 (哲学社会科学版), 2010, 29 (3): 92-96+101.

[159] 曾富生, 朱启臻. 改革开放以来中国农业补贴政策的历史考察与现状分析 [J]. 中国石油大学学报 (社会科学版), 2010, 26 (4): 41-45.

[160] 王晓芸, 赵玲. 中国农业补贴对农民收入效应的实证研究 [J]. 中国证券期货, 2010 (6): 87-88.

[161] 何树全. 中国农业支持政策效应分析 [J]. 统计研究, 2012, 29 (1): 43-48.

[162] 李金珊, 徐越. 从农民增收视角探究农业补贴政策的效率损失 [J]. 统计研究, 2015, 32 (7): 57-63.

[163] 李明桥, 徐妍. 农业补贴政策对兼业农户家庭生产要素配置的影响 [J]. 仲恺农业工程学院学报, 2012, 25 (4): 55-60.

[164] 吕炜, 张晓颖, 王伟同. 农机具购置补贴、农业生产效率与农村劳动力转移 [J]. 中国农村经济, 2015 (8): 22-32.

[165] 钟春平, 陈三攀, 徐长生. 结构变迁、要素相对价格及农户行为——农业补贴的理论模型与微观经验证据 [J]. 金融研究, 2013 (5): 167-180.

[166] 孙伟艳, 翟印礼. 农业补贴政策对农户农业生产经营意愿的影响探析——以辽宁省为例 [J]. 农业经济, 2016 (12): 118-120.

[167] 江晓敏, 郑旭媛, 洪燕真, 等. 补贴政策、家庭享赋特征与林业经营规模效率——以324份油茶微观调研数据为例 [J]. 东南学术, 2017 (5): 174-181.

[168] 时小琳, 刘伟平, 戴永务. 补贴政策对农户油茶种植决策行为影响的实证分析 [J]. 林业经济, 2017, 39 (9): 94-99.

[169] 江东坡, 朱满德, 伍国勇. 收入性补贴提高了中国小麦生产技术效率吗——基于随机前沿函数和技术效率损失函数的实证 [J]. 农业现代化研究, 2017, 38 (1): 15-22.

[170] 侯玲玲, 孙倩, 穆月英. 农业补贴政策对农业面源污染的影响分析——从化肥需求的视角 [J]. 中国农业大学学报, 2012, 17 (4): 173-178.

[171] 于伟咏, 漆雁斌, 余华. 农资补贴对化肥面源污染效应的实证研究——基于省级面板数据 [J]. 农村经济, 2017 (2): 89-94.

[172] 黄季焜, 王晓兵, 智华勇, 等. 粮食直补和农资综合补贴对农业生产的影响 [J]. 农业技术经济, 2011, (1), 4-12.

[173] 方振强. 我国农业补贴对粮食生产的影响 [D]. 山东财经大学, 2013.

[174] 盛燕. 粮食综合补贴的资源配置效应和生产效应分析 [D]. 南京农业大学, 2010.

[175] 魏茂青. 福建省农资综合补贴政策实施效果研究 [D]. 福建农林大学, 2013.

[176] 崔奇峰, 蒋和平, 周宁. 河南省固始县农资综合补贴政策实施现状及效果调查分析 [J]. 农业经济, 2013 (3): 24-26.

[177] 赵昕. 粮食直补政策与农民增收问题研究 [J]. 财政研究, 2013 (5).

[178] 段云飞. 应对粮食直补绩效问题建立制度创新机制研究——来自河北粮食直补工作的实地调研 [J]. 财政研究, 2009 (2).

[179] 沈淑霞, 佟大新. 吉林省粮食直接补贴政策的效应分析 [J]. 农业经济问题, 2008 (8): 12-16.

[180] 蒋和平, 吴桢培. 湖南省汨罗市实施粮食补贴政策的效果评价——基于农户调查资料分析 [J]. 农业经济问题, 2009 (11): 28-32.